孤島扁舟

見證大時代的調景嶺

（增訂版）

孤島扁舟

見證大時代的調景嶺

（增訂版）

劉義章　計超　著
汐爾　徐閏桓　編

謹以此書

獻給

宣教士、教會牧長和學校老師以及無數調景嶺拓荒先賢！

他們篳路藍縷，

「將沒有出路的荒山野嶺，建設為草木蒼翠、交通便利、怡神舒懷的樂園。」[1]

世人哪，耶和華已指示你何為善，

他向你所要的是什麼呢？

只要你行公義，好憐憫，

存謙卑的心與你的　神同行。

《聖經・彌迦書》6:8

註釋

1 調景嶺全體居民反迫遷保權益委員會主席王國儀、副主席陳寶善：〈一九九二年六月廿日致行政立法兩局議員函〉，載調景嶺全體居民反迫遷保權益委員會編：《調景嶺居民血淚滄桑史・反清拆資料合編》（香港：調景嶺全體居民反迫遷保權益委員會，1992）。

序言

胡春惠教授序

打從五胡亂華起，嶺南地區之廣東，便是中原士人避亂流移之樂土。1842 年 8 月清廷在《南京條約》中，把香港割讓給英國後，香港這個原本荒涼的小島，便屢屢成為後來國人趨安避禍的天堂所在。太平天國時如此，辛亥革命後軍閥混戰時如此，蘆溝橋事變日本侵華時如此，國共內戰時亦復如此。

1949 年在中國現代史上，確實是劃時代值得大書特書的一年。它除了標誌內戰中政治上強者勝劣者敗，政權隨之更替之外，它也牽動了成千上萬平民百姓的未來走向，其間自然也包涵了不少高級知識分子及下層社會的小商人及農民。在那狼煙處處、政局混亂、人心惶惶的年代裏，不少家庭為了逃避戰爭，在無可奈何下只得去國離鄉，來到這英帝國殖民統治之小島，近百萬難民們只想躲避炮火，沒有方向，更沒有目標，倉促下被逼湧進彈丸之地的香港，大家都是「手空空，無一物，路遙遙，無止境，亂離中，流浪裏，餓我體膚，勞我精」。這幾句話雖只是當年香港新亞書院創校時校歌中的一段歌詞，但也可用來形容當時湧入香港的近百萬流移難民，那種徬徨無依的困境寫照，自然也是香港調景嶺難民營聚落出現前後的共有悲歌。

1991年秋天，我因在台北政治大學休假一年，倉促間被朋友推薦到香港珠海書院擔任客座教授。而珠海書院早前和當時的新亞書院情境十分相似，也有一些學生本身便是當年逃港難民的子弟。有一天，我被學生們帶往調景嶺參訪，在半天的行程中感觸頗深。四個月後的寒假，我回台北度歲，被當時大韓民國駐台北的姜大使邀往其公館餐敘。餐敘中姜大使問我：君自香港來，香港是英國的殖民統治地區，怎會在韓國的電視上看到有一個不小的香港聚落，在房屋上居然都掛滿了青天白日旗？這是什麼緣故？

我想這個問號不只存在於一個外國代表的腦海中，同樣也會存在於很多年輕人的心裏。所以當我再回到香港授課之餘，便決心為這個「九七回歸」前即將消失的香港調景嶺營，來作一口述歷史，替香港的社會史作一補白。所謂「不容青史盡成灰」，也算盡一盡我身為一個史學工作者的責任。該書由我、李谷城博士及陳慧麗女士在五個月內合作完成，完成後交由在台北的「國史館」納入該館口述歷史叢書正式出版發印，只是印量不多，迄今並已絕版。[1]

當然口述歷史僅只能算是一種史料，而現在劉義章教授、計超先生合著的《孤島扁舟：見證大時代的調景嶺》，相對地乃是一本更完整的史學專書，並已獲得香港三聯書店預約出版。據我所知，兩位作者均是虔誠之基督徒，素有悲秋憫世之胸懷。加以二人既對調景嶺有身歷其境之體會，又有史學深厚修養之基礎。由他們執筆來完成此一歷史見證，對香港地區歷史研究本身，自有莫大之貢獻與作用。茲當該書出版問世前夕，二位先生特下訪並索序於余。基於史學同道，又在思想上有著共識共認，自當樂於為序，以便藉機將此難得之著作推薦於社會大眾之前。

胡春惠

2014年7月14日

註釋

1 本書作者按：胡春惠教授等三位學者合作之著作於 1997 年出版，見胡春惠主訪，陳慧麗、李谷城紀錄整理：《香港調景嶺營的誕生與消失：張寒松等先生訪談錄》（台北：國史館，1997）。後 2018 年南天書局獲國史館授權重印。猶憶當年胡教授邀約著者倆於香港珠海學院（時位於荃灣海濱花園）附近茶樓品茗。胡教授慨然惠允我們所請，為《孤島扁舟》（初版）作序；並勉勵有加，席上後學如沐春風。增訂版沿刊胡教授序，以誌對前輩感念之情；問世前夕，教授哲嗣胡欣立教授惠賜建議良多。謹致衷心謝忱！

小思（盧瑋鑾）教授序

我不是讀歷史的，也沒有研究香港史，竟敢為劉義章、計超著的《孤島扁舟：見證大時代的調景嶺》寫序，真不自量力。可是，我仍一口答應了，只因自上世紀 50 年代開始，也就是自小學時代開始，對調景嶺這個地區，有了特殊印象，而中學又讀了趙滋蕃的《半下流社會》、張一帆的《春到調景嶺》，一切從文學感性聯繫起來，我真想借此表達一點感想。

父親一向沒有什麼嗜好與娛樂，獨愛四處閒逛野遊。從小我就跟著他到處閒遊。那時候，香港交通並不方便，他卻不怕麻煩，總會去些一般人不會去的地方，調景嶺就是一例。

從灣仔住處到西灣河，已經是有點長途之感了，還要等很久才一班小輪 —— 父親叫它「火船仔」，晃晃蕩蕩破浪前行，到達對岸，得大步跨上小碼頭，方進入層層疊疊的小街窄巷。父親對那地方好像特別感興趣，有時會停下腳步與木屋草棚前的大叔傾談，小孩子聽不明他們說什麼。只記得一家學校操場上學生在做體操，雙十紀念時全區掛滿青天白日滿地紅旗。父親說那裏叫「吊頸嶺」，住著的都是逃難來的同胞，又有好多將軍。我對父親的說話，往往半信半疑，但「吊頸」?「將軍」？令我產生好奇，印象特深。

到後來，讀了兩本文學作品、一些新聞紀錄資料，還因買到 1949 年「香港調景嶺廣東逸仙中學學生證」、1958 年「香港調景嶺營廣東省同鄉會會員證」，而生了許多文學聯想。漸漸理解對中華民族來說，這塊英國殖民統治的小區，橫空出世 —— 是指中國一小族群命運在此一大轉折，荒山上自建生存領域，記鑄著一頁頁兄弟鬩牆的悲傷，更刻劃了無數流離族群自力更生的故事。對住在那兒的人，我充滿異常的好奇。初當教員時，跟作家蓬草同事，閒談中知道她曾在調景嶺讀書寄宿，我們便相約去一趟。她真的領我深入細遊，一一敘述小區、小店人情，讓我多理解一個「時空配錯」的小區面貌。

就是那種因流離而聚居的閭里人情，使我隔一段日子就會去逛逛。直到 1996 年首期遷拆計劃實施，我才醒覺這個小區命運已告完結，而它的歷史卻沒人好好記錄下來。儘管零零碎碎有個別報刊、社團，甚至個人回憶在呈現片段，例如 1994 年霍玉英曾帶香港教育學院學生去調景嶺作小型實地探訪，還找到一張「尋找親人」的招貼，學生也做了小報告。1996 年香港電台電視部《鏗鏘集》拍了伍婉嫻編導的〈還我家園〉。1998 年香港中文大學歷史學系編的《史藪》三期，劉義章、關之英寫成〈香港調景嶺研究 —— 教育篇〉。2013 年香港電台電視部製作的《香港歷史系列 2》的〈想當年調景嶺〉等等，但仍欠全面。2013 年計超出版了《荒原上的遺民：調景嶺的滄桑歲月與愛的軌迹》，才算由這個「從小在調景嶺成長」的人，以個人經歷及深厚情感，綜合各方面資料、宗教見證、政治背景，較詳細「描述當時小區的各種情況」。此書讓我比較理解調景嶺族群的生命軌跡。

還有一次難忘的印象，2011 年 9 月 24 日香港文學研究中心和公共圖書館合辦的「文學月會」，總題是「文學與空間」，在中央圖書館舉行。其中一場由陳智德主講：「旗幟的倒影，調景嶺 1950–1996 —— 兼談趙滋蕃《半下流社會》、張一帆《春到調景嶺》、鍾玲玲《玫瑰念珠》、林蔭《日落調景嶺》及其他」。演講完畢，座中有滿頭白髮聽眾舉手發言，訴說自己是調景嶺居民，跟著又有幾個不同年齡的男女都說起經歷。散場後，他們聚在一角，表情溫馨，彷彿舊友重逢。

有了上述種種因由，當劉義章先生告訴我，他和計超合作完成了《孤島扁舟：見證大時代的調景嶺》，並把稿件給我看，叫我寫序的時候，我不禁想：要在香港成立一間調景嶺史跡館，比較渺茫，如他們能趁記憶尚存，珍貴資料在手，出版一本完整的文字紀錄，對曾存活於該時該地的人如何掙扎、對在調景嶺的橫空出世而多所建樹的宗教、教育團體如何努力，做了極有意義的碑記。也讓後人可「從調景嶺的簡短歷史，可以看出台港以及兩岸關係的演變和趨勢」，這是浩瀚中華民族史中一小支流，不宜欠缺。

讀史讀人，這是一本令人感動的書。

小思

2014 年 10 月 30 日

丁新豹教授序

調景嶺，如今是港鐵一個站的名稱，是調景嶺線的終點站，一個在九七前後開發的新區，連比較舊的建築物也不多見。年青一代的朋友甚至該區的居民可能以為它像將軍澳、馬鞍山一樣只是另一個政府規劃的新市鎮，於它過去的辛酸和悲情一無所知，遑論認識到它盛載著香港史，乃至中國當代史中不平凡的一頁。

「吊頸嶺」（調景嶺的原名，其實故事中的洋人是生意失敗投海自盡）這個名字對我來說並不陌生。自小便通過各種資訊，知道這是國共內戰失敗後，一些國民黨軍政人員逃亡到香港，安頓下來的地方；但由於該地位置偏僻，交通不便，記憶中只去過兩三次，但山頭那碩大的「蔣總統萬歲」標語及那旗海飄揚的壯觀情景，至今仍歷歷在目。

近年來，在研究東華三院的歷史時，涉獵這段歷史（東華三院是起初照料這批難民的慈善機構，不單提供飲食，還協助他們申辦赴台手續），認識多了，感慨也更為深刻。令人感動的，不單是數以千計難民在大時代的動蕩中顛沛流離的故事，而是他們如何在港府冷待下，在這片與市區隔絕的荒地上胼手胝足地重建家園，有尊嚴的活下來；以及各種宗教及非宗教團體如何發揮大愛精神，在教育、醫療、社會服務各方面提供援助，把調景嶺建設成一個物質生活困乏但精神富足、守望相助的社區。

早年歷史學者在從事調景嶺研究時多著眼於難民中的菁英的逃難經歷，但對於這個獨特的社區的孕育成長經過著墨不多。在芸芸研究調景嶺的歷史學者中，劉義章教授在差不多十年前，便以一個志願機構 —— 基督教靈實協會和靈實醫院的歷史，從一個側面去探索調景嶺社區之誕生及發展。計超先生去年出版的《荒原上的遺民：調景嶺的滄桑歲月與愛的軌迹》則描述了調景嶺社區上生活情狀種種、宣教士對無家可歸的孩子們無微不至的關愛。在這本由他們二人合作完成的《孤島扁舟：見證大時代的調景嶺》中，他們更加全面地闡述基督教會各志願機構與調景嶺息息相關的歷史，對於有興趣認識昔日調景嶺的朋友，這是一本不容錯過的好書。

說香港的歷史是一本難民史，並不誇張，而調景嶺的歷史更是其中最獨特的一個典型，也是最悲壯的一頁。事實上，它正是香港的一個縮影。我們怎能不去認識這段歷史？

丁新豹

2014 年 8 月 18 日

盧龍光牧師序

「調景嶺難民營」是一個早已被人遺忘的名字，但這代表了一些人在極度艱苦歲月中的棲身之處，包括我的家。

英國政府在 1997 年撤出香港之前作了一個重要的決定，將調景嶺村全部清除，將原本的歷史畫上句號，使這個社區所代表的歷史不帶進 1997 年後的香港特區。這是英國人的智慧？還是背後有特別的原因呢？至今不為人知。而今日的「調景嶺」港鐵站，使調景嶺這名字得以在香港的地圖上保留，但又不延續這段錯綜複雜的歷史，相信可以令調景嶺的原居民得著一些安慰，也使後來者可以有機會認識這個名字所代表的歷史和故事。

調景嶺難民營這段艱辛的歷史，曾被寫成小說，後又改編為電影，[1] 雖然後來也有一些零星的專題報導和分享文章，[2] 但在 20 世紀結束之前，也就是難民營在 1996 年被拆遷之前，並沒有見到一些較全面的歷史紀錄。難道這個獨特的社區和如此有意義的歷史，就此被忘記和煙沒？

感恩的是過去二十多年，在香港出版了一些著作，為調景嶺這個群體的歷史留下了重要的紀錄。[3] 特別是劉義章博士和計超先生，他們各自出版了這方面的重要著作，[4] 並且在 2015 年一起合作出版了這本書：《孤島扁舟：見證大時代的調景嶺》，內容非常豐富，資料細緻，圖文並茂，為調景嶺書寫了較全面而有根有據的歷史見證。自出版以來，非常受歡迎。而在數月前他們和我聯絡，告訴我一個大好的消息，就是他們要修訂這本書重新出版，並客氣地再請我寫序言。

這本修訂版，不但保留了初版的寶貴資料，更將其中一半的內容（第二、四、五和七章）修改為較生動的章題，內文加上小標題，重新編排資料，提升閱讀性，並作較大的資料補充，使本書對認識香港和國共內戰遺下的苦難歷史，有更大的價值。

本書的另一個特色，就是在這個群體的歷史中呈現教會的重要角色，這不但公正地揭示了調景嶺得以從一個被香港政府意圖遺棄的社區，變化為一個具生命力和充滿希望的社區之重要因素，也為我們理解基督教信仰如何具生命力地融入這一段獨特的歷史處境和一個艱苦貧窮的社區，提供了一個具體的個案。這對我們理解基督教信仰與社會的關係、西方宣教士與中國人命運的互動、基督道成肉身的神學、基督教使命的模式等課題，活生生地呈現在我們眼前，這對研究基督教的社區建設模式，非常重要。我們必須為此向作者致以特別的感激。

而我個人更要表達對他們崇高的敬意，因為他們雖然不是調景嶺最早的原居民，但都曾在這社區度過了人生中一段重要的日子，而他們願意付出時間和精神去為這社區留下珍貴的見證，這對我個人和我的家人異常重要。

我的家庭在 1953 年左右遷入調景嶺，是屬於有「米票」（或稱飯票）的居民。在 1962 年全家搬到市區居住，而我在 1969 至 1973 年前往台灣讀大學，領取了「難胞證」和享受了以此身分在台灣升學的所有福利之後，被終止了與調景嶺的正式關係。我從不隱藏這段人生的歷史，因我以曾經是調景嶺的難胞為榮，對曾參與建構這個群體和其歷史的人非常感恩。

我父母在 1950 年初，內地香港邊境還未封鎖時來到香港。他們雖然沒有經歷難民在摩星嶺的艱難生活，但當時在新界西貢窩美村的農場居住也難以為生；正當此時，父親的一位安徽籍單身好友，剛取得赴台資格，眼見我家的困境，就將自己在調景嶺的小木房子送給我們居住，使我們獲得領取救濟品、免費教育和基本醫療的資格。沒有調景嶺，我的家不知道還要顛沛流離到何日！

不但如此，調景嶺更塑造了我的生命！那個小社會是我當時的大世界，屋子雖小，但整個社區是一個居民自治區。在日間，小孩子可自由自在地在區內往來，沒有車輛的危險，也不會迷路。小時候經歷了晚上戒嚴的恐懼，卻使我經驗了家庭所建立的安全感。我沒有什麼玩具，卻在大自然中，與樹上的毛蟲、山澗的小魚，和從所吃的水果核種出的小植物玩耍；雖然沒有豐富的海鮮餐享用，但經常都有人向我們兜售剛從海邊釣到的泥鯭。街上販賣著各地的特色食物，尤其是山東大餅，是我最喜歡吃的。

調景嶺不同傳統的教會：港澳信義會、路德會、錫安堂、神召會、天主堂等，我們都去參加活動，無分你我，使我從小就有機會認識教會的大公性。孫中山先生對中國的宏大理想，強調「革命尚未成功、同志仍須努力」的「國父遺囑」，「青天白日滿地紅」的「旗歌」，時常響在耳邊；聆聽長輩傾談現代中國的苦難故事、戰爭和逃難經歷，使我如同身臨其境，提醒我要為國家民族的幸福奮進。眼見來自北歐的顧牧師、司教士、葛教士、戴教士和來自蘇格蘭的孫教士等這些西方宣教士，生活在我們這些難民中間，不但擴闊了我對世界的眼界，更感受到這些西方人，這種願意遠渡重洋與難民同甘共苦的生命，是何等的美麗和令人嚮往！

調景嶺！這個名字所代表的人物、社區和故事，早已融入我的生命中，成為我和我的家庭祝福的來源，也見證著中國人一段獨特的歷史，使我不能忘懷！

望這本書所述說的生命故事和經歷，被更廣泛地紀念和傳誦，使更多人因此而得到勉勵和祝福！

盧龍光

調景嶺難民營難胞（1953–1969）

香港中文大學崇基學院神學院退休教授、前院長（1995–2014）

2024年1月16日

註釋

1 趙滋蕃：《半下流社會》（香港：亞洲出版社，1954）。

2 參劉義章、計超：《孤島扁舟：見證大時代的調景嶺》（香港：三聯書店，2015），〈參考書目〉，頁 256–262。

3 如梁家麟：《福音與麵包：基督教在五十年代的調景嶺》（香港：建道神學院，2000）；劉義章：《盼望之灣：靈實建基 50 年》（香港：商務印書館，2005）；計超：《荒原上的遺民：調景嶺的滄桑歲月與愛的軌迹》（香港：印象文字，2013）。

4 同上註。

梁家麟牧師序

這是一本充滿情意的史著。

《孤島扁舟：見證大時代的調景嶺》由劉義章教授和計超先生執筆。兩位作者治學嚴謹，史料的訪尋整理細緻慎密，論述條理分明，既扣定大時代環境，又注重故事的細節，這是毋庸置疑的。不過，劉、計二君都在調景嶺成長，對最早期的拓荒者有深重纏綿的情懷，他們都可說是作者的先輩，所以這已超越了研究者對研究對象的同情理解，而成了不折不扣的自傳。作者不僅要刻意保存歷史的真相，更希望藉他們的論述，還這個社區和居民的歷史地位和正義。

認識兩位學兄多年，有幸拜讀了本書的初版原稿。今蒙義章師兄囑託為再版撰序，得以第三次通讀本書，刻意慢讀，好細味作者傾注在文字中的深情與至誠，深受觸動。

調景嶺是香港一個獨特的社區，調景嶺的歷史在香港歷史中也是非常獨特的一頁。它可說是香港第一個難民營，收容的第一批居民幾可理解為政治難民。若非如此，便不會有這樣一個獨特的社區群體出現。上世紀二戰後以迄 50 年代，有過百萬人南遷，絕大多數是窮苦百姓，包括筆者的父母和岳父母在內；他們從未獲得香港政府撥地安置，也從未得到官方或半官方的分文援助，都只能在山邊蓋搭寮屋棲身，出賣勞力賺取菲薄工錢討活。筆者這樣說，不是要抹殺調景嶺村民的艱困辛酸，而僅是說香港政府袖手，生活貧困，並未構成他們被歧視苦待的獨特性；反倒因著他們成了一個具標誌性的社區群體，受到海內外的關注，他們還在好些方面獲得特殊的照顧呢！譬如在 1960 年代後期，筆者五兄弟姊妹仍在為每人每月八元小學學費發愁之際，義章師兄倒已享受免費教育多年了。書中提到調景嶺學子進大學的比率較高，這教我羨慕不已。

無論如何，調景嶺居民在極其惡劣的環境下奮鬥，為自己和下一代追求幸福，同時也自覺不自覺地參與創造了香港這個奇跡，這些故事都彌足珍貴，值得蒐集、整理、傳佈。香港歷史主要是香港人締造的歷史，香港的大歷史由許多小歷史集結而成。謝謝兩位作者為撰寫香港歷史而作出的貢獻。

香港的轉變急遽，連青山也不一定能依舊在。惟願在庸俗實際、唯利是圖的生存背後，我們能更多捕捉香港人的團結精誠、守望相助、勇毅不屈、永懷盼望的精神，這是使香港能成為香港，能繼續成為香港的關鍵。也祈盼基督教會繼續為建設未來的香港而服務犧牲，見證基督，像昔日在調景嶺所做的一樣。

梁家麟敬序

2024 年 5 月 16 日

增訂版序

個人和社會以及民族和國家底種種經歷一幕幕上演、發展而緊密相扣，人類歷史於焉形成。調景嶺村（1950 至 1961 年稱調景嶺營）或於 1996 年隱入永恆，其所見證的大時代劇目仍在以新的方式和形態上演。

1931 年 9 月 18 日駐紮中國瀋陽的日本關東軍製造「九・一八」事變，侵佔中國東北三省；1937 年「蘆溝橋事變」爆發，中華兒女奮起抵抗日本侵略；1945 年 8 月日本宣佈無條件投降，中國抗戰勝利！抗戰期間中國犧牲巨大，社會和經濟等方面遭受嚴重損失和破壞。[1] 戰後的國家重建，因內戰爆發而中斷、耽擱。

內戰導致百萬人從內地逃來香港。這塊被英國殖民統治的地方，如同過去發生的太平天國戰爭、辛亥革命和日本侵華時一樣，成為國人的避難所。難民中二萬多人在調景嶺營定居下來；他們「手空空，無一物」，[2] 有的只是求生意志。營民在香港社會各界、台灣救總以及宗教團體的支援下站穩腳跟，然後自力更生，用雙手在荒嶺上重建家園。他們開山闢地，從 A 字棚、半石半木，以至牢固磚石房屋，這是他們十年間居所的轉變。

難民當中，教會牧師、教師和大學生關注孩子們的教育需要；就在調景嶺營成立的 1950 年下半年，他們毅然擔任營內學校義務教師，從而奠定了調景嶺發展成香港的一個教育和文化重鎮。46 年以來，嶺上十多所學校培養了無數子弟，桃李滿天下；其中部分迄今仍在將軍澳新市鎮作育英才，薪火相傳。

調景嶺特色之一是學校和教會多，嶺上洋溢著教堂鐘聲、學校內外的琅琅讀書聲。營民努力建設、悉心經營社區，在屋宇內外栽種花木；大家安居樂業，荒嶺乃成為世外桃源。隨著香港社會變遷，調景嶺村蛻變成將軍澳新市鎮其中一個區。今天，將軍澳調景嶺區面貌全新，散發著現代化氣息。這裏學府依然林立，不禁令人驚喜地發現：過去厚重文化和教育氛圍得以保存，同時顯得更為濃郁。調景嶺的故事多元且內容豐富，值得人們書寫下去。

筆者準備本書初版時，蒙恩師王國儀老師和師母全力、多方支持，逐一解答有關調景嶺歷史的提問，傾囊相授。師母王黃學媛護士憶述嶺上故事，盡以其對調景嶺歷史所知相告、幫助尋回幾乎被遺忘的故事關鍵鏈，增訂版內容因而得以充實。本書初版和增訂版都滿載老師和師母的愛護和恩情！

感謝胡春惠教授、小思（盧瑋鑾）教授、丁新豹教授、盧龍光牧師和梁家麟牧師賜序！胡教授是調景嶺研究先驅，前輩關愛之恩情，筆者銘感於心。小思教授在香港中文大學中文系教研室淳淳勉勵探索調景嶺歷史，當日情景歷歷在目。學人博物館專家丁新豹教授熱情鼓勵筆者書寫調景嶺故事。醉心使徒保羅研究的盧牧師分享嶺上生活珍貴回憶。教會史專家梁牧師從調景嶺看百多萬難民在戰後香港艱辛環境中奮鬥求存的故事。筆者與計超先生對於各位的支持和厚愛，謹此衷心致以謝忱！

本書蒙以下人士及組織相助，得以寫成：天主教香港教區檔案處、香港路德會（Lutheran Church Hong Kong Synod）、基督教靈實協會、紹榮鋼鐵有限公司和調景嶺吹水會 Facebook 群組提供照片。天主教鳴遠中學 1970 年畢業校友提供 1950、1960 年代調景嶺照片和分享聖母升天堂聖母像來由等故事。馬偉良神父和圓月女士提供調景嶺聖母升天堂照片，並分別分享有關聖堂歷史、鳴遠幼稚園及靈育等軼事。盧志煌護士提供宣道小學照片和憶述當年學習情景。鍾國華老師述說有關在調景嶺成長以及和神父、修女相處的生活點滴。張清惠女士憶述有關天主教醫務所和聖母升天堂聖母像以及摩星嶺和調景嶺童年生活。陳福志先生和顏世誠先生為筆者詳述養真苑故事和提供該院舍平面圖。歐潤財先生提供調景嶺堡壘航拍等照片。謹致衷心謝忱！

紹榮鋼鐵有限公司董事長龐創先生於 2023 年 12 月在訪談中讓筆者進一步認識戰後香港的轆鐵和煉鋼業。這是他相隔十年，再度接受訪問。筆者衷心感激龐先生一直支持本書的撰寫和出版。

本書初版面世以來，許多相關資料陸續出現，我們乃得以補充和訂正初版闕失；增訂版包括文字和圖片都有所增加。計超先生以其一貫動手動腳找材料和鍥而不捨的精神，走訪教會和調景嶺清拆前嶺上的傳道人和居民，並為增訂版內容撰寫初稿。

感謝汐爾女士和徐閏桓先生為編輯本書文字和圖片的無私付出！兩位出於對調景嶺故鄉情深和對筆者的支持，毅然擔任特約編輯和圖片編輯；因為兩位大力幫助，增訂版才能以現在的面貌呈現讀者面前。汐爾為文稿再三、多番精編，閏桓兄幫忙把手寫稿輸入電腦和編輯全書圖片。兩位為本書的圖片選用、美工作業和圖片說明撰寫，付出無限的辛勞和巨大心力；越近交稿日子，他們在各自家中通過電腦合力工作至凌晨。著編團隊齊心完成書稿，教筆者深受感動。本增訂版乃團隊成員共同努力的成果和結晶。

本書製作和編審過程中，策劃編輯梁偉基博士、責任編輯朱卓詠女士和同事們為編著團隊提供寶貴專業意見和貢獻卓識。筆者謹代表團隊成員敬致謝忱！

今天，「新調景嶺」已然在「舊調景嶺」原址誕生，其上矗立著多個巨廈大樓、高聳入雲的現代化屋苑。人們依然在這塊土地上安居樂業。此刻筆者想起當年在荒嶺上開山闢地的先賢們、眾教會和中西傳道人以及海內外無數慷慨捐助者 —— 你們大家都一一展現了上帝所賦予的人性光輝！

感謝上帝奇妙厚恩！祂一直祝福、看顧著調景嶺這塊土地上的居民！願頌讚、榮耀全歸於聖父、聖子、聖靈三一神！

劉義章敬書

主曆 2024 年 1 月初稿，5 月 27 日定稿

於香港沙田

註釋

1 抗戰期間，「中國動員了 1,400 萬人，總傷亡達 3,211,419 人——包括 1,319,958 人陣亡，1,761,355 人受傷、130,126 人失蹤——而且還招致了 14,640 億元法幣的可怕戰爭債務。平民的傷亡和財產損失更是難以計算。在交戰中首當其衝的國民政府在物質上和精神上的消耗非常慘重，導致無力應付戰後時代新的挑戰」。見徐中約著，計秋楓、鄭會欣譯，茅家琦、錢乘旦校：《中國近代史（下冊）》（香港：中文大學出版社，2002），頁 618。

2 香港中文大學新亞書院校歌其中一句。

目錄

01

調景嶺橫空出世

歷史伴隨時間發展、推演，人的意志僅是促成歷史轉移眾多因素之一。20 世紀初，孫文等人所領導的辛亥革命推翻中國末代王朝滿清帝國，建立亞洲首個共和國。1912 年中華民國誕生後，中華仍陷於「多災多難」的境況。神州大地戰亂頻仍，滿目瘡痍，民不聊生。[1] 內憂外患此起彼落：宋教仁遇刺、袁世凱稱帝、軍閥割據、國共合作北伐繼而分裂、南北統一後內戰依然，日本全面侵華以及抗戰勝利後國共全面內戰。[2]

在烽火連天的亂世，一場大規模內戰讓人們往往因瞬間抉擇而影響一生，個人或家庭命運隨即改寫 —— 引往生死盛衰迥異的結局。因為政局劇變、政權更迭，大批同胞不得不逃離內地，另覓安身立命之所。當中不少人棲身於英國管治下的香港，造成戰後的香港人口從 1945 年的 60 多萬，劇增至 1950 年的 210 萬！當中三分之一為逃難者，這是香港開埠以來遭遇的最大型「難民逃亡潮」，對香港政府造成巨大壓力。[3]

香港自 1841 年開埠，[4] 華南地區特別是原居廣東省的普羅大眾陸續來此地謀生，他們從事傭工、苦力、石匠、木匠、泥水匠和漁民等不同行業。赴港無非是為了營生或者避難，根本無意在港落地生根。[5] 國內政局一旦緩和，他們就會整裝返回原鄉。[6] 每當中國內地發生戰亂，例如太平天國、日本侵華等，香港即成為人們避難的逋逃藪。[7]

香港面積狹小，卻具備得天獨厚、港闊水深的天然環境；與接壤的華南腹地和嶺南地區，無論在語言文化、民間習俗等，基本上大同小異。1950 年以前，香港政府實行自由開放的邊境政策，居民出入境並無任何管制，粵港兩地民眾可以自由往返，華南一帶特別是廣東省的貧苦大眾，皆視香港為尋求生計的福地。

1949 年，不少內地同胞為了逃避戰火，紛紛扶老攜幼離鄉別井，千里迢迢奔往海外，或者來到香港、澳門和台灣等地區。1949 年 10 月 14 日，廣九鐵路的「江南」號成為省港鐵路線上的最後一班火車；當晚開出的省港渡輪「武穴」號，亦成為最後一班來往兩地的輪船。直至 1970 年代末，省、港兩地的直通輪船和火車，才分別於 1978 年 11 月及 1979 年 4 月恢復通行。[8]

1950 年 5 月 1 日，中央政府限制兩地人民進出香港，香港亦同時宣佈取消華人可以自由出入邊境的政策。當時香港大街小巷上出現了許多從大陸逃港的人群，其中相當一部分是前政權的顯要人物，也有不少是軍政人員或者流亡的青年學生。來港者還有追求自由生活的粵籍居民，隨波逐流，沉淪且掙扎著。[9]

逃至香港的人數與日增多，有的人形單隻影，有的人結伴而行，只見港九街頭巷尾到處都是難民。加上香港仍處於戰後復甦期，這彈丸之地出現了前所未有的人口壓力，還有隨之而來種種的嚴峻社會民生問題。港島和九龍處處可見棚屋、寮屋或木屋。各地區的居所供不應求，連狹窄街道也滿佈難民蹤影。

很多人躋身於鬧市的隱蔽角落，或者藏匿於斜坡密集的偏僻木屋裏。他們搭建寮屋棲身，例如是港島摩星嶺、跑馬地山邊的大坑、炮台山、筲箕灣和柴灣；以及九龍的白田村、黃大仙、鑽石山、鯉魚門、深水埗、佐敦谷和獅子山腳下附近一帶地區；新界區則分佈在沙田、大埔、荃灣和元朗。更有甚者，一些原國民黨軍的失明或斷肢的傷殘人士被迫露宿街頭，備受苦難的折磨，就地拾荒度日，只能行乞為生。他們白天四處遊蕩，晚上席地而睡，深宵睡夢中常被警察抓走。他們離鄉別井，僥倖保存性命，然而踽踽獨行於天涯，蹙蹙靡騁，備嘗辛酸，受盡揶揄，血淚交織，過著悲慘的流浪生活。[10]

天翻地覆大時代

這批難民的政治命運與原國民政府有著密切聯繫。他們大多以為只會暫時滯留香港，盼望之後能赴台定居。由於當時美國冷待剛在台灣立定腳跟的國民政府，國民政府因身陷經濟蕭條，自顧不暇，加上惟恐有間諜混跡其中，未有即時接收這批老兵難民。[11] 部分滯港難民在西環鐘聲泳棚、一別亭附近棲身，獲悉上環東華醫院有救濟災民義舉，乃紛紛向該院求助。1949 年 11 月 8 日，香港一位歐籍督察帶領 148 名前政府軍人及其家屬到東華三院，並請該機構照顧他們。[12] 1949 年 12 月 30 日晚，一名江蘇揚州籍難民抵港，光顧上環浴室新生池時偶遇茶房老鄉，得知東華醫院為民間慈善機構，會派發慈善飯餐給窮苦人士，同時是華人社會與港府的溝通橋樑；翌日他走訪醫院，果真受惠。這消息一傳十，十傳百，大家爭相向醫院求助。時人謂區區二元，卻使數以千計的人群暫脫困境，堪稱神跡。於是，東華醫院接濟難民的消息不脛而走。[13]

當時，東華醫院騰出了一棟四層大樓，收容部分難民，並從 1950 年 2 月開始，向持飯票者每天提供兩頓免費簡單飯餐。儘管每天按 6,921 張飯票派出飯餐，卻仍供不應求。聚集在東華醫院內外的人數日增，醫院無法再接納更多人。[14] 香港政府以影響市容為由，將他們全部遷往摩星嶺銀禧英軍軍營舊址。[15] 鑑於難民無固定地址可以收信，院方繼續為他們代收信件和治病。東華醫院基於博愛為懷的人道精神，繼續向其提供兩頓免費飯餐；飯餐以大木桶儲藏，由社會局負責運送至摩星嶺山腳下，按飯票派發。

摩星嶺位於港島西部，是一條又長又狹的石崖山坡，形勢險要。它面向硫磺海峽，乃位於維多利亞港西邊入口的軍事戰略要地，又與青洲遙遙相望。那裏地勢陡斜、高地險要，滿佈砂石矮樹，山上仍遺留一些二次大戰廢棄的炮台。[16] 摩星嶺山上是英軍高射炮陣地，山腰有上下兩層馬路，上層通往西環，下層通往東華義莊。路旁有一座門窗全毀的水泥樓房，樓有兩層，上層面積空曠，下層為老舊但堅固的隱蔽工事，牆上還留有射擊孔。山下為一頗深的懸崖峭壁，從這裏遠眺海面，可見來往長洲至澳門的船隻。[17]

1950 年 3 月 18 日，隨著這批難民在摩星嶺落腳，這一片荒涼的山頭上隨之出現了不成規格、大小不一的油紙草棚。不少善心人士憐恤這些貧無立錐之地的難民，送來一批帆布帳篷，使一部分人得以安身；另一些人只能置身在域多利兵房或空置的堡壘內。不過，最難忍受的是附近一帶的衛生問題，因為山上充斥著垃圾雜物及排泄物，惡臭難聞。有時半夜下雨，周遭一片泥濘，人們只能站在濕漉漉的小棚子內熬過漫漫長夜。這時候的摩星嶺上聚集了大量難民，成為香港史上第一個難民營。[18]

這些難民不僅飽受戰爭帶來的痛楚和折磨，還在異地流離失所，身心絕望之極。1950 年 6 月 18 日（農曆五月初五），正是中國傳統的端午佳節，也是香港的公眾假期。當天上午 7 時許，港九軍政醫職工旅行團合共 260 多人，由堅尼地城出發，沿域多利道步行至美麗灣及鋼綫灣 [19] 一帶郊遊。隊伍浩浩蕩蕩，來到摩星嶺山腳，

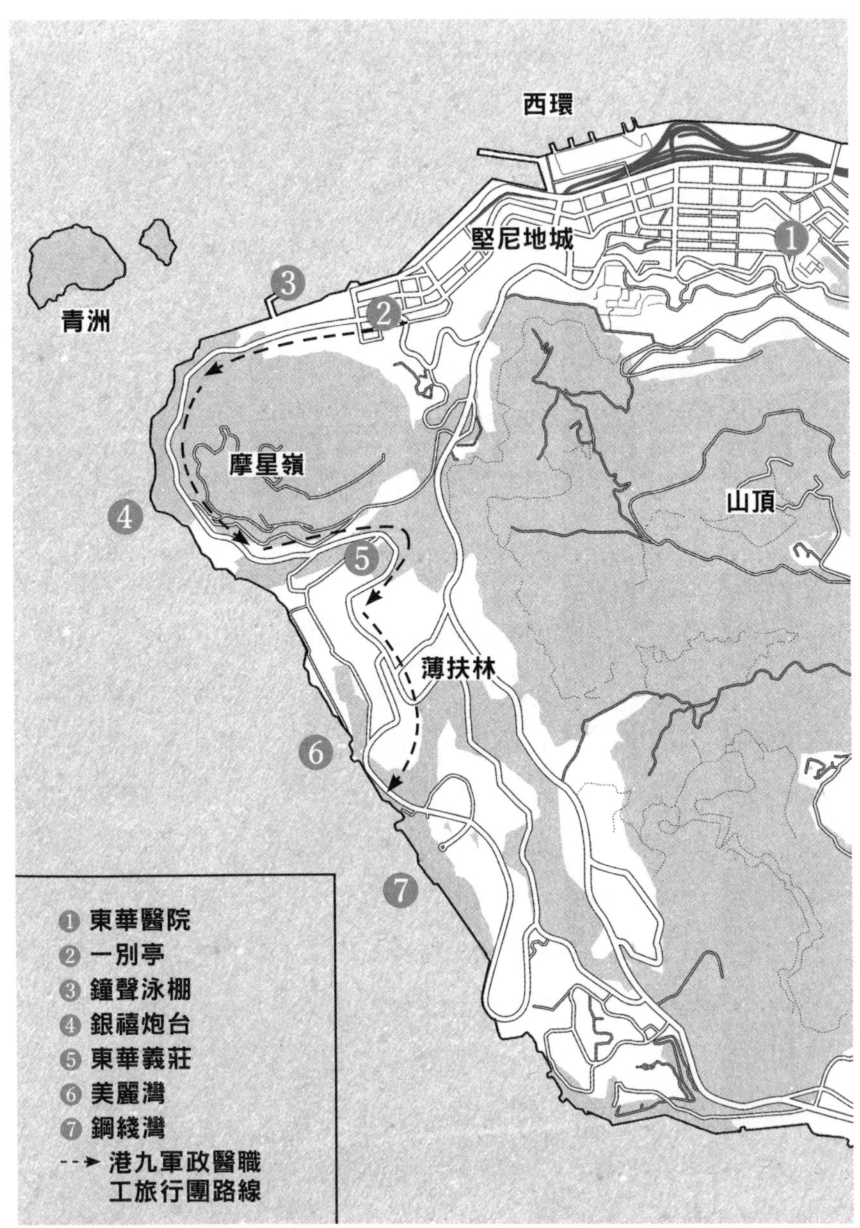

難民滯留西環附近，其後被安置到摩星嶺的示意圖（1950 年）。

他們組成了一支浩大的秧歌舞腰鼓隊，揮舞著中華人民共和國國旗。他們甫入摩星嶺，就敲鑼打鼓，一邊跳「秧歌舞」，[20]一邊喊：「回鄉去為人民服務！大陸解放，你們逃來香港，將來香港解放，再逃往何處？」摩星嶺上的「殘兵敗將」們受此嘲諷言詞挑釁，終因不堪受辱而揮拳相向；旁人再三勸止不果，由此發生嚴重肢體衝突，雙方大打出手。從該日上午 8 時 40 分至 11 時 30 分，一連發生了三次大混戰，結果造成 20 多人受傷，其中 6 人重傷。[21]

這次偶發的衝突事件後不久，難民正式結束於摩星嶺短暫的流浪生活，從此進入近半世紀的調景嶺歲月。

1949 年初期，英國政府擬定《香港緊急防衛計劃》，殖民地大臣即向內閣提交一份備忘錄，聲稱「香港短期可能面臨包括大量難民從陸地和海上湧入本港的威脅」。為了穩定香港局勢和社會秩序，中國與英國互訂了一些特殊政策和措施。中方對英方承諾：（一）不允許內地的政治運動波及香港，影響香港的社會安定；（二）以優惠價格大量供應香港必需的食品、日用品、淡水、燃料、原料和半製成品。英方對中方承諾：（一）香港不能用作反對新中國的軍事基地；（二）不許進行旨在破壞新中國威信的活動；（三）中華人民共和國在港人員安全必須得到保障。

英國是西方陣營中第一個承認中華人民共和國的國家。中、英建交一方面穩定了香港的社會秩序和治安，同時也讓香港成為中國的對外窗戶和經貿橋頭堡。[22]其間，英國與國民黨政府仍然維持一定的外交關係。[23]

為了避免毆鬥事件影響摩星嶺的管治和安定，加上英軍軍部擬收回營址以興建已婚軍人宿舍，港府乃決定把難民遷往遠離市區的地方。群毆事件發生之前，香港政府已在 1950 年 4 月 18 日的會議上，決定把難民遷往離島大嶼山的梅窩、東涌或長洲；當時，願意接受遷移者約有一千人。有關在梅窩設立難民營的撥款申請已獲立法局通過，營地圖則亦已繪就，惟當地居民對遷入難民一事強烈反對，而願意遷離摩星嶺的人數卻不斷增加。兩週後，港府決定把難民改遷位處荒郊的照鏡環——時人稱「吊頸嶺」。[24]

在設置調景嶺難民營以前，港府官員均認為這群難民短期內將返回中國內地原鄉或前往台灣定居，故承諾繼續向持有飯票者每天供應兩頓飯，並任由他們自行決定去留。港府以這種折衷方法來安置難民，實屬創舉。[25]

當時港督葛量洪（Alexander Grantham）在致英國殖民地部大臣的信函中指出：「在過去數月內，抵港的前國民黨軍人及其眷屬人數已達八千多人，他們現時正〔從〕位於港島那些衛生欠佳的營舍，被遷徙到新界一個營地，並等候遣返中國原鄉。」[26] 由此可見，港府早已留下伏筆，待時機成熟便會遣返難民。

1950 年代的調景嶺仍很荒涼，但其模樣已隱然成「村」。（基督教靈實協會准用）

難民因政見和語言差異，與本地居民格格不入，難免成為被邊緣化的群體；港府面對這難以處理的「燙手山芋」，乃把難民安置到偏遠的「吊頸嶺」，意味著這山區地帶被定位為「楚界」，同時把港九地區變成「漢界」，從而分隔雙方，不讓任何「兵」、「卒」輕易越界去冒犯對方，以此來維持社會的安寧。「漢界」人強馬壯，「楚界」雖處弱勢且局限於狹窄空間，但仍堅韌不屈。港府也就默許後者自組「車馬炮」（難民自衛隊），以保衛其最後的大本營。

難民遭遣「吊頸嶺」

1950 年 6 月 26 日（朝鮮戰爭爆發的翌日）清晨 5 時許，由社會局租用的約六艘「民」字號油蔴地小輪 —— 民英、民健、民和、民福、民光和民星，搭載首批約二千名有飯票的難民（難民共六千多人，分成三批）前往「吊頸嶺」。難民按當局派發的難民證（飯票）在域多利道東華義莊[27]附近的碼頭登船。那天每人獲發乾糧費兩元，由社會局局長韋輝全程臨場指揮，並配備警察負責維持秩序，聖約翰救傷隊作應變急救措施。此外，碼頭上還有各報社記者，當地居民和一些傳道人無語送別。[28]

渡輪坐滿了穿著殘破軍服或衣衫襤褸的人群，當中還搭載了幾位會說國語的外國宣教士。他們肩負著上帝的使命，從摩星嶺跟隨難民同往目的地，繼續為顛沛流離人士提供無私援助。後來，這些西洋教士分別在調景嶺建立了眾多教會、多間中小學校、醫務所和醫院、老人院和兒童院，多年來為社區的福音、教育、醫療和救濟作出巨大貢獻。[29]

遷遣當天已過夏至，紅日當頭，瘦弱的人們在船艙裏擠迫殊甚，汗流浹背，苦不堪言。小輪徐徐駛入鯉魚門海峽，海上風急浪高，令小輪劇烈搖晃。眾人受此折騰，頓覺頭暈嘔吐，狼狽不堪。每當海浪迎頭打上甲板時，這些本已哀傷、疲憊不堪的人們，不住搖頭嘆息；有的打盹，有的蒙頭瑟縮，每個人的精神與體力皆已透支。

難民被遷往「吊頸嶺」——一個乍聽即讓人毛骨悚然之地，原來港府早在一百多年前，就已經將此地正式命名為「照鏡嶺」，並出現在香港地理志上。它的地理位置正好在鯉魚門和將軍澳之間，毗鄰照鏡環，是一個三面環山、一面臨海的荒山半島，當時實屬一處荒蕪偏僻、荊棘塞道、渺無人跡的荒嶺。

故事要從年僅 28 歲即任職加拿大曼尼托巴（Manitoba）省督私人秘書兼司庫的倫尼（Alfred H. Rennie）說起。他於 1890 年 1 月抵達香港，任職香港工務局。倫尼來港前獲美國波特蘭麵粉公司（Portland Flour Millings Co.）任為東亞代理銷售人，從而積累買賣麵粉業經驗。1895 年他辭去港府公職專注於麵粉業，計劃創辦麵粉廠。他獲城中富商遮打爵士（Paul Chater）和麼地爵士（H. N. Mody）支持，集資一百萬港元成立香港製造麵粉有限公司（The Hong Kong Milling Company Limited），準備與進口自美國的麵粉展開競爭。1905 年倫尼以五千元購下五桂山照鏡環附近四百多英畝土地，開設香港磨麵粉廠（Hong Kong Flour Mills，或稱 Rennie's Mill〔倫尼磨坊〕），廠房建造時引進了最先進設備，落成時在規模和現代化等方面都屬世界一流。麵粉廠聘用 125 名工人輪班工作，每週 6 天、每天 24 小時操作，生產優質麵粉。[30]

不幸的是，倫尼經營麵粉廠失敗，他乘搭私人豪華遊艇「加拿大」號在鯉魚門水域投海自盡！1908 年 4 月 14 日（事發後兩週），英文報《德臣西報》（*The China Mail*）曾刊登法庭的死因研訊，為此作出詳盡報導。倫尼經營麵粉廠時遇上了外圍經濟緊縮時期，尤以美國在 1907 年爆發的金融危機影響最大，禍及全球金融業，還導致所有行業先後蒙受巨大衝擊。當時曾有人形容這次大恐慌為「一場比瘟疫更為恐怖，誰也無法逃避的人類災難」。

倫尼亦屬這次經濟衰退的犧牲者。他被安葬在跑馬地香港墳場；今天，該墓園仍豎立著他的墓碑。這位商人以其名字命名經營的麵粉廠竟以倒閉終結，倫尼因絕望而選擇結束生命。工廠沒有了，主人公也遁入了歷史。然而故事並沒有就此結束，他的名字持續存在，還引發了一段傳奇性的歷史。

事件以訛傳訛，這地區自此流傳著弔詭的傳聞，更被謔稱「吊頸嶺」。港府以倫尼名字作為這地方的英文名稱 —— Rennie's Mill，意譯「倫尼的磨坊」。倫尼的麵粉廠舊地留下一塊寬闊平地（人稱「大坪」）和一個廢棄的小型碼頭，大坪沿海而建，面積達二十餘萬平方呎，堤岸齊整。倫尼死後，此地就一直荒廢，人跡罕至。

倫尼的磨坊在一個世紀以前曾經雄踞將軍澳灣

「太平洋戰爭」爆發時，駐港英軍為了防衛香港，在鯉魚門兩岸修築炮台與碉堡，麵粉廠舊址亦被徵用為臨時的軍用營房。不過在日佔期間，日軍曾把大坪作為行刑之地。1941 年 12 月 25 日，日軍佔領香港，基本上仍按照英軍的部署駐守，而駐守「吊頸嶺」一帶的日軍便以麵粉廠舊址作為緝私隊總部，以監控藍塘海峽至將軍澳一帶的水上走私活動。每當緝獲走私客時，便把走私船隻拖到「吊頸嶺」，由緝私總部對走私船上的人加以酷刑審問；一經定罪，便押往麵粉廠前面的碼頭上斬首，再將屍首踢進海裏。所以在日佔時期，「吊頸嶺」更添一份血腥恐怖。[31]

大坪坐落在茅湖山下，嶺頂上有一以麻石砌成的碉堡，它由兩座建築物前後組成，中間配有護牆連接。廢堡前座分上下兩層，上層已塌，可遠眺鯉魚門和坑口一帶的廣闊海面，周邊仍存有牆垣，底層四面有拱形窗作為射擊點，原為英軍所建的防禦工事。背後為單層兵房，一半已塌。

戰事過後，這片山嶺已無價值，但那些「勾魂奪魄」的故事則被廣為流傳 —— 當然已無人願意踏足這塊雜草叢生之地，更遑論居住其中。[32] 當難民到達「吊頸嶺」時，呈現在他們面前的，只有一大片荒山野嶺和幾百間簡陋小草棚。他們頓時傻了眼，陷入絕望、迷惘，難以接受這殘酷的現實，靈魂陷入煎熬和痛苦中。他們被迫走至絕境，來到了叫天不應、叫地不聞的荒嶺上，含辛茹苦、淚灑人間地在陰影中存活下去，親嘗「魯賓遜」似的荒島生活。[33]

難民初到這片荒嶺，對於現狀唯有聽天由命。他們顯然不曾意識到俗語所說「福兮禍所伏，禍兮福所倚」的真正涵義。儘管在香港過著艱苦生活，卻毋須受牽連或被捲入內地的任何政治風波和運動。[34] 無論如何，當時他們每個人已和香港整體的命運連在一起。[35]
難民們開始以勤勞雙手，在各國教會、香港社會熱心人士和台灣救總的幫助下開創新天地；以開荒吃苦的精神打破「禍不單行」的魔咒，立足生存，創家立業；在世人面前譜寫其人生往後階段的生命故事，在香港這「借來的地方、時間」裏絕處逢生，否極泰來。

一場翻天覆地的國共內戰，一宗摩星嶺群毆事件，無意中改變了調景嶺原始的面貌，使它成為聞名遐邇的社區。在希臘神話中，潘朵拉寶盒中出現的各種災禍，似乎要全部降在這批人身上。當局也認為這些人將不會在此地久留，最終都將各散東西。然而誰也預測不到，這群「龍的傳人」竟把荒蕪的山野換上新顏，打造出一個設施齊全的社區。這群彷彿被歷史遺忘的難民雖然能夠暫時安頓下來，但前路茫茫，仍需努力生存。某程度來說，調景嶺的誕生體現了歷史的必然性和偶然性。

在調景嶺清拆前夕，一位當年從摩星嶺乘坐油蔴地小輪到達「吊頸嶺」、在大坪上岸的老居民，講起從前當地流傳的一段精彩

倫尼在跑馬地香港墳場的部分墓穴
碑文已因風化嚴重而難以辨認

比喻，頗引人深思。中國名著《西遊記》述說唐僧四師徒在往西天取經的路途上，經歷各種險難。每當四師徒乍到一處陌生地方，齊天大聖孫悟空就用那金剛棒「畫地為牢」，把唐僧、豬八戒與沙僧安置在大圓圈內，確保他們的安全；任憑外界妖魔鬼怪採用什麼方法，都無法接近和傷害他們。他說：「香港政府巧妙仿效了《西遊記》中『畫地為牢』的故事，特地以交通不便的調景嶺，作為安置難民的安全大圓圈。這既使他們不能輕易到外界去，外間也不容易干擾他們。」這比喻可謂維妙維肖，既貼切又生動，反映了難民們的創意和想像力。[36]

絕處求生，重寫命運

其實，被安置在調景嶺的難民絕非作奸犯科的「囚徒」，更非社會所不容的「歹徒」，[37] 他們只是國共內戰中的犧牲品而已。猶如中國象棋裏的「兵」和「卒」，只要越過對方界線，只許前進或橫行，卻不容後退。當初這批已過河的「卒子」，並無一蹶不振，垂頭喪氣，反而順應時機，挑戰命運，力求重建家園。他們經歷種種不幸，猶如徘徊在層層迷宮之中，天天坐困愁城，卻又無法施展自己的才能。他們時刻思量如何擺脫困局，未來的一切皆充滿了未知數。幸好，那時的他們至少可以自由地去摸索和創造。

曾有人形容調景嶺為香港的「西伯利亞」，被集體遷至該處的難民彷彿是當年俄國「十月革命」後，遭流放西伯利亞的白俄人，在該地自生自滅。甚至有人形容調景嶺為「政治集中營」，因為從地形看來，該社區猶如一座渾然天成的「監獄」，位於嶺頂的警署居高臨下，俯瞰全「營」，監視營中每個角落的動靜。不過，港府沒有施加任何管制居民活動的措施，居民都能自由出入，前往港九各

位處山上的調景嶺警署守著全營最高點，晚上能以大探射燈偵測營中活動。

區上學、工作或居住，一切與市區無異，調景嶺其實是一片自由的空間。[38]

港府巧妙且溫和地把難民遷移至「吊頸嶺」。社會局救濟署署長李孑農為了照顧難民的心理和感受，還把這片漫草山嶺的不祥名字改稱「調景嶺」，意即調整景況（寓意當年難民艱苦景況）的山嶺；英文名字則仍沿用 Rennie's Mill。[39]

關於更改地名，還有另一個說法，就是難民認為「吊頸嶺」之名稱很不吉利，提議更名為「調景嶺」。陳國英老師等五名營民被推選為民意代表，前往港督府陳述訴求。曾任教信義小學 34 年的陳國英，於 2013 年 3 月向筆者口述這段記憶。當時，他們把「吊頸灣」、「吊頸嶺」和「調景嶺」等地名向港府官員作詳盡闡釋，合乎情理的分析終使港督葛量洪欣然接受改名的建議，為這地區定名為

「調景嶺」。此事曾在社區引起轟動，不少報刊亦生動地報導這段新聞。

社會局承諾照顧難民生活所需，預先在調景嶺大坪空地上搭建幾百個小草棚和一間用作煮飯的大飯堂，招聘了多名廚師和購置少量炊具，照顧數千名持有飯票者每日的膳食。[40] 這批難民甫登岸，社會局便及時為他們提供熱飯熱菜，盡量從生活上和心理上安撫其心情。難民也姑且抱著「既來之，則安之」的心態，默然接受這種身不由己的安排。他們以飯票為憑據，每日兩次前往大坪飯堂領取飯菜和開水。港府從東華到摩星嶺，最後到調景嶺，向難民供應餐食共三年零六個月。

在政權興替之時，一個個原來身經百戰、曾進出槍林彈雨、「力拔山河氣蓋世」的將軍和戰士，頓時變成寄人籬下的遊民。面

大坪空地上曾搭起 30 座大葵棚，專供老弱病殘和婦孺居住。

難民初抵調景嶺所搭建的簡陋小草棚，無法抵擋風雨。（天主教香港教區檔案處准用）

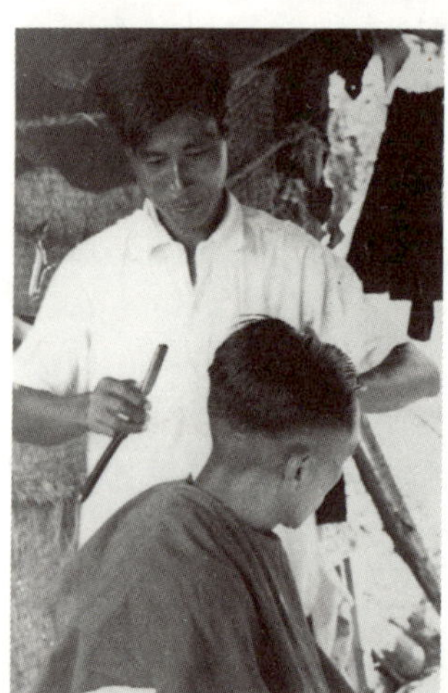

在坎坷歲月中，難民相互扶持，守望相助。（天主教香港教區檔案處准用）

建營初期，幾乎所有學生都參與建校和建屋，他們會喊：「勞動去了！」

對如此逆境，他們也只得面對現實，當忍則忍，能屈則屈，以待將來有伸展的一天。他們全力開展新生活，顯露出一股頑強意志和生命力。[41]他們真誠互助，和睦相處，建立了深厚的感情。處於人生低谷，雖暫脫戰亂流離之苦，但飢餓、病痛、焦慮始終如影隨形。艱苦的生活以及沉重的壓力覆蓋每個家庭。當時在孤島群居的男女老少，各有不同背景和學識，雖複雜但多元；然而共同政治信仰，又使他們無形地融為一體，生成一種「守望相助」精神。多虧一些有識之士的鼓勵指點，難民的悲傷情緒才得以舒緩。他們收拾心情，順其自然，把調景嶺暫時當作棲身之地，徐圖緩進。

對難民來說，香港可說是一塊跳板，他們為了生存而來，原有的家庭散了，祖輩留下的產業也沒了。除了一己生命，他們兩手空空，一無所有，精神壓力無可復加。殊不知他們甫落地生根，現實卻使他們把「他鄉變故鄉」。起初不少人存在過客心態，指望去台灣或者返回原鄉，但命運卻使香港成為他們安身立命的永久家園，一種永久的福分。

這群人當初被迫離鄉別井，千里迢迢來到香港，根本談不上對此地有何特別情感。他們的思想與情感遺留在遙遠的故鄉。憑藉頑強的求生意志，在異地立足了，卻時刻要考慮繼續逗留還是踏上歸途，為自己的前途作出最後抉擇。[42] 19 世紀下半葉，中國沿海地區不少青壯年被「賣豬仔」到海外做苦工，他們憑著刻苦耐勞的精神創家立業，與調景嶺難民的遭遇何其相似。

調景嶺營（村）在短短 46 年的歷史中，從荒山野嶺變成了一個宜人居住、井然有序的獨特社區。其成功因素主要在於居民的氣質和內涵 —— 一種能知進退的求生力量，深深紮根於人們心坎裏。加上人群中不乏臥虎藏龍的有識之士，所以即使在這窮困潦倒的歲月中，仍能安分守己、守望相助。他們靠著刻苦拼搏的精神，踏實謀

初期的調景嶺難民營，漫山蓋滿雜亂無章的木屋。（天主教香港教區檔案處准用）

經過三代人的努力，建成了寧靜秀麗的調景嶺，這裏曾是全港最具規模的平房社區。

生，這與他們本身的文化修養和道德品質顯然是分不開的。中國文化有一種內蘊的「韌性」，遇弱則弱，遇強則強，除「韌性」之外，還有一種道德精神，總括演繹就是「仁」和「義」。這種優秀的文化傳統至今仍代代相傳，延續至嶺上第二、三代居民。

調景嶺是一個豐富多彩、居民籍貫多元的社區。住民經歷了風雲變幻、跌宕起伏，蘊含著許多在惡劣環境中與命運頑強奮戰、扣人心弦的故事。筆者近年曾接觸過許多調景嶺居民，他們腦海中都浮現出以往在嶺上的坎坷生活。這些長者滔滔不絕地述說當年苦況時，不禁聞者心酸，聽者流淚。中國歷史上這一波逃難者，或孤身一人，或扶老攜幼，逃離家園，進入陌生之地；人數眾多而境況悲涼，他們大都在此終老，成為香港這個融匯大江南北的大熔爐組成部分之一。

這是一個動蕩年代，許多人離開原鄉，前往異地尋求出路，每個家庭以至每個人都有不同經歷，從而形成盈千累萬個故事。隨著歲月流逝，當年首批遷至調景嶺的倖存者也耆耄垂老。不久前，一個步履蹣跚、滿面滄桑但思維清晰的高齡老居民在一次訪談中，以深沉的語調憶述調景嶺今昔變遷。歷史如此無情，從青春到華髮，今天與他同齡的人，要不已是白髮蒼蒼的古稀長者，要不就是已進入那永恆的樂園。儘管已有不少人見證過調景嶺居民以血和淚交織而成的非人生活，但我們如不詳細整理這些資料，述說其中故事，那麼這段已逝去的調景嶺歷史，恐怕真的要煙消雲散！人們或許還記得那悲慘年代，甚至有椎心之痛；然而我們都必須重視、保存這段集體記憶，因為它始終是國家和香港歷史中珍貴的一部分。[43]

註釋

1 李定一教授所著《中國近代史》最後一章即以「多災多難的中華民國」為題。見李定一：《中國近代史》（台北：正中書局，1953）。

2 1949 年 10 月 1 日，毛澤東主席在北京天安門城樓上莊嚴地向全世界宣佈中華人民共和國成立，國民黨在蔣中正帶領下退守台灣，自此兩岸分隔迄今。直至 1979 年元旦，中華人民共和國全國人民代表大會委員長葉劍英向台灣伸出橄欖枝，提出了和平統一的呼籲，消弭兩岸整整 30 年劍拔弩張的敵對狀態。

3 〈「調景嶺——消逝了的「小台灣」〉，載亞洲電視有限公司：《香港風華》（香港：青桐社文化事業，2006），頁 66–67。

4 1898 年，中英簽訂《展拓香港界址專條》，英國向中國租借自九龍界限街以北至深圳河的新界地區，連同 255 個大小島嶼，為期 99 年，直至 1997 年 6 月 30 日為止；自此，香港地理範圍涵括香港島、九龍半島和新界三地。

5 施其樂著，宋鴻耀譯：《歷史的覺醒：香港社會史論》（香港：香港教育圖書，1999），頁 297。

6 邢福增：《香港基督教史研究導論》（香港：建道神學院，2004），頁 35。

7 辛亥革命期間，香港成為反清基地及起義失敗後革命義士流亡之所。位於香港島跑馬地的香港墳場今仍留有烈士楊衢雲等人的墓地。

8 1978 年 10 月 12 日，廣州往香港班機正式通航；1978 年 11 月 17 日，廣州往香港客運班船正式通航；1979 年 4 月 4 日，廣州往九龍直通旅客列車恢復正式通車。「廣州海關見證改革開放 30 週年，1978–2008」網站，http://www.customs.gov.cn/Portals/31/zhuanti/30/dsj.html，瀏覽日期：2015 年 1 月 14 日。吳昊：《香江騎呢錄》（香港：次文化堂，2009），頁 64。

9 例如當時為一名大學生的調景嶺中學末任校長張世傑、剛讀完安徽蚌埠工兵學校的胡欽牧師，都千方百計乘搭各種交通工具，從北方一路南撤至深圳，最後才順利抵達香港。見張世傑：〈調景嶺上桃李春風：海隅散記之一〉，《中外雜誌》，第 80 卷第 3 期（2006 年 9 月），頁 27；胡欽：《安徽小子：胡欽生命之旅》（香港：宣道出版社，2011），頁 11–14。

10 梁炳華：《香港中西區地方掌故》（香港：中西區區議會，2003），頁 216。

11 香港電台電視部策劃，陳天權撰寫：《香港歷史系列：穿梭今昔，重拾記憶》（香港：明報出版社，2010），頁 186。

12 "Summary of the local historical background to the problem of refugee nationalist ex-soldiers and their families. 1. On the 8th November, 1949, a European Police Inspector brought the first batch of 148 Nationalist soldiers and their families to the Tung Wah Hospital and asked that institution if it would kindly look after them. The Directors therefore felt that they had no alternative but to accept this surprise contingent, although their accommodation for repatriates was already severely taxed. Next day another 251 turned up, and the Directors appealed at once

to Government through the S.C.A. pointing out that—(1) The news was getting round that the Tung Wah Hospital had accepted nearly 400 in two days, and the prospect of ever-increasing numbers was very alarming from the point of view of health and accommodation. (2) The funds of the Tung Wah Hospital could not carry the severe additional burden of yet more nationalist refugees every day who might stay for an indefinite period. 2. As a temporary measure the Tung Wah Hospital Directors on their own initiative opened up the Yat Pit Ting in Kennedy Town as overflow accommodation. Meanwhile the Commissioner of Police, with the approval of the Financial Secretary, agreed to meet the cost of—(1) Feeding the nationalist refugees accepted by the Tung Wah Hospital. (2) Repatriating them as and when possible. 3. The S.C.A.undertook to forward all Tung Wah Hospital accounts, after scrutinizing them, to the C.P. 4. The Tung Wah Hospital Directors cut down the food provided to almost below a bare subsistence allowance (at about 97 cents a head a day), tried to discourage able-bodied single men from admittance, and set about co-operating equally fully in a simple system of registration with photographs to facilitate Government's efforts at repatriation. 5. By the end of November a further 1,431 nationalist ex-soldiers and some of their families had been received, making a total of 1,830 altogether. But only 138 had been repatriated, to Hoihow. 6. In December a further 1,211 were admitted, 161 were repatriated to Hoihow or Taiwan. Ninety-six others were also taken away by the Police in the hope of repatriating them across the N.T. border; the attempt unfortunately failed, and these 96 were returned to the Tung Wah Hospital by the Police. In January the figures were only 615 admitted and 1,817 repatriated; in February 788 admitted and 962 repatriated, though of the admittances 105 were former repatriates brought in by the Police because Taiwan had refused to accept them. 7. By the evening of the 28th March, 1950, the total number of admissions was 4,889; of these 3,061 had been successfully repatriated, 18 had left of their own accord, and one had been killed; in addition a number were admitted to the hospital proper as sick cases. The cost of feeding non-hospital cases alone on 28.3.50 was just under $1,775 a day (i.e. over $53,000 a month); this was paid for out of Police Funds." See H.K.R.S. No.156: D&S, No. 1/2876, BL1/4801/50: Refugee Camp For The Nationalist Soldiers At Rennie's Mill, Hang Hau, Junk Bay, New Territories. 以上為署理華民政務司麥道軻（John Crichton Mcdouall）於 1950 年 4 月 17 日致布政司杜迪（Ronald Ruskin Todd）的函件。感謝政府檔案處歷史檔案館檔案主任許崇德先生協助查找該檔案。

13 摘自范約翰：〈入營以前（收容於東華東院）：調景嶺福音工作之三〉，《基督教週報》（1970 年 9 月 6 日）。例如當時遠在重慶者亦知道「到香港，可到東華醫院」的訊息。胡春惠主訪，李谷城、陳慧麗記錄整理：《香港調景嶺營的誕生與消失：張寒松等先生訪談錄》（台北：國史館，1997），頁 64。

14 據《東華三院九十年來大事記》記錄，1949 年（民國三十八年乙丑）冬，國內大批難民自廣州來港，原擬候輪分赴海南島及台灣，但抵港後，因無處棲身，流浪街頭，生活無著，故由東華三院當局設法暫予收容。

15 社會局（Social Welfare Office）1948 年創立，當時隸屬港府華民政務司轄下一個小組，1958 年發展成一個獨立政府部門——社會福利署（Social Welfare Department）。

16 王裕凱博士指導，陳劬等著：《香港調景嶺難民營調查報告：為響應世界難民年作

（1959–1960）》（香港：香港大專社會問題研究社，1960），頁 15。王裕凱序撰於 1960 年 12 月 25 日。

17 摘自范約翰：〈入營以前（遷往摩星嶺）：調景嶺福音工作之三〉，《基督教週報》（1970 年 9 月 20 日）。

18 吳昊：《香江騎呢錄》，頁 65。

19 美麗灣今已歸入鋼綫灣範圍，在香港大學何鴻燊體育中心網球場對出，近數碼港道旁邊的海水泵房的一段海濱長廊，不少遊人在這裏漫步休憩。1871 年開始，英國大東電報局於鋼綫灣鋪設電報電纜連接香港與外地，鋼綫灣因而得名。原為一個海灣，已被填海成為現今的數碼港及私人屋苑貝沙灣。

20 秧歌舞與中國農業勞動有關，緣於農民辛苦插秧時，往往敲鑼打鼓助慶。各地發展出不同風格的秧歌，例如陝北的秧歌就較為健壯明朗、自由奔放。秧歌舞在 1949 年前後，逐漸獲得中央政府推廣作為歌頌慶祝的文藝活動。

21《星島日報》，1950 年 6 月 19 日；鄭義：《國共香江諜戰》（香港：文化藝術出版社，2009），頁 15、367。

22 劉蜀永：《劉蜀永香港史文集》（香港：中華書局，2010），頁 178。

23 直至 1972 年，英國政府一直在台灣淡水設置代辦處，並派駐一位領事。

24 1950 年 4 月 18 日行政局會議記錄摘要，1950 年 5 月 1 日港府工務司致財政司備忘。港府曾先後計劃把難民遷往梅窩、長洲，皆因當地居民反對而作罷。〈王國儀先生訪談錄〉，載胡春惠主訪，李谷城、陳慧麗記錄整理：《香港調景嶺營的誕生與消失》，頁 108。

25 梁家麟：《福音與麵包：基督教在五十年代的調景嶺》（香港：建道神學院，2000），頁 37。

26 劉義章：《盼望之灣：寶靈建基 50 年》（香港：商務印書館，2005），頁 16。

27 東華義莊是由香港東華三院於 1875 年成立的，1899 年由堅尼地城遷往沙灣（大口環）現址。香港開埠早期，廣東各縣市以至海外都有不少人來到香港打工，由於當時冷藏技術不普及，如不幸身故，屍體容易腐爛發臭，所以通常都會先行入殮再暫厝義莊，待親人來港後再安排送回鄉下葬。

28 梁炳華：《香港中西區地方掌故》，頁 218。

29 魯言：《香港掌故：調景嶺的變遷》（香港：廣角鏡，1977），頁 138。

30 香港電台電視部策劃，陳天權撰寫：《香港歷史系列：穿梭今昔，重拾記憶》，頁 184；The Industrial History of Hong Kong Group，https://industrialhistoryhk.org/alfred-hebert-rennie-dictionary-of-hong-kong-biography/，瀏覽日期：2024 年 3 月 5–6 日，此網站含多篇關於倫尼及其所創辦香港磨麵粉廠相關文章。

31 王國儀：《調景嶺滄桑五十年》（台北：中華救助總會，2008），頁 15。

32 魯言：《香港掌故：調景嶺的變遷》，頁 132。

33《快報》，1992 年 6 月 4 日。

34 何修之：《百年孤獨：香港歷史漫步》（鄭州：海燕出版社，1997），頁 90。該書指出中國政府曾公開承諾不容許內地政治運動波及港澳社會。

35 任何人都萬料不及在半個世紀之後，這批「龍的傳人」的後裔中出了一位在調景嶺度過孩提之年、後成為台灣領導人的馬英九。龍應台：《大江大海一九四九》（香港：天地圖書，2009），頁 141。

36 這位調景嶺村老居民對筆者計超講說。

37 施其樂著，宋鴻耀譯：《歷史的覺醒》，頁 298。

38 香港電台電視部策劃，陳天權撰寫：《香港歷史系列：穿梭今昔，重拾記憶》，頁 185。

39 王裕凱博士指導，陳勃等著：《香港調景嶺難民營調查報告》，頁 18–20；胡春惠主訪，李谷城、陳慧麗記錄整理：《香港調景嶺營的誕生與消失》，頁 19。

40 港九各界救濟調景嶺難民委員會：《香港調景嶺營難民概況》（香港：港九各界救濟調景嶺難民委員會，1959），頁 5。

41 龍應台：《大江大海一九四九》，頁 135。

42 王裕凱博士指導，陳勃等著：《香港調景嶺難民營調查報告》，頁 40。

43 調景嶺清拆前後以之為主題的著述相繼出版，例如：胡春惠主訪，李谷城、陳慧麗記錄整理：《香港調景嶺營的誕生與消失》（1997）；鍾玲玲：《玫瑰念珠》（香港：三人出版，1997）；梁家麟：《福音與麵包》（2000）；劉義章：《盼望之灣》（2005）；陳寬強：《我們在調景嶺上》（台北：政大三期校友聯誼會，2006）；Kenneth On-wai Lan, "Rennie's Mill: The Origin and Evolution of a Special Enclave in Hong Kong" (Ph.D. Thesis, University of Hong Kong, 2006)；林蔭：《日落調景嶺》（香港：天地圖書，2007）；王國儀：《調景嶺滄桑五十年》（2008）；林蔭：《硝煙歲月：日落調景嶺前傳》（香港：天地圖書，2009）；林芝諺：《「自由」的代價：中華民國與香港調景嶺難民營（1950–1961）》（台北：國史館，2011）；計超：《荒原上的遺民：調景嶺的滄桑歲月與愛的軌迹》（香港：印象文字，2013）；以及陳智德：《地文誌：追憶香港地方與文學》（台北：聯經出版，2013）。

02

荒嶺蛻變為樂園

調景嶺位於新界西貢將軍澳和鯉魚門之間，毗鄰元洲，與坑口隔海相望；其所在山嶺的另一邊，分別為油塘、茶果嶺、三家村、藍田和觀塘等地區。全區總面積約三平方公里；在二戰後初期是杳無人煙、荊棘遍佈的荒嶺。調景嶺社區的故事，記載著嶺上人如何在一無所有的境況下奮力求存、自強不息。他們身處香港，一切由零開始，胼手胝足、一磚一瓦地逐步重建家園。他們在趕急的情況下從摩星嶺遷到這裏，彷似被「逼上梁山」，然而憑著其毅力、智慧和勤勞，以雙手開創出一個屬於他們自己的獨特社區。[1]

若以繪畫來比喻調景嶺整個社區的發展歷程，可以如此描述：1950 年代屬於「草創及建設時期」，是雛形，漸漸形成輪廓；1960 年代屬於「轉型及發展時期」，逐步完成了基本線條及著色；1970 至 1980 年代，一幅絢爛圖畫終於繪就 —— 理所當然地，全體居民是圖畫的共同作者。然而花開花落、萬物有時，1990 年代中，即調景嶺村存在的第五個十年，亦隨之完成其歷史使命。

1950 年代：草創及建設時期

1950 年 6 月 26 日至 28 日，摩星嶺難民分成三批，乘坐渡輪前往調景嶺。據當年 12 月 25 日調景嶺營出版的《營報》創刊號統計，難民中有男性 5,592 人、女性 1,329 人，合共 6,921 人；當中包括兒童 798 人，分別是男童 336 人、女童 462 人。

按籍貫區分的話，以湖南 1,245 人最多，其次是廣東 1,045 人，第三位是湖北 814 人。其他各省區情況，山東 595 人、安徽 491 人、河南 454 人、江蘇 384 人、河北 345 人、江西 308 人、廣西 285 人、東北 265 人、四川 172 人、浙江 148 人；而不到百人的省區包括有：福建 88 人、雲南 69 人、貴州 46 人、陝西 45 人、山西 37 人、甘肅 19 人、熱河（今河北省、遼寧省和內蒙古自治區交界地帶）13 人、台灣 12 人、西康（1955 年撤省並以金沙江為界，東、西部分分別劃入四川省和西藏自治區）3 人、青海 1 人；籍貫不明者 20 人；另外，還有爪哇和安南（越南）華僑各 1 人，合計 6,906 人。[2]

關於難民從摩星嶺遷至調景嶺的總人數，各方統計未必一致。例如香港社會局局長於 1950 年 7 月 18 日致財政司備忘記載，約 5,900 人乘坐油蔴地小輪到達調景嶺，其後陸續有約 900 人徒步而至；《南華早報》（*South China Morning Post*）1950 年 6 月 27 日的報導則指，有 7,800 人先後於 6 月 26 日、27 日及 28 日被遷遣至調景嶺。可以肯定乘坐油蔴地輪船遷移者超過 6,000 人，加上後來陸續徒步而至的無飯票難民，以及據 1952 年統計有殘疾人士 1,800 多人；高峰時期調景嶺全區總人口增至超過 20,000 人。

港英政府從其殖民地管治經驗所得，治理一個地區首先要了解民心和需求，於是在設置調景嶺營時成立了香港政府社會局調景嶺營辦公處，專責社區難民救濟工作。這辦公處設在大坪空地上。同時還建造了一個大草棚作為飯堂，廚房內備有大小鍋灶 16 個，沿海岸邊亦搭建了數個公廁，分佈於營內各區。辦公處職員按照從前在摩星嶺期間供應膳食的模式，以飯票為憑，以十人一組分配飯菜。每天除了提供大米飯，還配備茶水票一起派發，派飯時在飯卡上打孔，每月底各自更換新飯票。

難民在大飯堂前閒聊。他們以冬瓜、南瓜和大米飯等為主要食糧。（天主教香港教區檔案處准用）

有飯票的難民以十人一組，就地分發飯菜。（天主教香港教區檔案處准用）

難民營早期的房屋以石塊或木板做牆，屋頂鋪上葵葉或油紙湊合使用。

正如香港社會局對各報刊記者稱：「眾人伙食，均有一定時間和限制，即上午 8 時至 11 時，下午 3 時至 5 時。」食物還有瓜類、豆芽、腐乳或鹹魚等，但極少供應肉類，難民因此多有「三月不知肉味」之感。[3] 每人每天增派一顆維他命丸，這對營養不良的難民大有裨益。蔬菜和大米由社會局租用油蔴地小輪運來；摩星嶺時期並無熱水供應，在調景嶺則每天供應兩次，食水引自山澗溪水。這裏的生活條件比在摩星嶺時稍有改善；不過，若然投訴伙食差，或會莫名招來一頓暴打。

當時持有飯票者有六千多人，但隨後入營而無飯票者多達一萬六千餘人，他們大多聚集在嶺上第五區，該一帶俗稱「臥龍村」。[4] 他們靠撿拾剩飯菜渣為生，淒涼不已，令人隱隱泛起惻隱之心。一些有飯票的難民深感「同為天涯淪落人」，主動將原來分配給 10 人的飯菜，分成 13 或 14 份，大家共同進餐，藉以暫渡難關，大家一起過著半飢不飽的生活。[5]

由於難民營內苦無工作機會，有十幾戶粵籍家庭毅然以港幣十元把飯票轉讓別人。[6] 他們隨即翻過山嶺，在毗鄰魔鬼山腳的鯉魚門安家落戶，搭建房屋、自立村莊，在村口豎立牌坊，上方寫著「嶺南新村」；[7] 左右兩方刻上「嶺上難胞辛苦耕耘皆自力、南中壯士忍辱偷生皆從權」。調景嶺作家趙滋蕃 [8] 的寫實小說《半下流社會》，正是描述當年難民生活的辛酸。小說其後被拍成電影，其中插曲〈苦兒流浪記〉歌詞「山連山、水連水，生活淒苦，無飯下肚」乃真實生活的寫照。[9]

隨著越來越多人徒步到達難民營，營內原有的居住空間根本無法容納現有人口，社會局遂在山區周邊地帶再臨時搭建 1,200 個 A 字棚、30 間木屋以及 30 座大葵棚，承建商為榮泰祥木廠。每一大葵棚分成上、下兩層，優先安置老弱病殘人士和婦孺居住。大葵棚可容納約 70 人，眾人擠於一室，設有一名室長，專門負責室內外所有事務。[10] A 字棚是用油紙或雜草搭成的簡陋小棚子，長、寬和高各約八呎，以其結構狀似英文字母「A」而得名，每棚安排四人居住。它們一行行排列，前後左右皆能相通，棚內一覽無遺，居民生活毫無私隱可言。[11] 這時期全區人口高達兩萬多人，居民都如同「罐頭沙甸魚」般密集聚居於木屋、大葵棚和 A 字棚內。

在這片荒地上孤立無援地活著，難民深感是被放逐的一群。但是，如此艱難才在香港一隅獲得容身處，結束漫長流浪生活，他們對於可以安頓下來深感欣慰。不料，1951 年 10 月 31 日突然發生了一場大火，一剎那，所有 A 字棚被大火吞噬，使原第三區的草棚全部化為烏有，災後只剩下一大片焦土。人們心靈的深刻傷痛，遠遠超越這場無情大火所造成的實質損失。

開山挖地蓋蝸居

在經歷了這場火災的一段時間後，眾人才驚魂甫定。正如趙滋蕃的小說寫道：「保留一絲希望，我總要活下去……天是棺材蓋，地是棺材底，喊聲時辰到，總在棺材裏。」於是，人們開始在這縱橫不到三平方公里的土地上，與親友同鄉在地勢陡斜的山坡上尋找合適地點，日以繼夜地掘土搬石、開闢地基，用拾獲的材料建造不同類型的房屋，當中相當部分全賴各教會的無息貸款建成。這些為避戰亂的流民開始在嶺上建造屬於自己的寮屋；無論房屋堅實與否，只求有瓦遮頭、能暫避風雨，這凸顯了其頑強生存的適應能力。[12] 從1951到1960年整整十年，是調景嶺居民大興土木、興建房屋的全盛時期。

從前有人形容，此地「童山濯濯，滿窪蓬蒿，南迎北風，腳臨煙海，懸崖斷澗，暴洪怒潮，生息其間，直牛羊犬豕之不若」。從前無論從嶺頂或海面，我們都能一眼看出調景嶺整體佈局：它猶如一座大迷宮或一塊畸形大積木，原因是在這個自由空間，各家各戶都能按照自己心意建屋。人們可隨意選擇在山腳、山腰或半山建屋，面積不受任何規定或限制；各戶可按自身需求開山闢地、掘山搬石，建成各種寮屋並住下，就等於擁有自己的家。全區所有房屋的面積及小路距離也不盡相同，外來訪客如沒有當地人陪同，不知不覺就像走進迷宮了。

由摩星嶺遷至調景嶺彷彿是危機，卻同時是轉機；絕望中的亮光，否極隨之泰來。他們在生活資源極度困乏下，按實際情況解決衣食住行等問題。起初社區似乎總離不開「天災」、「人禍」，居民受一浪接一浪的災難衝擊，似乎無法躲避；幸而在眾人的群策群力下，最終危機都能從容化解。正如當年一位居民描述：「調景嶺實為當時唯一的生機，也是僅存的抉擇，算得上是一種大福。」[13] 曾有人描述調景嶺前後的景象：以前的「吊頸嶺」遍地荒草淒迷，一任寒蟄淒鳴，冷風吹打；空讓海鳥啾唧，斜雨飄零。而今的「調景嶺」棚屋櫛比，鐘聲歌聲奏出了和諧的旋律，人語蟲鳴，遙遙呼應，處處充滿了活力，處處表露著生氣。[14]

正如前文所述，港英政府擬在適當時機將調景嶺難民全部遣返中國內地；不過也意識到遣返的做法並不人道，勢必遭受國際輿論責難，亦會影響與外地的經貿來往。港府決定先向粵籍難民停供膳食（當時共有 1,045 人，佔全區難民七分之一），作為初步試驗，再逐步在全區推行。1950 年 9 月 12 日，港府在調景嶺大街張貼了緊急告示：「自下月起，粵籍居民飯票，停止換發」，其真正目的是想先遣返部分粵籍難民回華南地區和廣東省。

當時有位名叫高炎明的難民，因受不了在港生活的煎熬，毅然逕自返鄉；甫回廣東高州即成為被鎮壓對象，從此走上不歸之路，與親友陰陽隔絕。[15] 港府停供膳食的決定，無疑是把難民推向深淵，畢竟這攸關人命，他們難以接受港府決定。中國內地當時正處於「鎮壓、肅清反革命」政治運動高潮，難民深恐一旦遭遣返，會因與國民黨政府的關係而受鎮壓，步上高炎明的後塵。

難民因再度面對生死關頭，群情洶湧，全都聚集在大坪海邊絕食抗議。有粵籍難民聲言集體跳海，以死抗爭，更有營內兒童在大街上張貼標語：「我們甘願追隨爸媽跳海，不願返回大陸。」一名非粵籍殘廢軍人趙銀安，更在悲憤下投海自盡。當時營內信義會、路德會、宣道會、錫安堂和天主教堂都及時為此深切祈禱，求神使難民得以脫離兇惡。事件引起外界高度關注，環球記者爭相採訪，作專題報導，其後港府宣佈延遲執行停膳決定。

最初在調景嶺設置難民營時，港府只視其為一項臨時措施，預計不出一年半載難民就會遷走，營地即可關閉。可是，離港難民只佔少數，至 1953 年 2 月 1 日，只有三千餘人赴台灣定居。港府一直供應難民免費膳食到 1953 年 1 月 31 日；對於傷殘者和 60 歲以上的難民則維持至 1955 年 9 月，直至前者全數赴台為止。從 1950 年 5 月至 1951 年 3 月，港府為調景嶺營支付、編列預算合共 140 多萬港元。[16]

1950 年 11 月 8 日是調景嶺難民營正式成立的日子，棲於小草棚的營民情緒低落、精神痛苦，過著半飢不飽的日子。首年冬天來臨之際，難民悵望荒陬雨露、野嶺風霜，這時朔風撲面刺骨，他們飢寒交逼、苦困萬狀。眾教會此際都紛紛伸出援手，及時雪中送炭——派發禦寒衣物和救濟包（裝有大米、麵粉、奶粉、牛油、乳酪和牛仔褲等，曾有人以 20 港元收購）；港九多間慈善機構亦派員前往難民營分發救濟物品。昔日嶺上孩童只要瞧見遠方大船徐徐駛近，莫不興高采烈，爭相呼叫：「麵包船來了！」原來這艘名叫「靈航」號的船隻並非一般街渡，而是道道地地的救命船，只許負責運送物資的工作人員乘坐，此船運載各種救濟品，包括麵包、大米、蔬菜和衣物用品，營民因而解決了燃眉之急，得以生存下來。

港九各界救濟調景嶺營難民委員會表示：「因調景嶺背山面海，此際冬風凌厲，寒氣逼人，而各難民大都衣薄單衫，被褥全無者，晚上極感蕭瑟之苦，救濟委員會對此問題，當盡速設法解決，以免捱受風寒。關於木房仍不敷應用等問題，亦經救委會予以增建。在最短期間內，先撥發七千件新棉衣、七千雙膠鞋、三千五百條棉毯等，俾難民們禦寒。」[17] 每年夏季常有颱風襲港，營民莫不感到恐懼；當颱風正面吹襲社區時，草棚寮屋頓如骨牌倒下，屋頂被吹上天空，直教人崩潰絕望。

1954 年 11 月 5 日，香港《新生晚報》以「隨風而去」大標題報導：「颱風巴美娜過港，調景嶺難民受損較重，部分竹棚蓋搭小屋，

1956 年，「靈航」號運送救濟物資到調景嶺大坪碼頭。

搭建於近岸海上的公廁

被吹毀者不少，近海旁的四個『廁棚』，[18]有三個人被吹落海，另有兩人亦隨風……墮落海中……」這段悲情報導，讓聞者心酸。1962年9月初颱風「溫黛」襲港時，調景嶺再遭破壞，毀屋千餘間、二千多人無家可歸。教會再度以無息貸款，幫助居民重建家園，走出困境，重振信心以面對未來。

天災之上又增「人禍」。社會局制定《香港政府社會局調景嶺居民營守則》，強令社區內所有人必須遵守，不然將受到不同程度的責罰。守則包括：

> 一、居民在營內一切行動絕對接受嚴格約束。港府法律及禁令尤須徹底遵守不違。
>
> 二、居民膳食既由本局供給，凡生火舉炊嚴厲禁止，蓋恐成災。如一經發覺，不管時間久暫，不管任何炊具，或名義若何，均予一一沒收充公，概不發還。
>
> 三、非得社會局局長准許，居民不得藉任何名義結社集會，或聯群聚眾，或個別作任何政治主義之宣傳。
>
> 四、居民不得隨意隨地便溺，或拋擲紙屑果殼，或傾棄污水，除整潔自居屋宇內外，復須注意及彼此負責鄰近街道等清潔與整潔。如推諉卸責者皆受同樣之處罰。
>
> 五、居民不得攜帶或貯留危險物品及一切足以傷害人體之利器。
>
> 六、居民不得直接或間接參加任何不法團體，及標貼任何文字於營內外。
>
> 七、居民不得聚賭喧嘩吵鬧或高聲談笑及打架情事。
>
> 八、居民不得在營內作任何大或小之營商販賣。
>
> 九、居民不得互相詆毀，須親愛互助，秉承辦事人員指派

每日之工作（殘廢老弱及稚年者例外）為營內大眾努力而服務，不得巧立名目或藉詞推諉卸責，更不得索取酬報。

十、居民如有親友到營探訪，首先須得本局局長或副局長批准條紙偕來方准接見會客，接見會客時間不得超逾一小時。

以上守則十條如有觸犯輕則嚴處，重則驅逐離營和吊銷住營資格，或呈請最高當局予以遞解出境。[19]

1952 年 6 月公佈上述的措施，對社區管制和防範都非常嚴格，堪稱難民營成立以後的黑暗時期。外界人士前往該區探訪，必須填寫申請表格和申領許可證。凡容留無戶籍客人，戶主和客人一律拘辦。每晚十時後宵禁，家長嚴禁兒童外出遊蕩。一戶火警，戶主及鄰居一併連坐。凡在同鄉會未具聯保手續，因而未領會員證的人一律驅逐出營。

此外，調景嶺營辦公處曾就嚴查居民戶口、嚴禁居民經營小販買賣食物或生火煮食等一再申令。例如當局頒佈第 971 號公告：「用特重申前令，絕對禁止居民經營生意及任意生火，隨地大小便等情事。嗣後如有居民任意違背不遵令者，一經查覺，除將該民飯票吊銷、驅逐離境外，並停止全營居民食油一餐。倘仍有再犯者，則全營居民停膳食一天。以示警戒……」[20] 這等於一人犯事，卻連累幾千人共罪。

至於其他輕則動輒體罰跪地、重則鐵棍毒打甚至餓飯等，早已成為家常便飯，營民基本人權可謂蕩然無存。[21] 難民營設置伊始即成立「義勇警察隊」，隊員手持一鐵棒可隨意毆打難民大腿或屁股（美其名「吃金條」）。可憐無辜遭受虐待者無奈認命，每天戰戰兢兢地在痛苦和焦慮中度過，為求不被驅逐出營。[22] 後經多方投訴至上級部門，駐營辦事處主任方適存終以「管理不善」、「苛待營民」為由，於 1955 年 9 月 12 日被調離，委以洪文波接任。

請看這群人經歷的苦難：既受「天災」蹂躪，又需防範各種「人禍」迫害；要在這種物質匱乏和欠缺人身安全下求生存，絕非易事！山嶺本來就是一片野草蔓生，與外隔絕之地；既無水無電，更無任何基本設施。調景嶺營剛設立時，嶺上曾有人以黑色幽默形容之：「吊頸嶺，吊頸嶺，吊著頸項望高嶺」；還有人詼諧地自嘲為「鐵嶺遺民」，意即被社會遺忘，艱苦地生活在這個荒涼山嶺上，委實是無奈而悲慘的寫照。[23]

初時一些持有飯票的難民仍能每天獲得救濟飯餐，但他們與那些無飯票者一樣，經歷了離鄉背井、長期奔波而身心勞累，本已疲弱不堪的體質亦逐步轉差。加上來港後水土不服、營養不良和休息不足，許多人不幸染上肺病。為難民診治的港府醫生黎柱樑稱，當時每天病患達三百人之多！這種人間悲劇，正如世界信義宗香港社會服務處主任施同福牧師（Karl Stumpf）在 1960 年世界難民年委員會上致詞時指出：「20 世紀發現最殘酷之難民問題已由歐洲移至亞洲，人類痛苦之話劇現正在今日以東方風光聞名之香港，演出其主要之一幕。」[24]

營內不少難民曾接受高等教育，儘管生活極其困苦，仍奮力維持生命原有的尊嚴。此時此刻他們除了性命之外，就變成徹底的「無產階級」，每天僅靠嗟來之食充飢，可謂舉步維艱。趙滋蕃小說中寫「勿為死者流淚，請為生者悲哀」，乃社區最真實生動之寫照。[25] 如果沒有眾教會、台灣救總和香港慈善機構提供物資援助，調景嶺營必定激增更多傲骨孤魂。[26]

幸而當時政策規定任何人只要一抵達本港，就可以領取身分證而成為香港居民，名正言順地在香港平穩生活。幾十年以後，不少嶺上人已把調景嶺視為「第二故鄉」，因為他們在此地居住的時間，

1957 年調景嶺學校雙十紀念集會。照片由戴大衛牧師拍攝，轉引自香港學生輔助會：《足跡：香港學生輔助會 60 週年紀念特刊》（香港：香港學生輔助會，2017），頁 13。

遠超過離別的故鄉；長期隔絕下，自然對故鄉印象逐漸模糊。從感情上來說，居民大半生定居在此，對調景嶺的感情已遠勝故土，於是產生「他鄉變故鄉」、根在調景嶺的心態。儘管艱苦，卻能在安寧樂土上自由自在地生活；他們與所有香港居民一樣，免受政治運動的衝擊和迫害。

台灣承擔救援事務

港府社會局在調景嶺難民營設置辦公處，設有一名主任、兩名副主任和六名幹事以管理營內一切事務：（一）推行戶政：實行保甲制，人必歸戶、戶必收甲、甲必屬區，全營分為五區。（二）調整街道和修路。（三）推行衛生工作。（四）辦理選舉。（五）推行文化康樂活動。（六）興辦義務學校。（七）加強警衛組織和維持治安：在各分區前後通道都設有固定崗哨，通常駐有一隊人；任何訪客入營會先查明身分；晚上還派人在分區四處巡邏、打更敲鑼，注意防火。（八）改善供應制度。（九）向台灣呼籲以達成大眾往台願望。（十）完成緊急措施以應對突變情況。[27] 全營前後分三個工作站，每站分成四個段，其工作包括傳達上級文件予居民、辦理戶口登記等各項事務。

其後，營內成立自治辦公室，並組建衛生隊、工程隊、卸柴工作隊和糾察隊等多個服務隊，以及茶水組、劈柴組、服務組和水源組，分別負責營內社區秩序、環境衛生、食物起卸、茶水供應、供水、消防和修路等工作。辦公室設有代為尋親（包括在港九失散的親友）和收信等服務；由於營內尚未編排門牌號碼，信件送達調景嶺時先集中存放在位於大坪的自治辦公室，再轉到收信人手上。辦公室還代發放濟金、辦理升學台灣清貧證、申請保送台灣的學生名額等，這辦公室基本上承辦營內大小事務。

國民黨政府退居台灣後，為了爭取民心而加強其海外工作，強調「以服務代替領導」，早在 1950 年 4 月成立了民間團體「中國大陸災胞救濟總會」（中華救助總會前身，以下簡稱救總），以幫助貧苦大眾。救總隨即接續救助調景嶺營民工作：每月救助成人 16 元、兒童 10 元，以此取代派飯。[28] 由於救總為國民黨政府背景的組織，而無法在香港正式註冊，於是由港九各慈善社團聯合組成港九各界救濟調景嶺營難民委員會（以下簡稱港九各界救委會）承擔具體救助事務。[29]

港九各界救委會首要任務為幫助居民赴台定居，其設於大坪的港九各界救濟調景嶺營難民委員會駐營服務處（以下簡稱駐營服務處）門口常張貼赴台人員名單。據當年留存文件顯示，1952 年 2 月

港九救委會駐營服務處派發「年老傷殘難胞特別救濟金」，時為 1956 年。

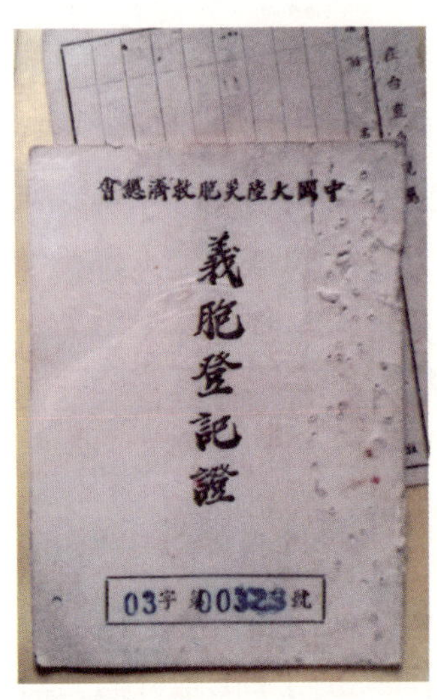

當年難民手持「義胞登記證」，等同調景嶺的居住證。

16 日，首批調景嶺居民 150 人乘搭挪威輪「海利」號赴台；同年 7 月 30 日又有 446 人乘搭維多利順豐公司「夏利」號大輪前往台灣。[30] 直至 1955 年 5 月 4 日，滯留在本區的殘疾人士全部獲准離港赴台。

根據同年7月12日確切統計，總共有9,908人赴台定居，包括有寄居證7,248人、有飯票者2,658人和傷殘者845人。他們赴台後被安置在台北榮民新村或各地眷村。

港府於1953年2月1日起停止為營民提供膳食，社會局終止救濟工作，辦公處亦撤離調景嶺。自此，救助難民的重擔落在救總肩上。為應付救濟業務日益增加之需，港九各界救委會強化了組織功能。當局委任曾從事難民管理工作的谷正綱為救總理事長，谷氏隨即委派馬鶴年主持港九各界救委會救濟業務。所有經費開支全數由救總負擔，港九各界救委會除了在調景嶺設立駐營服務處，特於香港島、九龍、新界不同地區設立服務處以救濟各該區難胞。港九各界救委會會址初設於中華總商會內，從1955年搬到九龍旺角自由道2號的九龍總商會大廈四樓。[31]

難民深知依靠外界接濟並非長久之計，因而設法把握機遇創家立業。他們當中不乏曾接受高等教育者，包括一千多名原從事教育者，有人撰文投稿到報刊以賺取微薄稿費，有人擔任嶺上學校教師或擔任教會文職幹事。[32]調景嶺營初期缺乏就業機會，不少青壯年人士為了謀生，毅然成為海員而長年飄泊遠洋，極少機會與親人團聚。營民大都奉公守法，靠著辛勤勞動、自強不息的克難精神，為開拓人生新境界而努力打拼。

起初調景嶺並無工廠。[33]每天早上，毗鄰大坪碼頭有一艘開往西灣河的小渡輪，天天搭載一批相熟的街坊鄰里外出工作。他們早出晚歸，前往港島太古船廠或者北角糖廠工作，這兩家工廠待遇和福利優厚且提供宿舍。也有居民徒步前往將軍澳邵氏製片廠做零工、充當臨記，因而培養了一批演員。亦有起早摸黑翻山越嶺前往鯉魚門茶菓嶺石礦場採挖高嶺土，或到九龍觀塘甚至更遠的青山道工廠打工，賺取每天港幣三元的低微工資以養家活口。他們長期生活在這種艱苦處境中。

難民當中一些年長體弱或身殘病患者則在各教會設立的工藝品加工場內，從事刺繡和編織藤器等手工藝，以致當年流傳「百戰將軍學繡花」之說。[34] 有些人在大街上開設各種商店做生意，亦有人以種菜營生，更有人從事體力勞動，在海邊碼頭上挑沙搬磚等。總之，所有人都採取各種方法謀生。他們安貧樂道、樂天知命，期待早日脫貧。最突出的例子，莫過於一大批三無者 —— 無飯票、無居住證、無房屋，不顧安危地在礦場做採礦苦工。

馬鞍山礦場（1930–1976）位於馬鞍山中半山，盛產磁鐵等礦產，為香港罕見蘊含量豐富的全港唯一大型鐵礦場，高峰期僱有三千多人，連家屬共六千多人 —— 其中包括作家趙滋蕃和工業家蔣震。礦工每天工資一元，當中還要扣除一毫作為包括家屬在內的醫療基金，收入僅夠糊口。當時馬鞍山有天主教聖若瑟堂所屬學校暨幼稚園，和信義會恩光堂信義學校，為礦工子弟提供教育。學生們物資奇缺，幸得教會時常提供各種援助。

昔日馬鞍山礦場發展出一種「馬鞍山精神」—— 大家相互幫助，形成一個平靜的社區。現今仍有個別年邁礦工，五十年不變，長期聚居山上的寮屋，晚境孤清。《馬鞍山風物誌：鞍山歲月》一書有一首含意極深的打油詩，頗能反映礦工生涯：[35]

馬鞍山高氣勢雄，亂石崎嶇在險峰。
人稀之地，竟現礦苗。覓鐵建城在山中，在山中。
山中礦工暗神傷，誰為神州理舊疆？
寇仇敗走，兄弟相殘。亡命天涯別故鄉，別故鄉。
英雄噙淚到山上，礦洞無情是墓場。是罪？是孽？
半生悲歌向誰唱？向誰唱？

千人悽苦築山城，浪子憑欄望兩京。

回頭無路，憶昔斷腸。夢裏魂牽念故鄉，念故鄉。

記往日，氣慨沖霄，勇壯無敵。

到如今，難抵受，小監工呼喝；更要忍，晚上寒淒霜。

幾年前筆者曾參觀沙田馬鞍山探索館，在山邊親自體驗零星的碎磁鐵末仍有頗強的吸鐵功能。同時也親嚐了礦工賴以為生的腐乳饅頭餐，對這次別有風味的馬鞍山半日遊，留下深刻的印象。

調景嶺居民猶如潛龍伏虎，外界流傳著他們的種種傳聞，增添了一股神秘感，連九龍寨城三山五嶽的人物，都對調景嶺人「敬而遠之」，彼此「井水不犯河水」。然而村民與鄰近坑口、馬游塘等各村落關係和睦，大家從無口角或衝突。他們與鯉魚門嶺南新村關係密切，兩地都有親友來往，遇上任何困難皆能鼎力相助。

對調景嶺居民來說，香港確為心目中的「希望之窗」。他們很清楚在蒼茫天地間，此乃其唯一棲身之地。建營初期，難民莫不把香港視為中轉站，其最終目的地為台灣；由於台灣當局嚴格審核赴台者身分，許多人因而滯留在港。可以說調景嶺難民營從誕生、發展至清拆，一定程度上乃上世紀中葉國共內戰這段歷史的餘緒。[36] 難民在這裏追求自由生活、愛好和平，沒有冒犯他人，卻常遭各種騷擾，尤其是早期。例如，1950 年 7 月 10 日大坪廚房一名員工被人收買，暗中在飯菜裏做手腳，致使區內二千多人嘔吐不止，幸得宣教士及時救援才不致造成傷亡。

1951 年 10 月 31 日正是蔣中正誕辰，又發生了縱火事件，原第三區幾百間草棚茅屋慘遭烈焰吞噬，付諸一炬，[37] 一些目擊者發現災場有三處火苗，往不同方向燃燒，隨後向四方擴散，引起熊熊大火。由於當時營內並無消防設施，人們徒手從遠處提取海水奮力撲熄火苗。大火發生時，有幾位熱血青年急忙攀山越嶺，跑步趕往鯉魚門地區撥打緊急求助電話。香港警務處聞訊後，派遣兩艘水警輪駛往調景嶺，抵達時只見現場一片狼藉，周邊只剩下一片大面積廢墟。事後經詳細點算，原第三區被焚棚屋達三百間，受傷災民共二千多人。幸得區內眾教會、港九各慈善社團及時伸出援手，災民

1951 年 10 月 31 日，調景嶺發生大火。

火災後，難民營原第三區成為了一片廢墟。

才不致陷於絕境。

1952 年 9 月 7 日上午，港九有百多名黑社會人士聚集，他們手持鐵器等物件，企圖進入調景嶺挑釁。營中崗哨警衛大隊及時將之驅散，避免了一場嚴重流血事件；其間僅三人受傷。1956 年 10 月香港發生右派「雙十暴動」，嶺上居民反響不大，因為他們當時正埋首建設家園。1967 年夏天，九龍某校有幾十名左派學生一面扛著紅旗、一面手持《毛主席語錄》，組成一支毛澤東思想宣傳隊，企圖從觀塘上山闖入調景嶺村範圍，幸被居民及時覺察，調景嶺警署迅即派員制止，避免了一場政治衝突。

雖然營民並無參與 1956 年「雙十暴動」，但事件促使港府將調景嶺納入其直接管治，於 1961 年 5 月宣佈將調景嶺營改為平房區，並易名調景嶺村（Rennie's Mill Village）。同年 6 月 9 日營中居民一度罷市罷課，強烈反對港府這項變革措施。

當時香港徙置事務處處長莫理臣（Colin Morrison）—— 一位身材魁梧、棕髮綠眼，留著濃厚八字鬍鬚的英格蘭人 —— 向居民承諾，他們可無限期居留，一旦需要搬遷，政府須為居民重建新居所。[38] 承諾書原文如下：「調景嶺居民不須繳交差餉及地稅，只需每季向政府交居住許可證費五元，便可無限期居留和使用該地；以及一旦需要搬遷，政府須為居民重建新居所。」這一紙承諾書，成為調景嶺村清拆前居民與政府對簿公堂最終勝訴的重要依據。

1960 至 1980 年代：轉型及發展時期

港府把調景嶺改為平房區後，在香港《徙置條例》（現已廢除）約束下，不允許區內再建造新房屋，原有房子也不得擴建。房屋由徙置事務處寮屋管制組（俗稱「寮仔部」）登記後，隨即發出「居住查調景嶺內近有謠傳謂政府擬於該區興建多層徙置大樓，遂致有等居民，疑惑不安，誠恐一旦實行，則勢須遷離其現目安居之所。徙置事務處處長有鑒於此，特鄭重聲明，政府对於調景嶺之管理，概與其他平房徙置區無異（例如摩星嶺平房徙置區）並不擬於該區內作興建多層大樓之舉。該區居民，大多均可獲准繼續在其現有之屋宇內，作無限期之居留，而祇須繳交些微之許可證費而已。至於因改善道路交通及增進公益事宜而須遷徙之屋宇，亦祇有在必要時然後方迫不得已而為之。徙置事務處處長繼續声明政府現目並不擬由市區方面，徙置任何人士於調景嶺區內，使該區之人口因而增加。

故無論如何，本處在將來之六個月內，不擬在該區作遷移或徙置任何屋宇之舉。

徙置事務處處長莫理臣

一九六一年六月五日

徙置事務處處長莫理臣承諾居民可「無限期居留」的手抄通告

許可證」，詳列戶主、家人和居住人數。房證工本費起碼每季五元，屋子面積稍大的需要幾十元。當中規定：房屋不可加建、擴建，其高度不可超過 12 呎，不可建兩層高；地下 8 呎，可用磚砌；木屋須用石棉瓦作頂，成為堅固房屋。另外，社區內各商號按章向稅務局繳稅，稅款隨經濟發展而逐年增加。

隨著第二、第三代居民出生和人口急速增長，不允建造新房屋、不可擴建等規定導致居民居住空間變得擁擠。由於房屋供求無法平衡，年輕一代只得外出另覓住所。

調景嶺中學文瑞（字隸華）老師詩作〈景嶺之夜〉，就深刻描述了營民的悲傷：「秋盡南天玉露涼，星移物換倍悲傷，歌殘明月詩千首，吟斷寒潮淚萬行，古寺晨鐘驚客夢，荒山夜雨泣蕭娘，紅羊劫後滄桑事，無限悽愴憶故鄉。」調景嶺營設置時，不少難民認為此地僅是暫時棲身之所，以為一旦國民政府「反攻大陸」即可返回故鄉；部分人則指望定居台灣。港英政府亦以為難民不會久留，因此，政府從沒提出完整的社區建設藍圖或公共設施計劃，一切都顯得因陋就簡。[39]

到了 1950 年代後期，人們認為「反攻大陸」已流於口號，赴台定居亦似遙遙無期。從 1949 到 1962 年中逃至香港的一百多萬難民裏，台灣當局只接收了約 15,000 人，僅佔 1%；[40] 嶺上人乃作長居打算。他們意識到要建造房屋才有屬於自己的家園，遂紛紛聯繫同鄉鄰里一起努力改善社區環境；各省同鄉會和社團組織如雨後春筍般成立，成為維繫難民互相守望的重要紐帶。這時港府意識到調景嶺隱然處於半獨立狀態，對管治不利，為消弭隱患，決定收緊對調景嶺的管治。

1950 年代初期，調景嶺即以區內五條山澗作為自然界線劃分成五個區，[41] 各區民居林立。學校和基督教教會遍佈第一、二、三區，商店食肆等場所則集中於第二、三、四區；第五區為天主堂和天主教教會所辦學校，每區各設區公所和區長。1961 年 7 月 3 日，調景嶺成為平房區，歸徙置事務處直接管轄，港府把原來五個區按山澗上下位置，重分為十二個區，範圍一直延伸到與大坪遙相對望的沙灣海邊和大環新村。[42]

年輕一代對「原五區」並無概念，山澗倒是大家心目中共同的地標。山澗中有五條水流不涸的清溪，居民形容，猶似聖經中的「活水」，帶著冷凝夜露匯集湧出的微泉，從石隙裏潺潺流出，每逢颱風時刻，常會激起暴怒的湍鳴，只見山上瀑布急流，類似山洪暴發，洶湧澎湃飛鳴而下，奔向大海，頗有氣吞牛斗、萬馬奔騰之氣勢。

1961 年 9 月，當局選擇在俯瞰整個調景嶺的一個山坡上興建一座堡壘式警署，1962 年元旦啟用。警署位處全調景嶺村之巔，可以全天候監察區內情況，晚上以一個強烈探射燈照射全村範圍。警署設有報案室、羈押室和槍械庫；毗鄰其左上方建有一排英式房屋為駐署警員宿舍。旁邊鐵絲網上行的狹窄小路，可直通茅湖仔碉堡。[43] 港府亦在大坪設置消防局和郵政局等公共設施，同時開始為居民提供水、電。嶺上居民大都能和睦相處，屬全港治安最佳社區之一。[44] 儘管大街上會有警察按時巡邏，惟區內治安良好，警察的工作亦算輕鬆。居民又積極配合政府各種新措施，取消原有保甲戶籍制度，並於 1964 年 9 月 1 日解散區內「自治糾察隊」。

雖說調景嶺在地域上位於九龍東部，惟郵政事務一直是由筲箕灣郵政局管轄。據不少居民反映，從前寄去村內的信件，如信封上註明「寄香港筲箕灣調景嶺某區某號某君收」，信件就會比較快收到；如寫「寄九龍調景嶺某區某號某君收」，就延誤一至兩天才寄達。調景嶺的郵政隸屬於港島，說明它和西灣河在水路交通上有密切關係。由於昔日兩岸對峙的政治原因，嶺上居民大都借用港九親友地址和內地的親友通信，免去不必要的麻煩。

由於社區水路先開通，筲箕灣郵政局在 1950 年代初期就開始負責調景嶺郵政事務，分別在區內大街上安裝了三個固定郵箱，方便居民投寄小件信函。每天上午，筲箕灣郵政局派出兩名職員乘坐航安小輪前往調景嶺派送郵件，下午把裝滿信件的郵袋帶回筲箕灣郵政局處理。1962 年調景嶺郵政局正式成立時，選址在大坪海邊。

調景嶺有個鮮為人知的小秘密，原來各區幾乎每家每戶的門牌號碼都不相連，甚至其中還有漏掉的號碼。有些門戶的號碼還分 A 座和 D 座，但不知何故卻都沒有 B 座和 C 座；有時同一門牌號碼，不同座別，兩戶間竟相距甚遠，例如一戶在山頭，另一戶卻會在山腰。這種奇怪的現象，至今無法考證。

1950 和 1951 年調景嶺先後發生兩次大火，居民損失慘重。居民

踏入 1960 年代前，區內居民在空地上修建房屋。右上角海濱範圍為拆船和煉鋼的紹榮船廠及鋼鐵廠。

1961 年的調景嶺各類房屋建得密密麻麻，仿似一塊不規則的大積木。

自此對防火高度警覺。從 1954 年起，區內各處陸續添置了消防器材以防萬一，[45] 同時不斷宣傳防火知識。調景嶺消防局於 1962 年成立，局內配備一輛小型消防救火車，同時訓練了幾名村民為消防員以處理小型火災。每逢秋高氣爽時節，嶺上各個山頭常因有人遺留火種而引致面積廣大的山火，幸好從未波及民居。

1976 年盛夏的一個週末，卻不幸發生了調景嶺史上首宗有人喪生的火災。那是居住於七區路德會聖約翰堂附近一名行動不便的老將軍，因隔鄰留下火種引起火警，他在午睡時遭火吞噬。由於社區許多房子都是彼此挨著建成，若不能控制火勢，後果堪虞。當時全港實施制水，附近居民迅速把家中儲水一桶一桶的往火場送，待消防員接通水源撲救時，老人已不幸葬身火海。

難民初到調景嶺時，日常使用的食水全部取自山澗。居民鑿井引泉，並先後築成一座大水壩和兩座水庫。在舊四區山坡上建有一復興水庫，其左右兩邊分別題詞：「復國還鄉尋舊井，興仁揖讓設清泉」，藉以抒發思鄉情懷。後來又在路德會上層興建一大型水庫；又開掘水井六座。[46] 港府在 1961 年從九龍觀塘經獅子亭至調景嶺鋪設自來水管道。1963 年香港空前亢旱，本應雨水充盈的春夏卻久旱不雨，土壤龜裂亦使得大量農作物失收，是香港制水最嚴重時期。5 月，全港食水存量岌岌可危，僅夠市民使用 43 天。港府開始逐步升級制水措施。5 月中旬，由每日供水三小時縮短至隔日供水四小時。自 6 月 1 日開始，政府實施四日供水一次，每次供水四小時，情況持續一年左右。徙置事務處在大坪鄰近海邊平地上興建六座水塔，利用船隻運送食水儲存其內，輸送到嶺上各區街喉供居民使用。[47]

對於一個可能隨時被放棄的難民營，港府似乎沒想過要為它供電，所以設營以後整整十年，直至調景嶺成為香港政府徙置事務處

設於大坪的圖書閱覽室，1992 年化身為「調景嶺全體居民反迫遷保權益委員會」辦事處。

轄下平房區，當區才有電力供應。因此，初期只由私人在營內大街中段建立一個小型發電站，設置兩台小型發電機組。[48] 逢星期一、三、五晚上 6 時至 10 時供應四小時電力，每月電費港幣一元；有些窮苦家庭為了節省這筆開支，寧願繼續使用煤油燈來照明。[49]

難民營開創之初，大坪海邊一座大棚內設立了一個簡陋圖書館，1959 年 7 月 2 日建成香港調景嶺營圖書閱覽室（調景嶺清拆前夕一度用作「調景嶺全體居民反迫遷保權益委員會」辦事處）。閱覽室為一層平頂石屋，有五千冊藏書和一些報刊雜誌，供居民閱覽。[50] 每年 10 月 31 日，閱覽室被佈置成介壽堂，全營學生魚貫而入列隊向蔣中正肖像行三鞠躬禮，遙遙祝壽。

隨著 1970 年代香港經濟飛躍發展，調景嶺村民的居住環境不斷改善，建築物逐步改建成水泥石磚屋或小平房。居民在房子周邊種植各種花卉，不僅增添生活情趣，還使社區整體面貌煥然一新。在短短 20 年間，憑著居民不懈的努力，社區發展終於走上軌道。各家各戶生活水平逐步提高，大家安居樂業，形成了一個有學校、教會、醫院和診所、照顧兒童和長者院所、圖書館、街市和各類商店的社區。1967 年 6 月 28 日香港《新生晚報》這樣描述：「廿年前一片荒山野嶺的調景嶺，今日已蔚然成為小市鎮，居民和平相處，異常融洽，別有一種氣氛，這是其他衛星市鎮所沒有的。」

調景嶺居民的經驗乃中華民族刻苦耐勞、艱險奮進的典型事例，[51] 也是人們披荊斬棘、努力奮鬥的成果。

逐步融入香港大社會

踏進 1980 年代，時值中、英兩國就香港前途正式展開談判，1984 年兩國政府簽署《關於香港問題的聯合聲明》，原來的不明朗因素漸漸消失，香港經濟再度蓬勃發展。嶺上一些經濟狀況比較寬裕的居民，紛紛鼓勵子女前往市區英文書院就讀，為他日謀取高薪優職鋪路；也有部分青壯年居民嚮往都市生活而前往市區謀事。[52] 1982 年，香港政府設立十八個地區議會。調景嶺位於西貢區，也擁有一個民選議席，由港九各界救濟調景嶺難民委員會駐營服務處主任王國儀以 93% 得票率當選，他身兼首屆西貢區議員和服務處主任，並連任三屆。[53]

調景嶺原來並無文娛場所或供閒暇時消遣之處，其後才由居民集資在近沙灣海邊地段建造了一家露天的益智戲院。戲院於 1961 年 1 月 28 日開幕，每逢週六及週日晚放映一些粵語和國語影片，院內可容納二百至三百名觀眾。1970 年代，隨著彩色電視機普及，戲院也因一場大火而逐漸冷清下來並最終停業。[54] 在西貢區區議會大力支持下，區內增添了不少公共設施：例如在大坪海邊和毗鄰益智戲院沙灣海旁，分別設置可供兒童玩樂的滑梯和鞦韆、兒童遊樂場和小型休憩公園；又在通向鯉魚門的三岔路口，把原來的簡陋涼亭，重新用鋼筋水泥改建成一個可避風雨的「冬菇亭」，旁邊還設有緊急求救電話設施。

自從港府把調景嶺村納入西貢區後，為了豐富居民的精神生活和滿足不同年齡人士需求，西貢區議會贊助舉辦各種健康益智活動，包括仿效坑口鄉事委員會每年舉辦千歲宴和敬老聯歡會，以答謝村中長者；主辦長者旅遊、老人中心身體檢查等活動；為青少年舉辦各級足球、籃球和排球比賽，以及青少年音樂營等；農曆新年期間舉辦齋宴、親子音樂會和旅遊燒烤團等。自開通電視線路後，從此嶺上居民也與全港市民一樣，能夠享受各種多姿多彩的視聽娛樂活動。最重要的是，這類活動有助嶺上人與全港市民同呼吸，而在社區清拆後，亦更容易融入香港社會的大家庭。[55]

長期以來因資金短缺等因素，調景嶺衛生環境一向較差。其地勢依山面海，車輛無法進村，區內垃圾只能不規範地處理例如傾倒入海，有礙社區觀瞻，亦影響環境衛生。1961 年村內建造了數座垃圾焚化爐，以處理家居垃圾等小型廢物。由於居民長期飽受垃圾圍村的困擾，在西貢區區議會推動下，區域市政局清潔組每月安排專門收集垃圾船隻前往調景嶺收集大型廢棄家具、過期電器等，同時清除了積存多年的雜物。[56]

對於照鏡灣的海邊垃圾，嶺上居民一直束手無策。每逢颱風過後，大量飄浮物與垃圾，源源不斷地飄向維多利亞海港東北端的照鏡環海邊，有時海邊還會留存一些大塊木頭，村內清潔組職員用鐵鋸逐段鋸斷運走，以免木頭腐爛和發霉生蟲。海上飄流的物件，有大型的、小型的，奇形怪狀、光怪陸離！有同學昔日在颱風「溫黛」過後，在海邊拾獲一些精美餐具，其後從報刊獲悉為一豪華遊艇的物品，因船被風浪打翻，船中物品飄散四方，他們至今仍保留這些意外的紀念品。

由於社區被環山圍抱，熱帶或亞熱帶植物滿佈山頭，因此，蚊蟲歷來困擾著居民。早年曾有錫安堂瑞典籍女教士被蛇咬傷。1961年，警署內出現一條貪得無厭的大蛇，因牠一口氣狂吞三隻母雞而無法動彈，結果被村民合力捕殺。蛇蟲進屋是平常事，村民每天登山或住宅附近有樹有草者，三天兩頭就會在路邊遇上蛇，就連晚上走路也隨時踩個正著！在1980年代後期，村裏成立專門的防治蟲鼠組，在各區噴施藥水以防蟲滅鼠；當年在警署下方不遠處建造了防治蟲鼠組員工宿舍。[57]

全香港十八區成立區議會後，由西貢區區議會和調景嶺服務處推動下，嶺上調景嶺中學、慕德中學和鳴遠中學三校，每年聯合舉

1982年，渣打銀行調景嶺分行開幕，服務處主任兼西貢區區議員王國儀（中）出席剪綵。

碼頭附近的岸邊排列有序的小艇是區內居民的集體回憶

辦兩次「調景嶺清潔日」，全區以大街前段、中段和後段劃分成三段，分工合作清除包括山邊所有垃圾和清潔公廁；經費分別由西貢區區議會和調景嶺營服務處承擔。通過這些大規模清潔工作，村上衛生情況漸趨理想。[58]

上述三校不時相互交流和舉行體育活動。嶺上人向來尊師重道，從 1980 年代開始，三校聯合成立「調景嶺教師福利會」，[59] 每逢教師節為各中小學老師舉辦聚餐等聯歡活動；暑假時又共同組團前赴台灣觀摩學習和觀光旅遊，體現了融洽的校際關係。教師福利會在調景嶺村清拆前停止運作。

為方便居民辦理存款、提款、匯款和證券買賣等理財事務，調景嶺於 1980 年代引入區內唯一的銀行 —— 香港渣打銀行調景嶺分行，從此區內居民毋須長途跋涉前往市區銀行辦理相關事務。

隨著本港經濟起飛，調景嶺經濟狀況同樣得以改善。坐落於第一區的渡輪碼頭附近，海面上整齊地停泊著一排排小艇，一位葉姓居民善用「靠山吃山、靠海吃海」的條件來經營小艇租賃生意。[60] 每逢假日，居民與遊人以時租形式租借小艇，悠然地在海面上划艇游弋，增添生活樂趣，成為了嶺上一門獨特生意。1993 年 11 月 4 日上午 11 時 40 分，一架華航客機降落時衝出了跑道，造成機尾墜海。當時本地電視台採訪隊正在調景嶺進行採訪，接獲指示需趕赴啟德的香港國際機場；服務處主任王國儀靈機一觸，請葉先生用快艇載著採訪隊火速趕赴肇事地點，更從海面上拍攝到視角獨特的現場影片。

調景嶺區內斜坡上的政治標語口號

行行重行行，與君生別離

歲月悠悠，調景嶺年長一輩的鄉愁與日俱增，他們魂牽夢縈念父老，無奈回頭已無路；對遠方親人和昔日家鄉種種，充滿濃烈懷念，以及滿腹惆悵。這些人的思想和生活習慣與香港現代都市生活存在一定落差，他們只好留守嶺上住所，平日就以打牌、下棋和聊天度日，或是弄孫為樂。隨著年輕一代陸續遷離，留守的年長居民仍沉湎於 1950 年代歲月；嶺上瀰漫著與現代社會脫節的老化跡象，與外間社會顯得有點格格不入。

他們多年來從不指望能回鄉探親，惟恐招惹麻煩；當中更有一百多名居民從未離開過調景嶺，這些老人始終抱著「過渡」的心態。[61] 當年他們倉促離開家鄉，逃難抵港後，即使生活得到改善，但每一個人的心頭裏都藏著濃濃的鄉愁、不能捨割的鄉土情，以及難以解除的心結。這些老居民心靈的基調是一種苦命的無力感，他們沉湎於「光復大陸」或「定居台灣」的夢想，無從找到自己的定位，乃年復一年滯留在調景嶺。

隨著時代變遷，嶺上居民最大的欣慰莫過於兩岸關係在 1980 年代逐步緩和。1987 年 10 月 14 日，中央政府對台灣民眾開放自由往返探親，宣佈不再追究去台人員的「罪責」。這樣才使嶺上居民擺脫長期的精神枷鎖，一些老兵放心踏上返鄉路，了卻多年未能與親人團聚的心願。部分還鄉的，尋回已失散的親人；有人只為看一看老家的模樣，一圓近四十年來與親人重逢的夢；亦有人走訪當年逃難舊路，並為福音作見證。

1990 年代：永別了，調景嶺

世事如棋局局新，「山雨欲來風滿樓，欲哭無淚向青天」，這是清拆調景嶺前的寫照。1979 年香港總督麥理浩（Murray MacLehose）訪問北京時，香港前途問題已放在議事日程上。中英兩國政府經過兩年外交談判，於 1984 年簽署了《關於香港問題的聯合聲明》；東方之珠主人的前途獲得中英兩國政府保證了「一國兩制」、「高度自治」和「港人治港」，1997 年後香港人保留原有社會制度和生活方式五十年不變。調景嶺作為另一個「歷史遺留的問題」，今天回望，似是「必須」妥善解決的。這裏原來並不屬於將軍澳新市鎮的發展範圍，但 1988 年 5 月 26 日港府拓展署署長郭偉楷宣佈，「調景嶺成為將軍澳發展計劃首個重建地點，清拆工程將於 1990 年 9 月展開；嶺上居民將遷徙到將軍澳新市鎮」。隨著港府把城市規劃與新市鎮發展涵蓋整個將軍澳地區，調景嶺村也就因香港回歸大局而被逼清拆，居民亦要遷出。[62]

自從港府在 1950 年 6 月把難民安置在荒蕪的調景嶺，他們經歷了數十年不懈努力，把它建成一個治安良好的獨特社區。歷年來居民努力建設家園，不懈改善，可謂費盡心力。拆遷的消息大大震撼了整個社區！1961 年徙置事務處處長莫理臣曾承諾調景嶺居民可無限期居留，老一代的居民豈會忘記。最後在村裏兩戶居民家中，覓得承諾書原件，該份歷史文件成為村民與政府展開訴訟的重要法理依據。

從一開始，港府漠視民意，事前未作任何諮詢，僅將調景嶺的清拆當作安置一般平房區處理，而且從未明確說明何年何月將會清拆。直至 1992 年 2 月 26 日，當議員質詢規劃環境地政司班禮士（Graham Barnes）時，才證實港英政府已有計劃在短期內清拆調景嶺。

居民歷盡艱辛，才把一片荒嶺以一磚一石建立起來，但他們的家園即將瓦解。他們理解清拆勢在必行，亦為大勢所趨，只得無奈接受現實。甚至當中不少人已把九七回歸視為大限，並意識到可能要再經歷一次集體遷徙，然而，他們都希望港府能在搬遷問題上作出合情合理的安排。

居民在清拆消息獲得證實的十天內（3 月 7 日），即成立了以調景嶺駐營服務處主任王國儀為主席、陳寶善為副主席的「調景嶺全體居民反迫遷保權益委員會」。[63] 全區居民即晚在調景嶺中學大禮堂舉行反遷拆大會，並在大坪的圖書閱覽室成立委員會辦事處，特地為遷拆一事出版一本專刊，最終目的乃為捍衛自己合法權益。

委員會不滿港府漠視民意，倉卒強行清拆調景嶺村，所以他們提出四項要求：

1. 以屋換屋，對所有物業予以特惠補償。
2. 以舖換舖，對商號裝修、生財工具及搬遷期間之營業損失作合理之補償。
3. 受清拆之商戶和小販，若未能獲舖位安置而結業，存貨應由政府按市價承銷，並予以特惠補償。

調景嶺全體居民反迫遷保權益委員會率領居民上街抗議

為保家園，老兵黃文揚也繫上絲帶加入反迫遷行列。

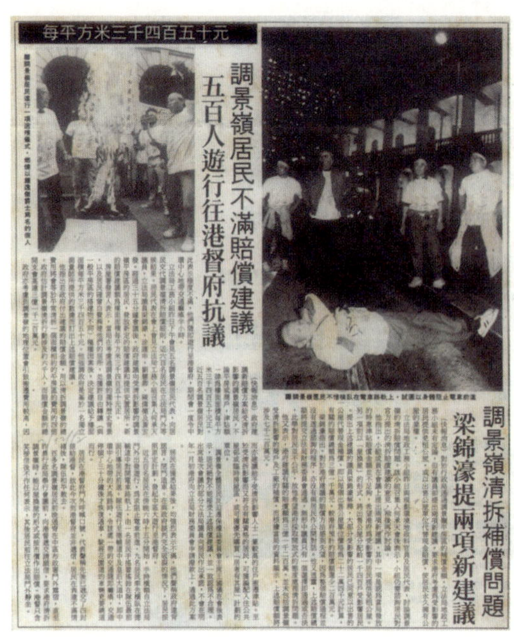

每平方米三千四百五十元

調景嶺居民不滿賠償建議

五百人遊行往港督府抗議

調景嶺清拆補償問題

梁錦濠提兩項新建議

1992 年 12 月 1 日，調景嶺居民遊行一度令中環交通癱瘓。此為翌日報章的詳細報導。

4. 受清拆之學校、教會及其他一切非牟利之公用屋宇，應予以妥善之安置與合理之賠償。

1992 年 11 月 27 日上午，委員會再次召開全體居民大會，分別發傳真給行政局和各大報章，刊登反對逼遷訴求的廣告。11 月 30 日早上，部分居民將詳細資料親自送往行政局各議員辦公室，50 人則在晚上前往布政司署通宵露宿靜坐抗議。居民皆以白布繫著額頭，身穿白衣，衣服前後分別寫有「誓死保衛家園！」、「不合理，毋寧死！」和「慘淡經營，落此下場！」等口號。翌日上午，居民在行政局和立法局門口遊行靜坐；晚上有五百多人前往中環港督府，不惜橫臥在德輔道中的電車路軌上，阻止電車和其他車輛通行。

這場抗議活動讓整個「漢界」的市民，重新關注多年來一直靜默的「楚界」居民即將失去家園一事，並再次重溫遺民的生活歷史。

反迫遷保權益委員會對癱瘓了中環交通一事感到抱歉，但畢竟是抗議行動的策略，於是連夜把道歉啟示送交各大報館刊登，成為全港為抗議引起的不便而刊登公開道歉首例。

可是，港府堅持將調景嶺清拆如同一般平房區處理，在 1992 年 12 月 1 日下午 5 時，正式公佈對嶺上居民的賠償方案，細則如下：

1. 樓面面積每平方米可得 3,450 元（港幣，下同）的特惠津貼，每平方呎只得 322 元。
2. 合資格住戶可得一筆額外的搬遷津貼，大約每戶可獲約 900 至 2,600 元，視家庭成員多少而定。
3. 合資格的商戶和廠戶可獲非公開性的投標資格，投標房屋委員會轄下的商舖或街市攤位。如商戶放棄投標資格或無法投得商業單位，則每戶可得 35,000 元的特惠津貼。

九龍寨城在 1991 至 1992 年分三次清拆搬遷時，港府向寨城居民的賠償金額定為每平方米港幣 9,000 元。與之相較，清拆調景嶺的賠償金額就少得不堪比擬了。

位於調景嶺村第一區 1 號的基督教靈實協會調景嶺社區發展部，是接受政府資助的社會服務單位。靈實協會在調景嶺提供服務超過十年，主要協助居民解決個人和社區問題、提供社區教育，以及促進居民建立社區歸屬感。它除了舉辦文娛康樂的活動外，更關注社區內的環境、治安和學童上學安排等。該發展部曾經在 1992 年 6 月至 7 月，在全區進行人口和清拆問題的問卷調查。此外，1994 年房屋署亦派調查員以家訪形式，進行全村屋宇面積的測量和調查。

根據確切統計，全區有居民 5,700 人，共 1,500 戶，而四分之一的人口為 60 歲以上的老人，近 500 人更是 70 至 80 歲的單身老人。在當時通脹高企、樓價大漲的情況下，嶺上居民普遍認為賠償金額簡直少得讓這批老人無法存活下去。

為了與政府打官司，居民進行了全區籌款行動。

社區消失前掛得最多的標語是「反對清拆調景嶺」

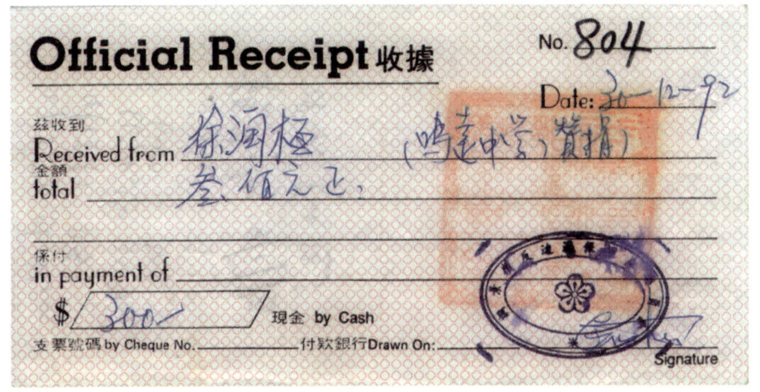

Official Receipt 收據　No. 804

Date: 30-12-92

茲收到 Received from

金額 total 叁佰元正

係付 in payment of

$ 300　現金 by Cash

支票號碼 by Cheque No.　付款銀行 Drawn On:

Signature

從捐款人獲發的收據顯示，籌款行動距今已有 32 年。

時移世易，調景嶺就像一個政治圖騰，在回歸前夕，外間只做了一個選擇 —— 沉默。面對港府的強勢，居民亦只有一個決定 —— 自行集資誓與政府打官司。

1992 年 12 月 22 日，反迫遷保權益委員會發出「法律行動籌款詳情」。由於這次籌款規模龐大，委員會特成立籌款財務委員會專門處理有關籌款事宜及監管財務，指定會計監察一人和財務委員會十人，安排 1992 年 12 月 24 日至 25 日在大街籌款，12 月 26 日至 28 日家訪募捐，12 月 29 日起以大街上四家商舖為捐款站，呼籲居民踴躍捐輸。基於每戶情況不同，認捐數目視乎居民經濟能力和心意，並無規限。所有捐款均獲委員會發出的收據作實，並每週公佈一次捐款名單，內容包括捐款人、居住所在區號及認捐金額。若訴訟成功，仍有餘額，款項將按比例退還認捐人。

當時委員會預期每戶捐款約 1,000 港幣，大約便可籌集 150 萬元應付訴訟。出乎意料的是，這次募捐籌獲了超過 300 萬元。

儘管後來港府於 1994 年 7 月公佈了樓面以每平方米 5,037 元計算的第二套賠償方案，[64] 調高了賠償額，但居民仍覺得政府的方案與他們的要求實在相距太遠，無法接受。雙方因此僵持不下。1995 年 3 月 9 日，《明報》登載了反迫遷保權益委員會草擬的〈調景嶺居民對平房清拆的申訴〉，申訴書中以大量事實陳述理由，強烈要求香港政府合情合理地解決社區清拆問題。

港府原本準備在 1993 年 3 月至 9 月實行清拆調景嶺，但當局提出的兩套賠償方案，先後遭到居民強烈反對，致使重建調景嶺及興建將軍澳地鐵支線計劃暫時擱置。

然而清拆尚未展開，1962 年成立的調景嶺警署，竟在 1992 年元旦日率先關閉，村民開始擔心區內治安。[65] 基督教靈實協會調景嶺社區發展部曾去函西貢區議會，申述清拆調景嶺村帶來的治安等社會問題，期望當局予以正視。1995 年 2 月 24 日《成報》以大幅標題登載「（調景嶺）治安惡化設施差，有人希望早搬早著，調景嶺最新賠償方案，居民願接受苦無途徑」。村民由此分成兩派，立場各異，即使強硬派裏有人願意接受方案，也不敢公然提出；溫和派則埋怨缺乏與港府接觸的渠道。

村民無奈告別家園

資深記者、香港光華文化中心前主任江素惠講述當年調景嶺村面臨清拆時，一些老兵村民準備堅守陣地、倚山備戰，誓死保衛家園：「調景嶺的居民在無奈中籌集了百萬的資金將與港府對簿公堂，另部分調景嶺的居民也表示，若最終賠償不符合要求，將發起護村行動，阻止港府當局清拆。調景嶺的地勢頗為特殊，背山面海，由陸路到此，僅有一條狹窄馬路，水路則只有一個碼頭。據稱，這群過去擁有作戰經驗的國軍將士，已經有此計劃部署，來對付強行拆遷的人，他們輕而易舉地切斷陸路，在海中築起人牆阻擋靠泊碼頭的船隻。若香港警方搶灘成功，不排除有情緒激動者會『引火自焚』

或攬住幾個警察陪葬。」[66]

最後港府在 1995 年 2 月 13 日公佈第三套賠償方案。[67] 第三套賠償方案內容包括：（一）樓面每平方米港幣 7,000 元特惠金，即每呎 650 元。（二）商舖首 10 平方米，每平方米 7,100 元，其餘每平方米 1,480 元；賠償方案限 1961 年前在調景嶺居住的家庭和商舖受惠。這項措施連區內不少租客亦受惠，分別獲安置在將軍澳新市鎮公共房屋厚德邨和明德邨。調景嶺居民認為這方案可以接受，於是平房清拆計劃於 1995 年 4 月 4 日得以正式執行。[68]

在平房清拆計劃執行期間，居民可以根據房屋署「第一優先」的政策，按其意願挑選入住港九任何地區的公共房屋，自由選擇樓層和單位；或可認購本港任何已建或新蓋的居屋（居者有其屋）。當局在分配新公屋時，可以按照原調景嶺村整體安排村民住進同一個屋邨或屋苑內，長者可酌情獲分配位於大廈第二樓層單位（二樓）居住。

調景嶺村其中 82 戶居民因港府無合理補償而提出司法覆核，要求法庭：判處房屋署向調景嶺居民發出的「搬遷通牒」無效，同時要求政府合理賠償。1996 年 4 月法庭批准司法覆核。有關官司的聆訊程序最後兩天於 1996 年 6 月 25、26 日在最高法院（The Supreme Court）進行，6 月 27 日宣判，由大法官施偉文（Raymond Sears）主審。宣判當天有近百名調景嶺居民出席旁聽。判決如下：「調景嶺急需發展，居民必須遷出；但是政府的確違背承諾，需要作出賠償，賠償留待雙方協商。在 1988 年計劃清拆調景嶺時，政府沒有確認 1961 年的承諾是失當的。房屋署向居民發出遷出通知書，是對居民不公平。」[69] 這場官司基於調景嶺村兩戶居民仍保留當年徙置事務處處長莫理臣准許「居民可無限期居留」承諾書原件為基礎，最終居民勝訴。

不過，政府與居民無法就賠償達成協議，待 1998 年 3 月施官作出口頭判決，確認 1961 年 6 月 5 日前已入住，並在 1995 年 4 月 4 日宣佈清拆前一直住在調景嶺的居民，都符合獲得賠償資格；施官又對賠償定下了平房面積、租金、裝修費與附加利息的計算準則。除上述 82 名居民之外，判決亦惠及另外幾百名申請了司法覆核的居民。香港房屋局統計，因判決而應予賠償給符合資格的居民約 730 名，政府需為此承擔額外 5.7 億港元的支出。雖然判決是清拆後才頒佈的，居民亦已各遷他方，但最後都彰顯了社區團結的氣勢。在調景嶺全體居民反迫遷保權益委員會主席王國儀和副主席陳寶善倆帶領下，居民為爭取公義展示了堅定意志和毅力。

多年來一直扶持調景嶺居民的救委會，於 1996 年 1 月 23 日向居民發出最後一份通告，指出照顧年老孤苦殘疾難胞的救濟金將發放至該年 6 月底，以後救濟金將轉為醫療輔助費；調景嶺營服務處則於同年 7 月轉至將軍澳厚德邨，設置辦事處繼續服務該區居民。

1996 年 8 月 28 日晚上，是居民在調景嶺逗留的最後一夜。不少人相約通宵流連，徘徊在照鏡灣的海邊，以一場沉默無言的燒烤告別。上一代留存者寥寥無幾，緬懷過去種種，欲哭無淚；土生土長的第二代不只失落與茫然，明日該何去何從，像是一道永無答案的題目。

翌日港府正式清拆調景嶺村，以啟動將軍澳第三期發展計劃；昔日的調景嶺地區，頓成寸土尺金的地皮。清拆工作由祥記馮祥建築公司接手，負責土地平整的開發工程。1999 年調景嶺平房區整個夷平工程完成，彩明苑成為首個矗立於原址的大型房屋項目，毗鄰的健明邨其後相繼落成。迄今，調景嶺已建有約 14 萬個公屋與居屋單位，以及私人房屋、學校（包括中小幼學校、專上學院及大學）和社區公共設施等多座大樓。

區內的公共服務隨社區消失而停止，郵局為此推出了結日封。

題為「湮沒調景嶺」的結日封，細字內容出現錯字。

46 年時間不長不短，調景嶺剛好孕育了三代人。

為了配合拆遷安排，協助為數眾多的調景嶺村老人得以順利過渡至新的居住環境，將軍澳區醫援會（1990 年 8 月起稱為基督教靈實協會）調景嶺老人中心，早在 1990 年 8 月 15 日推行了「邁向晨曦」服務計劃，並得《東方日報》慈善基金贊助進行。此計劃自 1990 年底至 1991 年底止，就村中長者的需求，為其擬訂提供「認知上準備」、「心理上準備」、「保持健康」、「實際關懷」與「經濟上援助」等五個支援範疇。

此後，調景嶺老人中心制定更具體的工作目標：（一）招募義工幫助老人搬遷；（二）申請基金津貼老人搬遷；（三）籌備成立厚德邨老人中心，地址設在厚德邨德康樓地下 B 座；（四）需要一個合理的賠償金額；（五）制定計算量度房屋準則和量度辦法：包括涼棚和露台面積，和二樓穩固樓梯和樓面面積。以上各項都有助調景嶺村長者處理拆遷所遇到的問題，並過渡至新的居住環境。

醞釀數年的調景嶺拆遷工作，在政府與居民不斷協商後，終於順利完成。在這次清拆過程中，曾經出現官民衝突，幸而沒有發生令人遺憾的傷亡事故。這個獨特社區也隨之消失在歷史長河中。1950 年成立的調景嶺營儼如「自成一國」，村內居民 46 年後才真正融入香港，楚漢界線消失。然而，其實從第一代老居民踏足香港那一刻開始，東方之珠已是他們的永久家園。[70]

正如聖經中描述：「萬事都有定期，天下萬務都有定時。」[71] 調景嶺歷史徐徐落幕了。1950 年夏天，一批難民從港島西邊緣的摩星嶺，集體式遷徙到九龍半島東邊緣、荒蕪山野旁的調景嶺；1996 年夏天，同一批難民及其後代又一次從寧靜的鄉村，集體式遷徙到剛開發的新市鎮。這些人從一無所有到白手起家，再發展成小康之家，從寧靜怡然的環境來到煩囂城市中生活，歷史也真會作弄人。

從調景嶺簡短歷史可瞥見港、台乃至兩岸三地關係的進展、演變。香港唯一「眷村」調景嶺也必須接受現實，作此重大轉變。它曾經歷長年風吹雨打的悲慘歲月，亦有慷慨激昂、敦親睦鄰的時刻。無論部分人對之如何懷念、眷戀，這個獨特的歷史空間存在了約半個世紀後，從此消失，成為了香港市民集體回憶的一部分。

日本《產經新聞》在 1996 年 8 月 8 日刊登文章指出：「作為香港的台灣村而聞名的九龍半島調景嶺，將於本月底被取消，這也已成定局。因為香港行政局 8 日已決定，在本月將強令拒絕搬走的居民離開此地，也可以視作為大陸及台灣對立象徵的調景嶺，將結束 1949 年新中國以來半個世紀的歷史。」

當年有一個小女孩和其四個弟妹，隨同父母由香港島西環搬到調景嶺，他們以五、六十元買下一個油紙棚（原棚主一家因赴台灣定居而出讓）；又從別人手裏買了三、四張飯票（每張每月約需十元）。小女孩由小學到高中都在調景嶺上學，考上台灣師範大學；四年後畢業回到香港任職中學教師。

在任教九龍真光中學時她這樣寫道：「以前初初去到調景嶺的時候，嫌那裏荒涼一片，窮苦不堪，希望將來有一天能夠富足安定，搬到外面居住。現在有了工作住在外面，又想起調景嶺的悠適怡美；那漫山的翠綠，一灣靛藍的大海，那浮雲碧落，朝容晚態，雨趣晴姿，如詩如畫的意境，撩人醉人的情景，常常把雙親的撫愛慈柔，映入我的眼簾，也映入我的腦海。」[72] 這調景嶺印象應該是成長於嶺上孩子們的共同回憶。然而歷史巨輪不以人的意志而轉移。滄海桑田，今天高聳入雲的大樓巨廈從調景嶺村原址（包括大坪和已被平整之前曾遍佈房屋的山坡地帶）拔地而起。上述嶺上如詩如畫的美景不復存在，調景嶺的歷史連續劇亦徐徐落幕。

註釋

1 廖建龍：《香港宿命與台灣》（台北：玉山出版，1997），第二章〈殖民地香港是中國的安全瓣〉，頁 31–32。

2 據營中統計資料，居民人數按籍貫分佈合共 6,906 人，較男性、女性合計人數的 6,921 人少了 15 人，兩者的出入或與印刷出版時數字誤植有關。見香港社會局調景嶺營營報社編：《營報》，創刊號（香港：社會局調景嶺營辦公處，1950），頁 13。

3 陳寬強：《我們在調景嶺上》，頁 140。

4 第五區和臥龍村聚集的無飯票人士，當中不少人為了生計而遠赴馬鞍山礦場從事礦工。趙滋蕃：《趙滋蕃自選集》（台北：黎明文化，1975），頁 32。

5 戴學文：〈調景嶺居民四十餘年血淚滄桑史〉，《快報》，1992 年 6 月 6 日。

6 由於「購買」飯票者和飯票上姓名不符，許多人無奈之下依飯票上姓名而改名換姓。

7 鯉魚門嶺南新村於 1996 年初被清拆，二十多戶居民全數獲安排入住油塘公屋。摘自丁新豹、汐爾、劉義章：《情繫調景嶺：二十個嶺上人的故事》（香港：三聯書店，2019），頁 81。

8 又名趙藩（1924–1986），祖籍湖南益陽，生於德國漢堡一醫生家庭，曾接受高等教育，為一虔誠教徒，常隨身帶著《聖經》。抗戰時回國參加中國遠征軍，後成為衛立煌乘龍快婿。《半下流社會》為其成名作品，中心內容表達「窮且益堅，不墮自由之志」。曾獲第一屆中山文藝獎，常以「文壽」為筆名，撰寫專欄文章。

9 趙滋蕃的小說深刻描述了棲身社區的難民的悲淒生活，可謂時代實錄。他發表的作品還有《半上流社會》和《重生島》等。

10 戴學文：〈調景嶺居民四十餘年血淚滄桑史〉，《快報》，1992 年 6 月 8 日。

11 劉民和、莫少珍：《永不放棄的愛：劉民和牧師的生命與事奉》（台北：啟示出版，2011），頁 42。

12 梁家麟：《福音與麵包》，頁 132。

13 劉民和牧師引述他父親的話。劉民和、莫少珍：《永不放棄的愛》，頁 42。

14 履平：〈營中雜寫〉，載香港社會局調景嶺營營報社編：《營報》，創刊號，頁 13。履平還寫道：「營中的居民，寧靜忍耐，偉大堅強。他們感戴港府的救濟，也翹首期待新生的來臨。聽吧！朝陽初起時，他們引吭高歌訴出了自己的願望。看吧！數千居民準備好了行裝。他們將以無比的雄心，齊步向前，走上新生，開闢光明前途。」

15 陳寬強：《我們在調景嶺上》，頁 138。

16 劉義章：《盼望之灣》，頁 20、24；吳昊：〈調景嶺上絕食風波〉，載氏著：《香港老花鏡》（香港：一本堂，1977），頁 140。

17 嶺梅：〈港九各界首長視察調景嶺紀實〉，載香港社會局調景嶺營營報社編：《營報》，創刊號，頁 3。據文章報導，1950 年 11 月 8 日，港九各界救濟調景嶺難民委員會主任委員高卓雄率領十多位委員，乘坐專輪到調景嶺視察難民生活狀況及寒衣需要情形，偕行者包括社會局副局長韋輝、社會局政務官畢必治、救濟署署長李孑農、社會服務處主任李洪、大陸救濟總會發放組組長陳頌平，以及港九各報社記者及各界人士共三十餘人。

18「廁棚」（報章報導時以「糞坑」形容）搭建於近岸邊海上，有木橋和陸地連接，以利營民步往如廁。

19 香港社會局調景嶺營營報社編：《營報》，創刊號，頁 6。

20 香港社會局調景嶺營營報社編：《營報》，創刊號，頁 6。

21 此刻人們的情緒低落至極，正如趙滋蕃悲哀地寫道：「天是棺材蓋，地是棺材底；喊聲時辰到，總在棺材裏！」趙滋蕃：《半下流社會》（香港：亞洲出版社，1954），頁 1。

22 戴學文：〈調景嶺居民四十餘年血淚滄桑史〉，《快報》，1992 年 6 月 5 日。

23 吳昊：〈最是傷心吊頸嶺〉，載氏著：《香江騎呢錄》，頁 66。

24 王裕凱博士指導，陳勃等著：《香港調景嶺難民營調查報告》，〈前言〉。

25 劉紹麟：《香港的殖民地幽靈：從殖民地經驗看今天的香港處境》（香港：守沖社，2005），頁 122。

26 梁家麟：《福音與麵包》，頁 214。

27 香港社會局調景嶺營營報社編：《營報》，創刊號，頁 2。

28 1970 年開始簽同意書領取救濟金；1980 年代後，這項補助金以綜援福利為基礎，另發 180 元津貼，直至 1996 年社區清拆後改為醫療輔助費。見 Lan, "Rennie's Mill"。

29 由東華三院、保良局、鐘聲慈善社、中華總商會、九龍總商會和香港各區街坊福利會等聯合組成的「港九各界救濟調景嶺難民委員會」，全面代理救總在港事務，調景嶺營具體事務則由駐營服務處執行。見香港電台電視部策劃，陳天權撰寫：《香港歷史系列：穿梭今昔，重拾記憶》，頁 186。

30 赴台乘客中，包括湖南省人士馬鶴凌與秦厚修一家三口，其子馬英九（後來成為台灣的領導人）於 1950 年 7 月 13 日在九龍廣華醫院誕生。

31 王國儀：《調景嶺滄桑五十年》，頁 45–46。

32 王裕凱博士指導，陳勃等著：《香港調景嶺難民營調查報告》，頁 96–100。

33 1960 年「鋼鐵大王」龐鼎元在調景嶺沙灣附近海邊設立紹榮鋼鐵廠，長期為社區居民提供大量就業機會。詳見第七章。

34 或作「百戰將軍學繡花」。據調景嶺營難民處不確切的統計，當時居住區內的高級將領約 30 至 40 人左右，這些稍有名望的將領在區內一般都被尊稱為「大爺」。

35 梁炳華：〈馬鞍山山城的故事〉，載沙田區議會編：《馬鞍山風物誌：鞍山歲月》（香港：沙田區議會，2003），頁 33。

36 從 1950 年代中期，國共兩黨先後派出代表在香港秘密談判，提出和平相處，促進兩方合作，這樣一來，也使得調景嶺居民後來能夠過上較安定的生活。張春英：《海峽兩岸關係史》（福州：福建人民出版社，2004），頁 677。

37 王國儀：《調景嶺滄桑五十年》，頁 55。1949 年，香港湧入了近百萬政治難民，頓使房屋分配供不應求。這些人只好在港九新界各區，建造許多形形色色的大小寮屋。所有木屋都沒有什麼防火設施，一旦火災，極易蔓延。從 1950 至 1953 年，全港木屋區例如九龍李鄭屋村、九龍城嘉林邊道、東頭村和石硤尾村等地，先後發生了五次特大火災，其中以 1953 年底石硤尾村發生的大火最為嚴重：六村被焚，六萬多名災民頓失家園，境況堪憐。在石硤尾大火之後，港府迅即在石硤尾災場附近，用水泥和石磚等建築材料建造了一些暫時房屋，讓災民居住，後來這些人又陸續搬進新建成的七層樓徙置區。林蔭：《日落調景嶺》，頁 216。

38「至欲興建任何新屋或將現有屋宇之業權轉讓別人者，均須先獲得徙置事務處處長批准方可進行。」參見〈調景嶺將改闢為徙置區區內公用設備行將改善〉（1961 年 6 月 2 日）、〈徙置事務處長莫理臣代督憲覆調景嶺居民書〉（1961 年 6 月 5 日），載調景嶺全體居民反迫遷保權益委員會編：《調景嶺居民血淚滄桑史．反清拆資料合編》，頁 2、12；Lan, "Rennie's Mill," pp. 237–240。

39 香港電台電視部策劃，陳天權撰寫：《香港歷史系列：穿梭今昔，重拾記憶》，頁 185。原詩見文瑞：《隸華詩稿》（香港：大同印務公司，1970），頁 26。

40 梁家麟：《福音與麵包》，頁 46。

41 摘自范約翰：〈調景嶺史話：調景嶺福音工作之一〉，《基督教週報》（1970 年 7 月 5 日）。

42 據調景嶺老居民 1996 年的口述記錄。

43 警署於 1992 年元旦關閉。調景嶺清拆後，曾由普賢佛院租用至 2014 年 11 月 28 日，政府在 2015 年 6 月 16 日收回，經多年時間改建成將軍澳風物汛，於 2022 年 12 月 24 日正式開幕，供遊人參觀。計超：《荒原上的遺民》，頁 75–77；梁家麟：《福音與麵包》，頁 50。

44 戴學文：〈調景嶺居民四十餘年血淚滄桑史〉，《快報》，1992 年 6 月 12 日。

45 王裕凱博士指導，陳勃等著：《香港調景嶺難民營調查報告》，頁 107。

46 王裕凱博士指導，陳勃等著：《香港調景嶺難民營調查報告》，頁 107。

47 王國儀：《調景嶺滄桑五十年》，頁 75；邵琬欣、謝穎琳著，陳麗碧譯：《點滴皆辛苦：六十年代香港制水故事》（香港：長春社文化古蹟資源中心，2015），頁 32。

48 據說，發電站負責人以前為一長期航海的老水手，他利用自己的專業知識從一艘已報廢的舊船上拆卸兩台舊馬達，組裝成兩台發電機以供應電力。

49 有些聰明人會在煤油燈側置放一杯水，待其加熱後當開水飲用。戴學文：〈調景嶺居民四十餘年血淚滄桑史〉，《快報》，1992 年 6 月 9 日。

50 王裕凱博士指導，陳勃等著：《香港調景嶺難民營調查報告》，頁 112。

51 吳昊：《香江騎呢錄》，頁 70。

52 王國儀：《調景嶺滄桑五十年》，頁 75。

53 王國儀：《調景嶺滄桑五十年》，頁 105。

54 王裕凱博士指導，陳勃等著：《香港調景嶺難民營調查報告》，頁 112。

55 王國儀：《調景嶺滄桑五十年》，頁 105。

56 每逢這艘收集垃圾的船隻啟程前，社區都會派專人把居民廢置的家具雜物集中起來，讓船運走。王國儀：《調景嶺滄桑五十年》，頁 106。

57 前後兩間宿舍迄今仍存原址，不料竟然被坊間形容為「鬼屋」，讀者不妨一探虛實。

58 香港調景嶺中學校刊編輯委員會：《嶺中三十五年》（香港：香港調景嶺中學，1985），頁 58。

59 張世傑：〈重返香江重任校長：海隅散記之二〉，《中外雜誌》，第 80 卷第 4 期（2006 年 10 月），頁 67。

60 居民葉先生從前是福州地區緝私隊隊員，對機械工程非常熟悉，而且擅長游泳。此為王國儀先生向筆者口述。

61 梁家麟：《福音與麵包》，頁 223。

62 王國儀：《調景嶺滄桑五十年》，頁 108–111。

63 王國儀（1938–2021）生於澳門，先後在調景嶺鳴遠中學和信義中學就讀，台灣成功大學英語系畢業，曾任教於調景嶺中學，擔任救委會駐營服務處主任與三屆西貢區區議員。陳寶善（1920–2010）生於廣東增城，前國軍營長，1949 年來到香港，1957 年因生意失敗入住調景嶺，參與創辦嶺上廣東逸仙中學和經營多間學生宿舍。

64 第二套賠償方案內容：（一）樓面每平方米 5,037 元，即每呎 460 元。（二）商舖特惠津貼首 10 平方米，每平方米 5,180 元，其餘每平方米 2,590 元。（三）工場特惠津貼首 25 平方米，每平方米 5,700 元，其餘每平方米 1,140 元。

65 警署關閉後，居住調景嶺村第八區一位林姓女士步行於慕德中學到舊警署山路時，被一名「道友」（吸毒者）搶掠首飾，此據編者汐爾於 2025 年 3 月 26 日憶述。另據一位調景嶺村民憶述（大意）：她屬於最後一批搬離調景嶺的家庭；當時有些空置房屋的門窗被打破是有所發生，但治安不是特別差。此據編者徐閩桓與圓月女士於 2025 年 3 月 26 日進行訪談。

66 江素惠：〈調景嶺的最後一個雙十節〉，《中央月刊》（1993 年 11 月），頁 70–71。

67 《成報》，1995 年 2 月 14 日。

68 1995 年 10 月初，調景嶺村一部分居民發起「送旗到台北」行動，由其中十名作代表，把三百多面「青天白日滿地紅」旗幟和居民簽名送往台北，目的是爭取台灣當局支持居民向香港政府進一步爭取權益。「他們在台北召開公聽會，並向行政院陳情，希望政府能夠：撥款聘請律師協助居民向香港政府爭取合理的待遇、設置專職機構處理調景嶺相關事務、確實認知調景嶺居民的心意、協助居民來台定居就養等。」不過事情最後不了了之。見〈送旗到台北——調景嶺「易幟」〉，《光華雜誌》，1995 年

10 月，http://www.taiwan-panorama.com/Articles/Details?Guid=503e04b1-15f9-4a1f-8103-b7956aba8e17，瀏覽日期：2025 年 3 月 26 日。

69 香港電台：《鏗鏘集：還我家園》（1996），https://youtu.be/7NmxAVieXb8?si=lvGxrEIIOn4X7saW，瀏覽日期：2025 年 3 月 26 日。

70 劉義章：〈從疏離到融合：調景嶺的蛻變〉，載馬木池等：《西貢歷史與風物》（香港：西貢區議會，2011），頁 84–102。

71《聖經・傳道書》3:1。

72 施黛娜、范約翰：〈一位信徒的見證：調景嶺福音工作之十一〉（上、下），《基督教週報》（1972 年 12 月 31 日、1973 年 1 月 10 日）。

03

社區風貌全港獨有

1950 年 6 月，難民從摩星嶺遷到調景嶺時，那兒僅有一片較大面積的平地，毗鄰一個坍塌不整、搖搖欲墜的碼頭，以及山嶺上數個僅存軀殼和滿佈雜草的廢置碉堡。人們習慣稱那平地為「大坪」，而山腰一片幽靜的小山林則稱為「坪山」。這個地方三面環山、面向綠水，呈現天然美景之風貌；位於將軍澳的小海灣，船隻停泊和避風於此。這裏既無華廈，也無車馬人龍，只有祥和寧靜的氛圍，難民遷至此地後，乃得以過著閒逸、淳樸的生活。

這一偏僻荒蕪的山嶺，高峰期曾住下二萬多名為逃避硝煙戰火的難民。港英政府曾視之為「被收容者」，或形容其為「寄居者」，[1] 儘管歷盡千辛萬苦，他們仍然在這片「荒原」上頑強地生存下來。早在摩星嶺時期，難民因共同政治信念，彼此和睦團結、守望相助。只因城門失火，必殃及池魚；他們認識到遇事時，絕不能袖手旁觀，不然會使自身利益受損。

難民大都來自五湖四海，有前舊軍、政、公、教人員，甚至有不少原任國民大會代表、高級將領和黃花崗烈士的後代，他們因被迫流落香港而萬般無奈，心中對前政權仍有一股強烈認同感，思想立場和價值觀基本上與偏安台灣的國民黨政府一致。1950 年代時，營民在荒野種植蔬果或養豬為生，千方百計艱苦地存活下來。不論是早期的下毒或縱火，風災與外界挑釁，生活上的各種磨難並沒使他們氣餒，他們反而抖擻精神，毅然守護家園。

居民之間親密團結，有深厚的情誼和凝聚力。純樸的人情味在當今功利社會看來簡直不可思議，他們相互扶持、親如一家，總是

茅湖山碉堡位處調景嶺東北端山上，如今已被列為香港一級歷史建築。

即使僅存破舊石垣，碉堡一直是嶺上兒童及青少年尋幽探秘和留影的勝地。

一方有難，八方支援。一些老殘病弱者遇到困難時，鄉親與鄰里總會伸出援手關懷扶助。1980 年代初，一次風災導致第四區山邊發生了小型山泥傾瀉，山下小屋的老戶主與小孫女不幸被掩埋喪生，居民火速接濟苦主；區內無數單身的孤獨老人突然在家病逝，鄰里總是第一時間發現，然後為其殮葬。

嶺上居民團結、齊心、拼命和敢於承擔的特質和精神面貌，維持了數十年之久，只是嶺外人們對調景嶺的印象，仍停留在過往年代。由於地理位置偏遠，嶺外人不輕易踏足被標籤為「異域」、而又被籠統地視為「貧民窟」或「小台灣」的調景嶺，以致忽視其實質內涵。嶺上人的堅毅奮鬥精神、頑強求生意志和內蘊韌性實乃中華傳統文化優秀的一面。

或者就是因遺世獨立，居民多年來的不懈努力、刻苦勞動，得以把調景嶺建成一個井然有序、民風淳樸的社區。一種調景嶺精神逐漸形成：蘊含平和、有禮、熱情、充滿信心的文化氣息；為維護自尊，嶺上人不卑不亢，堅持心地純潔，一切行動本乎良知，保持赤子之心，為己為人為大眾，充滿朝氣、豪邁進取，以及團結一致、和衷共濟。

這個社區隱藏著深厚的內力，處處充滿助人為樂、與人為善的正能量，這也成為支撐居民心靈的長期精神力量。即使人們從一開始就面對殘酷現實的考驗，但他們從不屈服或自暴自棄。相反，他們深刻感受到能夠在一塊自由土地上，完全發揮自己才能來建設一個新社區，是十分幸運的。區內治安良好，嶺上糾察隊逢年過節特別注重治安，處處有人把守，夜間青年人分批在區內各入口處輪流站崗，守衛村民，即使要冒著風吹雨打，街道上每晚也有人輪流值班巡邏，這一安保措施，一直維持到調景嶺清拆為止。在居民的披荊斬棘和不斷努力下，這個社區呈現了香港獨特的社會風貌。

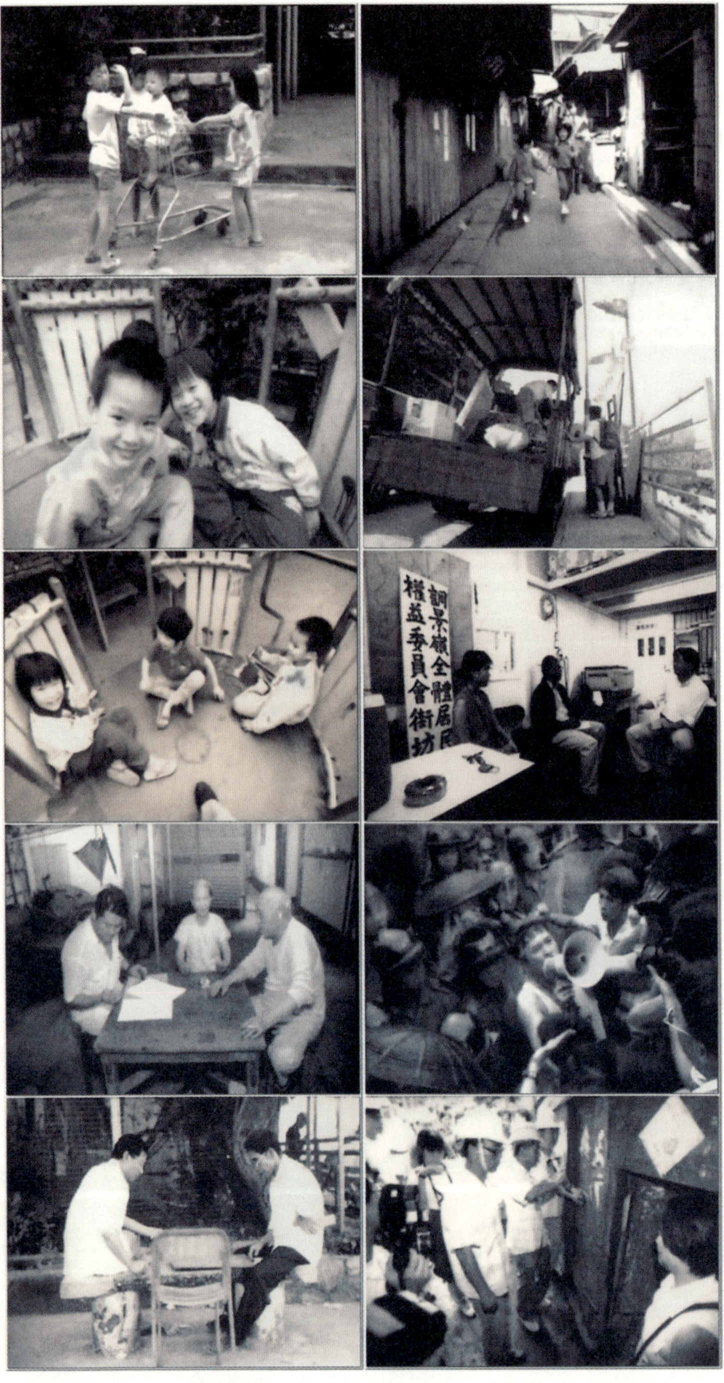

相機記錄了 1990 年代嶺上兒童與街坊的生活面貌

自 1951 年起，調景嶺就以五條天然山澗作為分界線，劃出五個分區。[2] 當時舊二區與三區之間，倚山的小溪有座木橋叫「克難橋」，舊三區與舊四區之間也有座「忠貞橋」，這些木橋的命名都十分勵志。當初舊四區由兩座焦黃的山峰組成，而舊四區與舊五區之間，還有一座木橋名為「望月橋」，其位置在今將軍澳調景嶺區善明邨、聖安德肋小學現址。

望月橋位於兩座大山的小峽谷底，全長三米，寬一米，小橋兩邊圍有鐵絲網，防止行人滑落。話說某年秋天，嶺海詩社一眾文人路經此地，正值皓月當空，銀河瀉地，各人紛紛引經據典，遂以〈月下獨酌〉、〈靜夜思〉和〈明月懷遠〉三首唐詩，綜合「明月」二字，命名為「望月橋」。[3]

居民王懿芳女士曾這樣描述：

> 橋靠山而臥，石壁乃花崗岩，陡斜濕滑，沿著溪水兩旁都是沼澤地，雜草茂生，芭蕉樹和老樹成蔭。溪水潺潺從上游流進了水池，再經過彎彎曲曲的水坑奔向大海。望月橋環境幽靜蒼涼，充滿著原始面貌。
>
> 水池右側隱約可見兩口天然水井。「上井」隱藏在岩石中，清澈的水源來自井底，井水清甜，是居民日常飲用的食水。往下走大約兩米就是「下井」，露天且易受污染，井口旁有塊平地可供居民洗濯之用。
>
> 春季的晨霧會掩蔽望月橋周圍景物，溪邊叢林樹根絆腳的濕地間，在彎曲的井旁冉冉升起煙霧，帶點神秘。中午時分，柔和的陽光會將面紗掀起，繁花綠葉、蝶蜻飛舞，景色幽美；夏季時暴風雨來臨、山洪氾濫，池水滿溢滾動；孩童歡天喜地跳進水中，捕捉被水沖到溪裏的烏龜、小魚、青蛙及水蛇等。

秋季時黃葉片片鋪滿地面，格外淒美。尤其在中秋，皓潔明月與橋下的水中月猶如並蒂嬋娟。村裏孩子們提著燈籠，七彩繽紛，在橋上遊玩，與明月爭輝。冬季北風來襲，這藏於深谷小橋剩下松柏和兩口冷清水井相伴，盡顯孤清……望月橋如今已是風住塵香花已盡，成為我輩的往事回憶，或是夢裏徘徊留連之處。[4]

嶺上大街錯落有致

調景嶺山腳下有一條狹長彎曲、稍微有坡度的「調景嶺大街」，這裏商舖林立，沿途有無數的橫街小巷，與通往山上各分區的石梯口相連接，而每一段的上下範圍亦能轉往各分區，就好比香港開埠時港島臨海大馬路貫通東西。大街最早是由居民謝御群（廣東信宜人，黃埔軍校第四期畢業生，前國軍工兵營營長）簡易開通，其後居民持續整修，從大坪海邊連繫至沙灣，把全社區南北兩端連接起來，時為1954年。

最初大部分商店都是用鐵皮和木板搭建，排列在一起略顯突兀。[5]所有商舖招牌都是用最簡單的木板製成，既原始又大方。大街寬約兩米，遍佈林林總總的小店，包括飯館、水餃店、麵食店、點心店、茶餐廳、粵式茶樓、冰室、粥店、涼茶舖、麵包店、豆腐豆漿店、蔬菜零售店、麵條加工場、糧食雜貨店、日用品商店、理髮店、中藥店、照相館和修理鐘錶流動小舖等等，它們亂中有序地排列在大街兩旁。

唯一的露天街市正好位於大街中段，每天上午約7時至11時許，小販們就在大街兩旁擺攤銷售各種蔬菜、雞鴨、魚肉、水果，以及中草藥、成品藥材和海產乾貨等等。早上7時，人流漸增，有徒步回校上課的學生，也有到半山車站乘巴士或去碼頭坐船往市區上班，以及在大街購買食材和吃早餐的居民。這時大街熙來攘往，水洩不通，擁擠又熱鬧。上午 11 時人潮漸退，至下午便回歸寧靜。

大街上有兩個報紙攤檔，最早一個位於區內第二條溪澗橋畔，店主李伯伯幾十年來貫徹始終地每朝踏遍全村派送報紙予訂戶，從未販賣過任何左派報紙。另一個，則是嶺上唯一出售知識性讀物（包括《中國學生週報》和活頁文選等）的陳湘記（鄰近嶺上唯一照相館：美的，又名良友）。後來，區內加建了一個有上蓋的市集，位於大街中央即坡度最高處，正對著售賣糧油和罐頭等日常食品商店建成。大街向大坪一端延伸，除了有更多的學校和教堂，還有圖書閱覽室、醫務所、消防局、郵政局以及護老院舍養真苑等；向沙灣一端則有天主堂、鳴遠幼稚園、小學、中學、益智戲院、大環新邨和紹榮鋼鐵廠等。

這條大街沒有正式名稱（有人稱之為中山街），其後段右轉小街盡頭的小山坡，是嶺上唯一有名稱和路牌的「大衛王山道」（King David's Hilly Path）小徑，小徑往左可到達分別由楊提摩太先生主理的中正學校和天主教會主辦的鳴遠中學。據說大衛王山道這名稱是天主堂曹立珊神父參照《聖經》中，大衛王登上耶路撒冷聖山時書寫〈聖詠集〉（〈詩篇〉）的情景而命名的。

《香港調景嶺難民營調查報告》對居民的生活有此描述：

> 以下是一些難民在營中謀生之道——他們依賴著中國人傳統上之勤勞和儉約，大都能自食其力，因而也有不少人成家立業，甚至富裕起來。營內有四間中學、八間小學，和四間幼稚園，教師最多之薪金為二百元，其次為一百五十元，而規模較小之小學校，尚不及百元。辛勞而挨窮的教師教導他人之

益智戲院曾經是調景嶺居民重要的文娛場所

1961 年益智戲院舉行開幕禮，主要股東齊聚合照。

子女，但自己之兒女說不定還要送入工廠從事勞工，藉以彌補家用。

自治工作服務人員——他們從事營內各級服務單位，類似中國地方行政各級幹部及工作人員，但只能得五十至八十元左右之津貼，從一般上言，他們都是原來持有飯票之難民充任，或為有寄居證者。

醫務機構或福利單位之人員——他們多數是在教會之支持下，甚至合家工作，他們的生活較為安定，因為在住屋及兒童教育上，他們也都可受多少之照顧。

經營商業者——較大之商店當為銷售日用必需品之雜貨商，主要的是食品，如罐頭、火水、香煙、汽水、酒類、乾菜、蔬菜之類。他們需要較大之資金，但今日有不少此類之雜貨店，有的是個人，有的是二三知友，有的是一家人合力，從數元或數十數百元之資本，經過若干之辛勤與累積而發展起來的。

經營小食店者——這須有一點技術與經驗。賣麵點和炒幾味小菜者，包辦筵席者，兼包伙食者，賣燒餅油條豆漿者。洗衣店、理髮店、攝影院、修鐘錶者、修理服裝店，他們都需要一定的技術，但這裏多的是天才人物，半路修行出家者，事實上他們也都幹得有聲有色。例如初期剪髮不過是三毫，後期添置有電吹風和轉輪椅等設備，一般收費已增加了一元幾毫，自然享受也不同了。

菜場小販——也是一種正常的營業，而且更有了小販聯誼會的組織，在四區所在地，更建有市場，有豬肉牛肉枱，雞鴨（較少）枱、鮮魚枱，青菜攤，豆腐攤等，一般物價比港九市面者略高。因為這些物品仍然是從香港市場上購買回來，要另外加上一筆運費故也。[6]

調景嶺的周邊環境非常安靜，處處散發著自由自在的氣息。這裏匯聚了來自各省的居民，北方人性格豪邁，在大街上開設的小飯館裏，「老兄」之聲此起彼落，他們喜歡一起喝茶或飲酒聊天，還會猜拳取樂，藉此調整心中愁緒。這些人作風「海派」又重人情味，無論發生任何事 —— 包括天大的事情 —— 他們都會據理力爭，直接了當，從不拖泥帶水。居民能輕易學到不同省份的方言，也能在大街店舖裏品嚐到各地風味的食品：上海餛飩或排骨麵、山東大餅或饅頭、北方餃子、天津燒餅、山西刀削麵、四川擔擔麵、廣東及第粥、蝦餃燒賣、牛腩麵等各種美食。

這裏是一個極易結交朋友的社區。居民天天相處，長久下來大家也就互相熟悉，社區內發生的任何事情，都能迅即街知巷聞。調

登山與划船是嶺上青少年日常生活的內容

景嶺數以千計的房子，從葵棚進化到木屋、石屋，許多人家後來又栽種了各種花卉，昔日的荒山野嶺蛻變成一個依山傍水、翠綠秀麗的小社區，溪澗流水淙淙、幽靜清雅。

從當初在東華醫院相遇、摩星嶺認識，到調景嶺定居後，居民彼此更加了解和信任。區內商號對於居民消費掛賬十分放心，允許主顧每月月底或兩三個月結賬一次。[7] 即使在調景嶺營初期的最窮困年代，居民亦不用急於償還債務；不少做手工藝品以為生者，亦不會向主辦工場的教會催發工資，以償還欠款。

嶺上的街道不僅用作買賣，也是街坊鄰里聊天交談的場所，他們談話時或夾帶著鄉音，或是夾有國語腔的粵語。今天人們仍能在將軍澳的厚德邨和明德邨，或港島西灣河東熹苑一帶，從說話腔調辨認出調景嶺老居民來。

節慶佈置旗海

國共內戰導致海峽兩岸分隔，此後逾 30 年雙方一直維持敵對狀態。香港由於其獨特的政治環境和地理位置，長期成為兩岸對峙的中間地帶。從內地撤退到香港的國民黨籍人士聚居調景嶺，人們常聽到嶺上學校播送〈白雲故鄉〉、〈反攻大陸去〉等歌曲。嶺上「反共抗俄」、「光復大陸」的標語和氛圍為居民社區生活帶來一定影響，亦往往表現於一些大型節慶活動上。

自難民營建立後，居民習慣在大坪調景嶺中學操場舉行各種大型集會，包括初期全營絕食抗議政府取消粵籍營民飯票、1961 年反對港府將調景嶺難民營改為平房區的集會，以及 1990 年代「反清拆、保權益」集會等。此外，每年 3 月 29 日青年節（紀念 1911 年黃花崗起義七十二烈士）、10 月 10 日雙十紀念（紀念 1911 年武昌起義，建立中華民國）和 10 月 31 日蔣中正誕辰等節日，嶺上都會隆重慶祝。這時「青天白日滿地紅」旗幟都會滿佈社區每個角落，只見房前屋後、大街小巷都是旗幟飄揚，處處散發著濃烈的節慶氣氛。嶺上工商界、教育界分別委派代表前赴台灣參加雙十紀念活動和觀禮。

攝於 1987 年調景嶺「萬歲山」上的「蔣總統萬歲」標語

調景嶺西南方的魔鬼山上有另一座碉堡與兩座炮台，亦是嶺上青少年的探險樂園。圖為其中之一的歌賦炮台。

每年青年節，各中小學會舉辦聯校國語演講、中文書法、作文、籃球和登山等比賽活動。每逢雙十紀念，除了山腰和大坪碼頭分別豎起重新粉刷、煥然一新的「蔣總統萬歲」和「中華民國萬歲」等大字標語外，全村一片旗海，更會搭起慶賀節日的大牌坊，場面壯觀。[8] 當天晚上，調景嶺中學操場上更有港九京劇團表演或播放電影。[9] 調景嶺各中小學初期規定全體師生一律參與雙十紀念和青年節慶祝；其後各中學只派一個班或 50 至 100 人參加，後期人數則逐年減少。

初期，調景嶺各學校和社團都會把這些重要而特殊的日子列為假日。自 1980 年代起，隨著海峽兩岸局勢緩和，原來的中國大陸災胞救濟總會改名中華救助總會，其宗旨改為「熱忱服務、為兩岸交流添溫暖」，而港九救委會亦在 1997 年改為港九救委會公司，繼續服務港澳台兩岸三地同胞，至 2006 年止。[10]

位於大坪的香港調景嶺中學大操場是每年雙十紀念慶祝大會地點，1988 年時出席者眾，包括台灣藝人。

每年雙十紀念除了各校學生在大坪慶祝外，港九各區市民、台灣當局代表以及海外僑胞亦前來出席慶典，感受濃烈節日氣氛。1995 年 10 月 10 日在調景嶺舉行最後一次慶祝雙十紀念活動，包括海外僑胞，香港市民和區內居民參與慶典，人數比往年明顯增加。慶典結束後，他們紛紛走到大街上品嚐大江南北的特色佳餚和小吃。今天，在港九任何角落再找不到一處有如此多樣的美食集中的地方了。[11]

1996 年調景嶺被清拆以後，已遷居到將軍澳厚德邨、明德邨和西灣河東熹苑等屋苑的嶺上原居民，仍會參加於九龍尖沙咀洲際酒店舉行的「香港各界慶祝雙十節暨辛亥革命週年紀念大會」。儘管會場氣氛不如往昔熱烈，居民在緬懷先烈同時，也可與嶺上老鄰居碰面，彼此噓寒問暖、互道近況。直至近年，已因疫情等由而停辦。

反映調景嶺居民愛國情懷的，還可在天主教鳴遠中學的校歌中反映出來。校歌由丁重光作曲、沈鼎臣作詞，歌詞如下：

讀書要不忘愛國　愛國要不忘讀書
我們要愛護學校　把惡劣的惰性剷除
鳴遠中學的明燈　照耀著我們的前途
除荊艾蕪的經營　開闢了康莊的通衢
我們是爭取民主自由英雄
我們是捍衛國家民族先驅
要努力我們的德學　埋頭苦幹
把青年的精神發舒　把青年的精神發舒[12]

水陸兩路開通

昔日調景嶺遠離市區，幾無對外交通可言，居民如要前往九龍，必經一段崎嶇不平的山路。因此，開闢交通要道實屬首務，而發展水路交通最為便捷。

當初難民是從摩星嶺下山啟程，在位於西環堅尼地城的三角碼頭乘坐油蔴地小輪公司的輪船，途經鯉魚門抵達荒蕪的調景嶺，那時調景嶺還沒有一個正規碼頭以供船隻停泊。1951 年，調景嶺修建了一個簡陋的渡輪碼頭。香港航安小輪公司自 1953 年開通了往返調景嶺的航線，以「航安」號和「白雲」號兩艘渡輪交替，每半小時一船次。「航安」小輪可載客 63 人，後增加至 80 個座位；白雲小輪則可載客 30 多人。小輪航行時間從早上 6 時至晚上 11 時（其後增加航班至午夜），[13] 每天穿梭往返調景嶺和筲箕灣（後期遷往西灣河），單程船票由最初的二毫五仙增至清拆前的六元。該航線後來由合成恭公司接續經營，直至社區清拆為止，渡輪合共服務了調景嶺居民 43 年。

開通陸路明顯困難重重，但第一代居民謝御群率先獨力修建山頭各小路，其後在香港社會局統籌下逐步開山築路。謝御群以愚公移山的大無畏精神，從 1953 年 5 月起開通來往鯉魚門、油塘和觀塘三條交通要道。人們為了紀念他的功績，遂在半山腰豎立一塊石碑，命名為「謝公路」以茲紀念。同時還刻下「長行練鐵腳」五個字，鼓勵行人鍛鍊身體。

調景嶺早期對外交通極度閉塞，從港島前往，只能如上述從筲箕灣乘坐機動船抵達；若要從九龍到調景嶺和元洲（現靈實醫院，舊日靈實肺病療養院所在地），得花半天的時間，因為要先坐車到坑口，然後轉乘用人手搖櫓的小艇才能抵達。調景嶺基督教醫務所

1950 年代，調景嶺碼頭是社區重要的對外交通設施。

1980 年代末碼頭明顯加固了；與之遙望的是紹榮鋼鐵廠。

委辦會（1957 年易名將軍澳區醫援會，1990 年再易名基督教靈實協會）考慮到醫護、員工出入和病人往返的交通需要，遂決定修築一條連接將軍澳和安達臣道的行車路。

想要開闢供車輛行走的道路，絕非易事，因毗鄰調景嶺的將軍澳和元洲一帶原是山路陡峭、曲折縈迴的道路。1955 年由美國基督教復初會（The Evangelical and Reformed Church of America）宣教士兼基督教醫務所委辦會秘書惠施霖牧師（Sterling H. Whitener）統籌修築調景嶺往元洲靈實肺病療養院約三公里的道路，再修建從元洲到九龍安達臣道一段約十公里艱險百出的公路。目標是把原來凹凸不平的小徑，擴充成汽車單行道。

惠牧師為了修路一事，首先拜訪了新界理民府官員黎敦義（Dennis Bray），再和新界民政署署長彭德（Kenneth M. A. Barnett）洽談。官員建議委辦會利用戰時日軍曾使用過、部分路段被附近石礦場用作運輸的安達臣路。最後，惠牧師與鄰近兩個鄉村磋商，亦很快獲得村民同意，因他們希望農作物能更快速地運送到市區銷售。

委辦會從復初會、世界服務委員會處獲得一大筆經費資助，於是僱用了二百名調景嶺營民，並委任謝御群負責領導和指揮築路工程。當時開路的工具相當粗陋，既無任何重型器械，修路工人只有十字鎬和鏟子等，又用竹竿挑著籃子和以粗大的樹幹作為槓桿。他們徒手搬動巨大石塊，又挖掘山邊的花崗岩泥土。安達臣道原是第二次世界大戰時一條供日本三輪摩托車行走的小路，以通往觀塘上方的防空炮台。戰後約有一里路段被前往石礦場的卡車使用；再往下一段則位於一個隘口，被附近鄉村村民用作單車徑和行人徑。由於修築工程必須把隘口切割開，方能打從那裏經過以通往調景嶺，委辦會遂決定使用爆破方法以炸開妨礙車輛行駛的小山脊。

這時就發生了一段小插曲，緣自當地村民對村子「不旺丁」的憂慮。[14] 當公路修到要經過該隘口附近的路段時，據惠施霖回憶：「我們和村民協商的氣氛變得嚴肅起來。原來村民認為我們要炸開的那個小山脊，正是一條龍的背脊。多年前村民曾在那龍背上修築一條行人小徑，其後多年男丁單薄。他們不想再有任何類似的不幸事

1956 年 9 月 20 日，民政專員彭德主持寶琳路通車典禮。築路過程艱辛，負責帶領與指揮工程的謝御群成為英雄，通車儀式現場站滿了群眾。

情，所以要我們首先保證贏得所有神靈以及那條龍的喜悅和允諾。我們答應舉行適當的儀式和筵席，以及供應食品予諸神靈（按我們的理解：那是為村中父老長輩而設的）。」

民政專員向村民指出，新路可方便他們的農作物輸往市區並在市集上出售，從而獲得顯著經濟效益。最後協商獲得圓滿結束，協商內容包括由道士們主持的跨越龍背儀式。「我們所有人都畢恭畢敬地觀看著村民燃起一串串長鞭炮、敲鑼打鼓、揮動旗幟。咿咿嗚嗚的笛子和二胡聲告訴那條龍『我們是抱著善意的，希望借助它強壯的背脊載我們從山這邊翻越到另一邊』。當民政專員和我在預定的路上主持動土禮和動過土後，大家就到鄉村享用筵席；我倆慶幸不必參與其中。」

整項修路工程歷時五個月，同年（1955）10月竣工。公路建成後，醫務所護士長孫海倫教士（Helen Wilson）建議，以惠施霖妻子名字惠寶琳（Barbara Whitener）命名為「寶琳路」（Po Lam Road）。儘管寶琳路只是一條單線雙行的泥路，而且九曲十三彎，卻是當時唯一連接調景嶺與外界的陸上交通要道。[15] 在寶琳路正式通車後，調景嶺村與外界的距離逐漸拉近，大有裨益於日後居民融入香港主流社會。今天，寶琳路已被擴闊成為四線行車大道，連接西貢區將軍澳和觀塘，為將軍澳新市鎮和附近地區 50 萬市民服務。

此後，調景嶺居民還在港府社會局統籌安排下，在嶺頂的主要山徑披荊斬棘、挖泥翻土以平整道路，逐步修建成一條便於人們進出行走、較寬闊之山路，直接通往九龍東鯉魚門、油塘和觀塘。從此居民可以省時省力地步行到九龍，而毋須費勁攀爬那段崎嶇不平的山路。[16]

1974 和 1977 年，在港府民政司署和獅子會等人贊助、觀塘民政事務處策劃下，包括觀塘青年服務團義工等一批人士，重新施工修築成調景嶺至油塘的一段 2,200 呎道路，路段至今仍矗立著一塊紀念石碑。近年此路重新鋪以水泥，行山客頓感通順舒適。今天我們仍可沿著警署一路直達九龍東的三岔路口，那裏原有一座用作躲避風雨的小涼亭，俗稱「獅子亭」、「孖亭」或「冬菇亭」。此亭起初為一簡陋的小草棚，後由西貢區議會贊助以水泥修建而成，再改建為現今的「六角亭」。

在六角亭，行人可遠眺鯉魚門、觀塘、油塘和藍田，由於面對風口，當冬天西北風吹襲時顯得特別寒冷。夏季行人途經此地，可稍作休息，此時涼風習習，頓感心曠神怡。今天仍可依稀看到一些舊水管道裝置，這是當年港府水務局為調景嶺供應食水，在此處裝置自來水管道留下的痕跡。今天走出港鐵調景嶺站，若順著左邊一條多層石級山路登上山坡高處，即會發現山坡上有一段岩石土質、縱然下雨路面也不會濕滑的山路，此乃是當年調景嶺居民所修建的。這山路近年又重新修建成整潔平坦的水泥路，讓人更輕易的攀上嶺頂涼亭。

自港府 1961 年把調景嶺改為平房區後，九龍巴士有限公司（九巴）從 1962 年元旦便開始提供 30 號路線往返調景嶺村和九龍城，總站分別位於調景嶺警署外和九龍城碼頭。行走這路線的巴士為 7.5 米的亞比安 13 型單層巴士，共有 20 個座位，途經寶琳路、安達臣道和清水灣道。乘客除了市區路段必須在停車站上、落車，他們可在任何能停車之處上、下車，這項措施在當時新界鄉郊九巴路線中是獨例。

1967 年 2 月起，30 號路線縮短路程，九龍一端總站改設於剛於 1963 年 12 月落成入伙的政府公共房屋彩虹邨。1967 年 5 月「暴動」爆發，九巴人手短缺，一度停止服務，至 1971 年 12 月才恢復行走。其間 11A 號小型白牌車為居民提供交通服務，初期往返調景嶺和九龍城城南道，後來這小巴路線改為往返調景嶺村和觀塘寶聲戲院。1973 年 7 月九巴路線重組，上述 30 號路線改為 90 號，仍然往返調景嶺和彩虹邨。

1989 年 6 月，九巴開辦支線 290 號，不經安達臣道，改行觀塘「四順」屋苑（順利邨、順安邨、順緻苑、順天邨）和秀茂坪；1993 年增加了特別班次行走調景嶺和將軍澳寶琳，從該年 9 月起因應嶺上學校已由調景嶺搬往坑口，以及為了方便社區居民搬遷至將軍澳新市鎮，九巴把特別班次改為循環線，行走調景嶺至坑口，1996 年 8 月再把所有班次改為循環線運作。該路線一直維持到 1996 年調景嶺清拆為止，迄同年 10 月 20 日所有居民從嶺上遷出，才正式停止服務。多年來這條巴士路線發揮了重要的交通運輸功能，方便調景嶺市民出入九龍工作和上學。[17]

九巴 290 號在 2015 年 3 月 28 日重新投入服務，往返將軍澳新市鎮調景嶺區（範圍含調景嶺村舊址地段）彩明苑及荃灣西站。其姊妹線 290A 於秀茂坪、四順沿途設站，以及在黃大仙及橫頭磡各多停一站。此外，對調景嶺居民有特殊意義的九巴 90 號，也在 2022 年 10 月 3 日重開，來往彩明苑及沙田碩門邨，途經將軍澳市中心、小瀝源、愉翠苑及沙田第一城。90 號及 290 號都以「彩明公共運輸交匯處」為總站，位置就在將軍澳調景嶺區的彩明苑內。當年社區清拆之後，政府在原調景嶺山邊開發、平整出兩個大型地盤，興建了健明邨和彩明苑。這兩條巴士路線在舊調景嶺清拆二十多年後「重生」，繼續服務調景嶺區以及將軍澳新市鎮居民；彷彿「新、舊調景嶺」無縫相連接地傳承。九巴路線 30 號於 1962 年開始服務調景嶺村民，以及 60 年後 90 號再度運行於調景嶺，巧妙地從側面為這個獨特社區增添一絲歷史情懷。

英雄薈萃之區

數十年來，以調景嶺為人生驛站的人才輩出，定居者臥虎藏龍，長期埋名隱姓，不顯山露水；直至萬不得已，人們才能一窺其過往。嶺上居民對於外來陌生面孔一向頗為提防，在成立之初即嚴防外人擅自闖入。當初營內曾實行每月一次逐家逐戶巡查戶口的制度。[18] 居民不會輕易公開自己的從前經歷，極力保持低調。

以信義小學程化龍校長為例，這位曾在該校任教 40 年的湖北彪形大漢，是一位當年在羅湖橋前放下武器進入香港的前國軍營長，亦是難民營第一批兼有飯票和寄居證的難民，是筆者計超就讀信義小學時的班主任導師。營內人不輕易把個人經歷告訴別人，只有當其親友偶然透露時，才略知一二。另一例子，是後來擔任慕德中學校長的楊遠，在逃來香港前是文質彬彬的台灣政治大學學生。[19]

在大坪舉行的攤位遊戲與民同樂，寶叔也來玩小拉圈抓母雞。

此外，營中隱藏了許多國民政府昔日的文官武將，日子過得久了，過去服役的營長、團長與旅長的身分總會顯露。當中包括德高望重的調景嶺全體居民反迫遷保權益委員會副主席陳寶善（藝人陳玉蓮之父），人稱「寶叔」，他是前國軍營長。還有多不勝數流落在營內，最後只能繡花、做手作養家的尉級、校級軍官。其中一位住在三區的湖南人黃文揚，就有預備團長的資歷。嶺上最早不幸因火災而喪生的居民，他就是一位嘴饞的老將軍，他過世前孤身蝸居在十餘米的小屋子，由於行動不便，常常倚在窗旁守候只往下走的過路人，託其到大街購物，待所託者回程往上走時順道拿給他，有時，還會託人代買雪糕、冰凍綠寶汽水。

從前，沿著蓋在山腰的慕德中學正門往下走，石級右方正是「自由紀念塔」[20]的坐落處。往下走十餘米，就會看到一位精神抖擻、手藝不凡的補鞋師傅，無論何時，他頂上的銀絲都梳理整齊。偶而他會在破舊的小屋前，專注地整理一雙又一雙已修補好的舊皮

今天還有多少人知道「一二三自由日」呢？這座自由紀念塔是嶺上人的精神圖騰。

鞋，鄰居都喊他「楊大爺」。這位山東漢子聲音嘹亮，是首批遷至調景嶺的老居民。居民對軍中德高望重的軍長和師長級別的將領，均通稱「大爺」；不過，四十年後他的真實身分曝光了，人們才恍然大悟老爺子是多麼的了不起。

1990 年代初，忽然有兩名客人來到調景嶺，頓成嶺上的頭條新聞。原來楊大爺髮妻和已屆中年的兒子專程從台灣前來探望他。這時，人們才知道他竟是社區所有居民中，唯一獲頒授「青天白日勳章」的國民政府前高級將領。妻子及剛滿月的嬰孩，不幸與他在戰亂中失散，恍如陰陽隔絕。其髮妻最終與一名護送她和兒子到台灣的勤務兵組織了家庭。四十年生死兩茫茫，多年來大家不通音訊；這次夫婦雖能重逢，可又不能真正團圓，實在是悲喜交集，笑中有淚。數年後楊大爺逝世，其妻兒為奔喪再重臨調景嶺，這種悲痛令人唏嘘不已！[21]

嶺上居民的生活比較窮困，但同鄉親友喜歡聚集在一起生活，人際關係既和睦又真誠。社區內雞犬之聲相聞，人們常相往來。這種人情味不僅體現在熟人之間，而且還普及到全體居民之中。每當發生紅、白大事，鄰舍之間都會彼此道賀或安慰扶持；如在社區內的店舖或街市購物，遇有街坊資金周轉困難，店主或小販也會通融記賬，待其日後償還所欠貨款。嶺外人大抵難以相信吧！

當初難民抵達人地生疏的香港，是基於共同的政治信念。當時來港人士包括：(一) 內地政界人士、資本家或地主等；(二) 國民政府中的各階層官兵；(三) 華南地區一帶農村人口。同鄉親友從摩星嶺時期即維繫在一起，守望相助；[22] 遷進調景嶺後，居民紛紛成立同鄉會組織。各省市同鄉會和聯誼會都有各自會址，然後在會員大會上按照民權法，依法選出正副理、理監事長和理、監事，並配備幹事和職員，向調景嶺自治辦公室備案。據 1960 年救委會駐營服務處統計，全區大約有 15 萬人次先後加入各同鄉會組織，會員證封面印有各省地圖和旗幟，證件還貼有一枚蓋上公章的照片。參與同鄉會者大多期望藉此早日赴台灣定居，或逗留香港時彼此照應。[23]

1950 年 8 月，調景嶺難民營同鄉會曾統計組織的人數，調查結果如下：[24] 江蘇同鄉會 2,450 人、浙江同鄉會 580 人、江西同鄉會 2,160 人、湖南同鄉會 5,040 人、湖北同鄉會 3,483 人、廣東同鄉會 3,132 人、廣西同鄉會 505 人、山東青島同鄉會 1,476 人、陝西同鄉會 127 人、察（察哈爾）綏（綏遠）同鄉會 19 人、熱河同鄉會 25 人、甘肅青海寧夏同鄉會 31 人、福建同鄉會 146 人、山西同鄉會 60 人、安徽同鄉會 2,024 人、四川同鄉會 513 人、貴州同鄉會 130 人、雲南同鄉會 96 人、海南同鄉會 132 人、東北十（按：應為九）省三市同鄉會 600 人、上海市同鄉會 164 人、河北同鄉會 654 人、河南同鄉會 1,407 人，合共 23 個同鄉會，會員總人數為 24,954 名。

同時，調景嶺居民還根據行業、界別成立不同民間社團。根據 1951 年 8 月的調查，[25] 各個社團成員人數如下：黃埔同學會 5,768 人、中央警官學校留港同學聯誼會 1,167 人、突擊隊二三總隊聯誼會 1,348 人、空軍人員聯誼會 37 人、行伍軍人司法人員聯誼會 10,948 人、戰幹團同學聯誼會 2,428 人、青年軍聯誼會 352 人、學生聯誼會籌備委員會 384 人、財糧人員聯誼會 44 人、聯絡員工聯誼會 88 人、僧伽聯誼會 228 人、職工聯誼會 160 人、輜汽聯誼會 268 人、報人聯誼會 38 人、中國教育人員聯誼會 88 人、中國問題研究學會 41 人、新生日報 4 人、克難日報社 10 人、光復報社 11 人、調景嶺粵劇社 57 人、青年劇社 43 人、嶺海詩社 32 人、調景嶺劇社 51 人、調景嶺話劇社 31 人，總共 24 個社團。上述劇社經常使用大坪臨時舞台作表演場地，包括演出《霸王別姬》等戲劇；鳴遠中學也曾在這舞台演出聖誕劇。

當時調景嶺還有小販聯誼會、老人互助會、中山學說研究會等，這些社團是由嶺上學者所創辦。他們曾出版《新世道月刊》（後更名為《中國人》雜誌）；除了《營報》，當時還有《時潮》和《出路》等半月刊物，可供居民借閱。[26] 這些社團皆備有會員證，其封面除印有各省地圖，還印了一面「青天白日滿地紅」旗幟。[27]

由於國民黨政府通過救總參與調景嶺事務，嶺上曾組織各種有明顯政治色彩的社團，如「自由中國反抗共黨暴行運動聯合會香港分會」，以及另外三個類似的政治組織——「中國問題研究會」、「青年反共抗俄聯合分會」和「中國大陸義民流港反共抗俄同志會」。它們在社區內從事各種政治活動，引起港府關注。當局要求全區各社團組織必須以英文詳細譯出其機構宗旨、綱領及細節等冗長資料，且需繳交一筆昂貴的註冊費用。同鄉會意識到政府的意圖，不得已全部自動解散。後來港府以這些民間社團涉及政治為由，最後在 1959 年 7 月乾脆勒令全部中止停辦。

此外，調景嶺還設有一家「國術健身院」，位於逸仙中學內，教頭為程師傅。程師傅文武雙全，亦為社區自治糾察隊隊長。每逢農曆新年初一到初三，健身院就會組成一支新春醒獅隊，每天下午在大街上燃放鞭炮、舞彩龍和醒獅，敲鑼打鼓，營造出一片新春歡樂氣氛。嶺上喜氣洋洋，居民相互祝賀團拜，顯得非常熱鬧。此外，在 1970 年代，嶺上前街口曾經設有「調景嶺街坊福利會」（位於第五區 48 號），成立宗旨和港九各街坊福利會一樣：為當地居民服務。

小結

在調景嶺營成立初期，嶺上居民面臨種種難題，前景如何無人能料，他們只好見步行步，先求安頓。當他們意識到「光復大陸」

和定居台灣皆不可能實現時，便努力開拓並建設屬於自己的新家園。嶺上民風純樸，居民守望相助，可謂一個「世外桃源」。調景嶺亦存有一些令人感到憂慮的情況，例如居民當中有極少數由於抵受不住誘惑等原因而吸食毒品。誠然人無完人，一個社區也不可能十全十美。事實上，調景嶺當年夜不閉戶，其治安與全港任何地區比較，實屬良好之列。

屹立香港 46 年的「自由燈塔」調景嶺，隨著整個社區拆遷而畫上了句號。光華新聞文化中心前主任路平女士語重心長地指出，調景嶺除了個人曲折的生命歷史，在香港歷史上還欠缺重要一頁，有待人們補足，例子之一是「外省」家庭在這塊「借來」的地區，一路辛苦安家、努力立足生存的奮鬥史。香港歷史中這欠缺的一頁應該得到補白。

註釋

1 林芝諺：《「自由」的代價》，頁 14、49。

2 按原來規劃，第一區為文化區、第二區為教會區、第三區和第四區為商業區、第五區為住宅區。林芝諺：《「自由」的代價》，頁 56。

3 計超：《荒原上的遺民》，頁 102。

4 王懿芳：〈我家在那裏〉，載丁新豹、汐爾、劉義章：《情繫調景嶺》，頁 128。

5 戴學文：〈調景嶺居民四十餘年血淚滄桑史〉，《快報》，1992 年 6 月 8 日。

6 王裕凱博士指導，陳勃等著：《香港調景嶺難民營調查報告》，頁 98–100。

7 筆者劉義章一家即為「掛賬式消費」受惠者，對於身材瘦削、臉容慈祥而寡言的錦星商店老闆的恩惠，此刻仍鐫刻心坎、存留腦際。

8 許家屯：《許家屯香港回憶錄》（香港：聯合報，1993），頁 319–323。

9 王裕凱博士指導，陳勃等著：《香港調景嶺難民營調查報告》，頁 111。

10「調景嶺服務處因為清拆而走進歷史，救委會亦在二〇〇六年中結束了四十多年的歷史任務。」汐爾、劉義章：〈為誰生？為誰死？〉，載丁新豹、汐爾、劉義章：《情繫調景嶺》，頁 76。

11 張世傑：〈避秦海隅苦待旦．隻手撐開艷陽天：調景嶺難民營一頁滄桑史（1950 年至 1996 年）〉，載政治大學十六、十七、十八期同學：《川西戰役 60 週年紀念特刊》（台北：政大三期校友聯誼會，2009），頁 159。

12 天主教鳴遠中學：《天主教鳴遠中學 70 週年校慶特刊》（香港：天主教鳴遠中學，2022）。

13 王裕凱博士指導，陳勃等著：《香港調景嶺難民營調查報告》，頁 91。

14 惠施霖撰，張碧嘉譯：〈跨越龍脊〉（"Crossing the Dragon's Back"），手稿；劉義章：〈克紹箕裘——惠施霖牧師與基督教靈實協會早期的發展〉，載李金強、吳梓明、邢福增主編：《自西徂東：基督教來華二百年論集》（香港：基督教文藝出版社，2009），頁 663–665。〈跨越龍脊〉由惠施霖牧師提供英文原稿，本書作者邀請張碧嘉姊妹幫忙翻譯成中文。

15 劉義章主編：《荒原上的雲彩》（香港：基督教靈實協會，2003），頁 9。

16 王裕凱博士指導，陳勃等著：《香港調景嶺難民營調查報告》，頁 90–91。

17 安達臣道和寶琳路路窄彎多，只有短車身的巴士才能行駛。1963 年九巴引進福特 Thames Trader 4D 型號巴士，專門為此線路服務；其後改用亞比安 13 型號行走。1987 年新投入的豐田 Coaster（AT）取代亞比安 13 型號，成為首條提供全空調服務的機場巴士路線。車資方面，最初為 6 毫（分段 3 毫）、1971 年為 4 毫（不設分段）、1987 年 2 月為 1.4 元和同年 9 月（開始以空調巴士行走）加至 2 元，至 1996 年 4 月路線結束時為 4.8 元。

18 林芝諺：《「自由」的代價》，頁 58。

19 張世傑：〈調景嶺上桃李春風：海隅散記之一〉，頁 31。

20 1957 年 1 月 23 日，為紀念「自由日」三週年，由調景嶺營居民集資興建的自由紀念塔落成，由港九各界救濟調景嶺難民委員會主任委員偕全體委員蒞營主持揭幕典禮。香港社會局調景嶺營營報社編：《營報》，創刊號，頁 52；王裕凱博士指導，陳勃等著：《香港調景嶺難民營調查報告》，頁 107。

21 〈國軍在調景嶺的日子〉，《蘋果日報》，2009 年 9 月 20 日。

22 初期，難民還組織了「全國難胞聯誼會」。王裕凱博士指導，陳勃等著：《香港調景嶺難民營調查報告》，頁 44。

23 林芝諺：《「自由」的代價》，頁 64。

24 林芝諺：《「自由」的代價》，頁 63。

25 林芝諺：《「自由」的代價》，頁 65–66。

26 王裕凱博士指導，陳勃等著：《香港調景嶺難民營調查報告》，頁 44。

27 王裕凱博士指導，陳勃等著：《香港調景嶺難民營調查報告》，頁 41。

04

教會致力作鹽作光

基督教傳入中國的最早記載是唐太宗貞觀九年（635），迄今已在中華大地傳播了近 1,400 年。[1] 歐美基督教會於 18 至 19 世紀經歷「奮興運動」（The Great Awakening）後，紛紛差派宣教士遠赴世界各地包括中國廣傳福音，以實踐主耶穌所囑咐「往普天下去，傳福音給萬民聽」的大使命。1807 年，英國倫敦傳道會馬禮遜牧師（Robert Morrison）入華宣教，[2] 西教士陸續東來。1842 年香港開埠，自此西教士來港佈教和建立教會，期盼香港作為福音進入內地的中轉站。[3]

1949 年中華人民共和國誕生，西教士陸續離開在內地傳福音和服事的工場。[4] 他們取道香港回國時，暫時棲身九龍尖沙咀漆咸道兵房中的「自由避風港」。[5] 許多西教士在大陸各省市傳講福音、從事教育和醫療等服務時用的是國語，但香港華人主要說粵語，令他們無從與香港信徒溝通。加上他們剛抵達香港時，中國人民解放軍已南下深圳，社會上廣泛流傳著中共即將解放香港的傳聞，因此西教士並無計劃在港宣教。[6]

當時難民絡繹不絕地到達香港，亟待救援，西教士亦於這時抵港。他們在港九各區街頭巷尾目睹難民過著淒涼無助的流浪生活，馬上施予援手和提供各種幫助。許多難民暫時棲身於東華醫院一帶，稍後被遣至西環摩星嶺。世界或許已遺棄這些無助弱勢者，然而上帝絕不會。西教士深知「人的盡頭，正是福音的開始」，人在逆境中最容易接受福音，遂把握機會融入難民當中傳揚福音。有神學生攜帶樂器作露天佈道，吸引不少人駐足旁觀，當中決志相信耶穌為救主者近一百人，他們在港島赤柱海濱永安公司所屬的私人泳場接受洗禮，歸入主耶穌基督名下，成為天上阿爸父的兒女。

瑞典籍教士戴瑞蘭（Gertrud Tragradh）與美籍教士西門英才（Gertrude Simon）、包美達（Martha Boss）和白樂雲（Lorraine Behling）等人經常攜帶一大袋藥品去探望患病難民，為他們贈醫施藥。[7] 當難民被安排遷入調景嶺時，西教士亦與他們同行，並一道住進簡陋的 A 字棚。戴教士隨即向香港社會局調景嶺營辦公處申請並獲准開始為難民提供免費醫療服務。[8]

1940 年代末至 1950 年代初，大批忠厚樸實的中國人與父母妻兒離別，自北向南如潮水般湧到香港，多達一百萬人。在這些新移民當中，原政府軍人約有七千之眾，其中不少是肢體傷殘或瞎眼的。港府把他們安置在調景嶺難民營。當時調景嶺人口已增至兩萬多，許多人因無處容身，沿著山腳密密麻麻地蓋搭了簡陋的「棚房子」—— 用禾草、木板和紙皮箱搭成，僅容一至兩人棲身。調景嶺營當時遍地所見是飢餓、疾病和苦難！[9]

挪威信義差會（Lutheran Mission of Norway）顧永榮牧師（Fredrik Knudsen Aaros）及其同工用他們僅有的一美元，在摩星嶺創辦了一所「香港難童義務學校」，讓失學兒童上學唸書；[10] 基督教路德會也蓋了一座臨時油紙棚屋，裏面放置了一些宗教書籍和福音單張，充當福音閱覽室。[11] 外國宣教士走進講國語的難民群體中開拓福音工作，從而奠定調景嶺營教會事工的基礎。

1950 至 1955 年是教會發展黃金時期，中、西傳道人創立了嶺上

1950 年代供難民棲身的調景嶺 A 字棚

西教士與難民在調景嶺用餐（基督教靈實協會准用）

眾教會，包括：天主堂、宣道會、路德會、神召會、信義會、安息日會、錫安堂和崇真會等（其後有 1959 年成立的摩門教）。[12] 調景嶺營對難民而言，不啻是神的應許地，上帝 —— 難民賴以生存的「活水」源頭 —— 藉著教會，向難民傳福音，同時派發救濟物品、贈醫施藥、創辦學校、開設手工藝作坊，以及為有需要兒童提供住宿。營內宗教氣氛濃厚，每年聖誕節和復活節期間，整個社區浸淫在悠揚教堂鐘聲和聖樂中，讓嶺上人內心感到平安喜樂。[13]

當時難民生活艱困、前路茫茫，他們在香港能夠遇上講國語的西教士，並且獲得精神和物質上的支援，倍感親切，猶如他鄉遇故知。據范約翰牧師透露：「在最初入營的六千多名難民中，接受耶穌基督為救贖主並受洗入教者約三千多人。」[14] 嶺上孤苦無依的難民因著教會關顧，得以相聚，從而努力且勇敢地生活下去。

嶺上教會眾多

1950 至 1960 年的十年，嶺上教會讓營民在信仰上有所依靠，同時幫助困苦的家庭逐步脫貧。當時嶺上流行一首打油詩：「信教信教，衣服一套」，所指乃是教會會在信徒受洗時送上一套衣服。由於教友身上所穿大都是教會從外國募捐得來的衣物，因而教友均相互自嘲為「盡是西裝友」。當時教會派發的救濟包有衣服、麵粉、奶粉和芝士乳酪等物，曾有婦女誤將芝士當作肥皂使用，結果衣服越洗越油膩，一度成為人們茶餘飯後的談資趣聞。[15]

宣道會

昔日人們從調景嶺碼頭抬頭仰望，即見一座宏偉建築物：宣道會調景嶺堂，地址是調景嶺村第三區 54 號（今日將軍澳調景嶺區彩明苑彩富閣），為香港首間華人宣道會，於1950年7月1日開基。宣道會之所以能建於嶺上極佳地理位置，要從教會首任牧師貝光道（John Bechtel）說起。1940年12月，美國宣道會駐港聯絡處貝光道牧師抵港後，借用九龍塘一小車房作福音堂聚會，命名為廣西宣道會香港分堂。香港淪陷時貝牧師被監禁於日軍集中營，認識了許多與他一起被囚禁的港英政府高層官員。1945年8月日本投降後，宣道會申請興建教堂時優先獲批面積大、地勢佳之地。在這片一萬多呎土地上，貝牧師秉承「開荒、吃苦、火熱」的宣道會精神，組織了從摩星嶺遷到調景嶺的信徒，合力搭起臨時紙棚和置放長櫈。他隨即舉辦各種宣教活動，開展福音工作。

隨著宣教事工逐步擴展，教友人數日益增加，貝牧師邀請白德三（Robert Patterson）、包忠傑（Paul H. Bartel）、歐粹珍（Margaret Oppelt）和劉福群（William Newbern）等西教士，高玉銘和王澤生等華人牧師參與服事。[16] 其後，教會由高玉銘、包忠傑、白德三、王澤生和婁華夫先後擔任牧師。1951年12月成立的基督教兒童福利會亦設在調景嶺宣道會內，福利會曾收留八百多名少年兒童；後因缺乏資金無法維持而結束。[17] 每逢星期一至五，世界信義宗香港社會服務處就會委託機構派發一些牛奶餅乾給區內貧困的少年兒童，逢星期六及日則供應麵包和水果。[18] 在水深火熱中，這確是一項重要的福利救助措施。

宣道會調景嶺堂在中華基督教會九龍塘宣道會大力資助下，建立了宣道聖經學院。[19]1952年暑假，該學院首屆神學生時恩證、汪彬、崔冠軍和都乾初等人，每天下午都從調景嶺前往北角糖水道、渣華道一帶，向周邊居民傳講福音。[20] 當時決志信耶穌的，包括後來成為牧師的胡欽等人。隨著信徒人數漸增，宣道會北角堂於是成立，滕近輝牧師和胡欽牧師共同在北角堂牧養教會長達數十年。

1985 年蕭壽華牧師接任堂主任，迄 2019 年周曉輝接任為堂主任牧師。今天，北角堂每個主日舉行多堂崇拜，服事多種語言和方言群體教友。[21]

宣道聖經學院神學生遵循聖經中「務要傳道」的教導，基於當時港島區教會較多，九龍地區教會較少，他們就遠走九龍西傳道，時恩證牧師在長沙灣李鄭屋邨建立了宣道會深水埗堂，以及李鄭屋天台學校宣光小學。據梁家麟牧師在《華人宣道會百年史》中指出：

> 李鄭屋牧者時恩證牧師，曾與都乾初牧師在荃灣堂事奉了四年，經西差會情商下，帶著師母及四名年幼的子女，到新建成的李鄭屋堂開荒，他與師母孫立爽白天在宣光小學授課，晚上牧養設在校內的教會。經過十年時間，隨著官津小學已上軌道，天台學校漸被淘汰，宣光學校就此結束，教會也必須另覓堂址。時牧師與會眾一起同心禱告，未幾在青山道覓得理想地點，易名宣道會深水埗堂，其後又創立宣道會葵芳堂等五間教會；崔冠軍牧師創建了宣道會葵涌堂和宣道會宣恩堂等兩間教會，都乾初牧師創辦了宣道會荃灣堂和宣道會信愛堂等兩間教會。

調景嶺宣道會因整個社區清拆而搬遷，教會歷年來共舉行了 47 次洗禮儀式，新葡信徒共 1,711 人。1996 年 6 月 30 日下午 3 時，宣道會舉行遷堂主日崇拜，亦為教會在嶺上最後一次聚會。讀者如有興趣體驗昔日教會生活，可在禮拜天上午前往將軍澳參加宣道會嶺恩堂或宣道會調景嶺新堂主日崇拜，相信仍有一些年邁信徒會不經意地憶述起昔日教會生活點滴。嶺恩堂和調景嶺新堂前身皆為宣道會調景嶺堂，前者辦公室在坑口田下灣村 24 號地下，聚會地點在同區培成路 2 號保良局馮晴紀念小學及裕明苑裕榮閣地下宣道幼稚園；後者在坑口安寧花園第二座地下 15 號舖。

路德會聖約翰堂

香港路德會聖約翰堂位於調景嶺大街前段，地址是調景嶺村第七區 146 號（今健明邨明日樓附近），創辦人為美國路德會原在湖北恩施等華中一帶工場服事的何傳捷（Wilbert Holt）、西門英才、包美達和白樂雲四位宣教士。

1949 年 11 月下旬，四位西教士自中國湖北恩施和四川成都來到香港，暫住九龍大埔道 58 號瑞士差會巴色會教士之家。他們目睹東華醫院和摩星嶺上難民苦況，本著傳福音初心，乃攜帶藥品和福音單張從九龍前往摩星嶺領人歸主，就地搭建臨時油紙棚為「學道小組」和「福音閱覽室」，首次洗禮就有四十多名信徒。他們聯名

西門英才、包美達與白樂雲三位女教士（右三至右五）1950 年代在草棚屋前與教友合照（香港路德會准用）

包美達教士（正中）於 1961 年 3 月下旬與聖約翰堂受洗姊妹留影

上書美國路德會宣教部，闡述香港現狀和急待救援的難民，要求並迅即獲批開拓香港事工，其後乃正式成立香港路德會。1950 年代初，何傳捷牧師因感染肺結核病回美治療，其後再於 1958 年 8 月全家來港，翌年擔任協同聖經學院首任院長迄 1962 年舉家返美。

1950 年 7 月 1 日，西教士們搭建簡單棚屋作為臨時聚會場地，傳講福音。1951 年葵棚改成木房子，當時稱作救主堂，1954 年在第三區建成一所木構教堂，命名為聖約翰堂。教會還在同址開辦學校，命名為協同小學，1955 年改名聖約翰小學，又名路德會小學。[22]

1950 年 8 月 18 日，宣教士們成立了福音道路德會協同聖經學院以訓練本地傳道同工，每週上課三天，由西門英才教士任院長。聖經學院學生遵循主耶穌教導：「你們要去，使萬民作我的門徒」，先後外出茶果嶺街頭佈道，成立位於茶果嶺大街的路德會聖馬可堂，教友今天仍在上址舉行聚會。[23] 協同聖經學院學生亦在牛頭角街頭佈道，建立路德會聖馬太堂（2001 年遷址秀茂坪秀明道聖馬太學校四樓）；聖馬太堂在毗鄰鯉魚門嶺南新邨成立路德會聖腓力堂，其後遷往觀塘翠屏道翠桉樓平台。

1954 年協同聖經學院開設同工進修班以利傳道人進修，同年學院結束；1956 年同工進修班升格為神學院，名為路德會協同神學院，何傳捷牧師為首任院長。1959 年 9 月 1 日協同神學院獲美國路德會認可其地位。1963 年位於九龍又一村的新院舍落成，神學院遷進現址，並招收全時間學生，開設神學士學位課程。首屆神學生包括丘恩處牧師等十名學員，現今港、澳、台三地不少教會牧者是學院第一屆到第十屆的學生。[24]

1961 年 8 月，木屋教會聖約翰堂被改建成一座莊嚴宏偉的新禮拜堂，同年 10 月 18 日舉行新堂奉獻禮。教堂位於調景嶺唯一的大水塘下方，臨近大街，為一間獨立式的禮拜堂，上方連接的三座建築物為聖約翰小學校舍，整個構築物倚山勢地形而蓋成層級式建築，跨過溪澗流水，茂林修竹，景色秀麗。教堂設有 500 個座位，歷年受洗信徒累計有 2,400 人；主日崇拜分早、晚兩堂進行。1996 年 6 月 2 日，在調景嶺清拆前夕，聖約翰堂舉行了最後一次主日崇拜，教會其後遷址將軍澳裕明苑裕昌閣 B 座地下，由張乘風牧師之子張惟一牧師接替牧職迄今。2008 年，教會再遷至將軍澳景林邨景林鄰里社區中心三樓，並與幼兒院合作推動兒童福利工作。教會至今仍沿用昔日調景嶺時期聖約翰堂的聖壇。[25]

（1）西門英才教士

西門英才教士生於威斯康新州，在密蘇里州聖路易市路德會醫院的護士學校畢業後，1926 年由美國路德會差派到湖北恩施宣教，任護理兼照顧孤兒、開設助產士學校。西門英才教士在湖北恩施從事醫療宣教時，藉每四年一次回美國度假之機，到聖路易市的協同神學院進修女教士課程，獲女宣教士資格。她受邀到各地路德會講述宣教工作，呼籲基督徒為宣教奉獻。西門英才教士 1949 年遷到調景嶺。

1951 年 10 月 1 日路德會推行「難民自助計劃」，以工代賑，由西門英才教士負責手工班，協助難民編織手工藝品以脫貧。[26] 教會為提高和改善教友生活而設立婦女手工部，以助貧苦教友從事簡單刺繡。1954 年 1 月，西門英才教士回美述職，包教士接手手工部，並協助把難民編織成的手工藝品遠銷歐美、北歐等地。1969 年手工部註冊成為不牟利機構 —— 路德會手工部。1966 年 8 月 26 日，西門英才教士病逝於三藩市聖路加醫院，香港路德會為了紀念其宣教事跡，1977 年在新界元朗公園北路 1 號創辦路德會西門英才中學。

（2）白樂雲教士

白樂雲教士是密西根州人，曾在大學和神學院進修，1948 年 11 月抵達四川宣教。白教士入住調景嶺後，在路德會聖約翰堂負責教育和文字出版，榮獲「女執事聖職」。白樂雲教士擅長教育和教學工作，被形容為路德會的教導主任；她曾在教會開辦慕道班和堅振班課程，培育人的靈性和知識，兩者並重。

當初她還專門負責撰寫《香港來鴻》雙月刊英文版雜誌，印刷後寄往世界各國教會，呼籲捐助香港弱勢群體。1959 年 3 月 5 日她離港返美定居，在加州棕櫚泉附近設立了一個頗具影響力的退修營和聖經學院，前後服事主三十多年後退休，88 歲安息主懷。香港路德會特別出版《白樂雲教士紀念冊：主的使女白樂雲教士》以紀念其光輝服事。

（3）包美達教士

西門英才教士對包美達教士影響很大。包美達教士出生於美國俄亥俄州克里夫蘭市，少時曾多次聽西門英才教士宣講，至中學時決心事奉教會，20 歲立志當宣教士。她中學畢業後，修讀密蘇里州聖路易市路德會醫院的三年護士課程，畢業後到協同神學院接受兩年女宣教士訓練。第二次世界大戰期間，她曾任職路德會幼兒園主管，亦在路德會福音中心工作。

1945 年二戰結束，同年 11 月，美國路德會差她到中國湖北恩施市宣教，同行的有何傳捷牧師與師母。翌年 1 月，她抵達恩施，在路德會醫院和西門英才教士一起為病人治病和培訓護士。1949 年 12 月，包教士從恩施經成都來到香港，在調景嶺營繼續與西門英才教士同工，服務難民，為其治病，以及主持路德會手工部、教導護士學生、協助建立協同聖經學院和聖約翰小學。包教士在這兩間學校教授英文和鋼琴課程。她和西門英才教士情如母女，在香港事奉時同住，一起四出為主作見證；先後負責主持手工部，把製成品分批郵寄至美國各教堂義賣，以資助香港難民。[27] 此外，她亦在調景嶺路德會橄欖山託兒所和路德會婦女支助團服事。[28]

常穿一套深藍色女執事制服、右臂掛有鮮明的十字架徽章的包教士，笑口常開；能講一口流利的國語，談吐優雅，待人務實真誠，整天為教會大小事情日夜操勞，可謂教會的「大管家」。

包教士知人善任，推薦調景嶺青年學生報考護校、投身護士行列；她常以愛心鼓勵、安慰同工，殷切地為病人禱告並予以適切幫助，帶人信主。包教士熱忱助人的德行，甚至連嶺外的人都知道。1959 年夏天，只有 13 歲的陳聖光與家人從澳門搬回香港居住，入讀協同中學初中三年級，惟插班生未能申領助學金，一年學費需要三百元。陳媽媽帶著他從石硤尾徙置區來到靈實肺病療養院，目的是向一位西人護士求借三百元。包教士獲悉後，沒有遲疑，當場一口答應資助。陳聖光視包教士為上帝差來的天使，靠著上帝所賜能力盡力幫助有需要的人。[29]

1961 年 1 月 16 日，紅磡山谷道發生火災，多人無家可歸，災民獲臨時安置在新蒲崗球場。路德會救恩堂其時剛搬到黃大仙徙置區第一座天台，趁機開辦免費夜間小學給災民子弟讀書，由救恩堂李光堯牧師擔任校長。包教士經常探訪天台夜校，還攜來一袋二袋的《聖經》、文具、宗教圖書、日用品等，派給學生及他們的家庭——聖誕節禮物還準備了老師的份。救恩堂司琴陳明正先生憶述：「那年的聖誕節，我收到了包教士給每一位教職員的聖誕禮物，是一張五元美鈔。在當年，已足夠兩人吃一頓豐富的聖誕大餐！我把包教士送的五元美鈔如珠如寶地保存，一直捨不得用。」大約兩年後，夜間小學改辦英文夜校，李光堯牧師其後把校長的職責交付陳明正先生。

李光堯牧師於 1971 年極力向總會爭取申辦救恩幼稚園，並未成功，他四出求援，亦向包教士請求幫忙。包教士立刻向美國一些教堂的婦女會求助，籌得數萬港元，購買桌椅及有關教學用品。李牧師向銀行抵押其新蒲崗的私人住宅，加上包教士的金錢資助，救恩幼稚園就在幾乎流產的情況下建立起來了。[30]

包美達「真的一生一世與華同渡。在平民班教字，在孤兒院作母，在醫院守護，包教士都不是主角，但因主愛而施愛於許多需要的人和事，她又自然成為很突顯的角色」。[31] 誠然，包教士看到哪裏有需要，她就第一時間支援、施愛於哪裏。她從不拒絕求助的家庭和個人，把全部財產包括自己的房子奉獻給教會。包教士胞弟包華特牧師憶述：「在香港期間，包教士把大部分的時間貢獻給調景嶺靈實醫院，肩負副護士長、護士學校導師、護士、顧問等職務，並主理魏特慈基金（Wheat Ridge Foundation）予靈實的捐款。」[32]

劉逸釗牧師指：「包教士心中只想著用盡各樣方法去服事人，無論是他們心靈及肉體需要，她都一一顧及。而留給自己的，只是每餐簡單的麵包。在生活艱苦的時刻，她還記掛著每一位小孩子，與他們分享家中的食物。能夠支持她長年的工作，不是別人的美言，乃是上帝的話語。」[33]

1973 年 8 月 4 日，包教士在美國西北赴會議途中，於高速公路上遭遇車禍，不幸逝世，主懷安息。香港路德會總會特將九龍何文田忠孝路 89 號的社區中心，以她的名字命名，成立了包美達社區服

1960 年代，包教士（前排左二）與張乘風牧師、教友們在聖約翰堂合照。（香港路德會准用）

務中心，中心以多元化形式服務香港市民。[34] 包教士將一生奉獻予中華同胞，幫助過無數困苦的人；她心胸寬廣、慷慨好施，愛人而更勝於己，是有需要人士的及時雨。包教士曾獲教會頒發「基督獎章」和「榮譽獎章」。

神召會靈恩堂

走進調景嶺街市，毗鄰小巷石級上方蓋了一座顯眼的建築物，正面高掛著的十字架下橫向寫著六個大字：神召會靈恩堂。它位於大街中前段，今將軍澳嶺光街香港華人基督教聯會真道書院附近。當年就讀長洲神召聖經學院（1949 年從廣州遷至香港）的神學生徐傳宣，被學院的鍾耐成牧師派往摩星嶺實習。1951 年始，他和同學張大衛便一起在調景嶺開拓宣教工作。

徐、張兩位神學生初以軍用帳棚成立臨時佈道所，不料被一場大火燒毀；他們遂建成一間木屋，再改建為石屋，神召會靈恩堂於焉成立。[35] 1957 年徐傳宣牧師轉往台灣任教當地聖經學院，教會先後由李紹光、謝克武、謝志和等牧者接任牧養事工。「神召會每天早上為學童提供牛奶，因此同學們上學時除了背上一個書包外，還會帶著一個大錫杯，喝上一杯免費牛奶後才上學。」[36] 教會成立後，美國神召會曾贈送舊衣物給教友。由於靈恩堂會友人數不多，香港神召會視為特殊事工，教會一直維持至 1994 年調景嶺清拆前為止。[37]

信義會復興堂

顧永榮牧師生於挪威西南部羅加蘭郡（Rogaland）一個農民家庭，中學畢業後進修神學，1920 年成為挪威信義差會宣教士，被差往中國河南南陽和湖北老河口服事。1949 年，挪威信義差會從中國大陸撤離來港，顧永榮與其他挪威教士包括馬天生（H. H.

難民營內的小朋友，全神貫注地聆聽鄭錫安牧師講道。

Martinson）、馬成德（Brede Mella）、董曉（Magne Ostertun）、吳思道（Malena Opstad）、雷彥和路恩得（Kristine Nooding）、何克聖以及那教士（Dagny Noding）等人來港後暫住英軍舊兵房，準備候機返回挪威。

其間，顧永榮等人在摩星嶺服事難民；當港府將難民遷往調景嶺，顧永榮等人同行。豫鄂陝信義會西教士們於 1950 年 10 月在調景嶺建立復興福音堂，並於嶺上陸續建成大型禮拜堂、發展香港難童義務學校（及後成為信義小學），以及開辦繡花工場幫助信徒自食其力（工藝品遠銷北歐四國）等。敬拜上帝的首天，信義宗神學院詩班前來獻詩，其後常來嶺上佈道。[38] 信義會復興堂擇址在調景嶺舊三區，不料一場無名大火，吞噬了由葵葉搭成的臨時教會，顧牧師於是以木板改建教會和小學，地址改為調景嶺村第八區 335 號。1970 年，在挪威施多美基金會的資助下，信義會復興堂重建教會與小學，成為上下四層樓的新校舍，信義小學重新命名為慕德小學。

信義會復興堂顧永榮牧師、鄭錫安牧師（Agnar Espagren）、路恩德教士（Kristine Nodland）和那教士聯同信義小學聖經老師曹淑慧教士[39]和陳國英老師[40]到各家各戶傳講福音；把世界信義宗社會服務處送來的奶粉、麵粉、食油、乳酪和衣服分發予嶺上居民，對當中有特殊需要者給予相應照顧。他們及時關顧急需救助的家庭，備受尊敬，為主耶穌在嶺上作美好見證。[41]路教士常鼓勵教友「不要怕，只要信，神是護衛我們的」，使信徒堅定信仰。[42]教會屬靈氣氛濃厚，逢週二至六分別舉行婦女查經班、婦女會例會、學道班和詩歌班、查經班和青年團契；週日上午 10 點主日崇拜前有主日學。

鄭錫安牧師生於挪威南部西阿格得爾郡（Vest-Agder）一基督教家庭，中學畢業後在蘇格蘭神學院進修神學，1936 年獲挪威信義差會差遣為宣教士到中國宣教；1949 年返回挪威。1955 年，他到香港接替顧永榮牧師的工作，還協助靈實醫院拓展，以及在醫院禮拜堂主日崇拜講道及施聖餐。鄭牧師捐助錫安堂留產院基恩樓建築經費、贈送奶粉及衣物用品等。1962 年颱風「溫黛」襲港，調景嶺許多房屋嚴重損毀，二千多名災民陷入徬徨之際，復興堂以免息貸款，助居民重建家園。

當年九龍寨城毒販暗中將毒品帶進調景嶺，部分對前途感迷茫、心靈空虛的居民因經不住慫恿引誘，身陷毒海，導致不可自拔。鄭牧師深知毒害一旦蔓延，後果不堪設想，故 1956 年他在信義小學旁邊設立了挪威信義會福音戒毒所，地址是調景嶺村第七區 88 號。福音戒毒所本著「基督耶穌降世，是要拯救罪人」原則，挽救耽溺吸毒之人。戒毒所多年來藉福音幫助無數學員戒毒，返回正道，迄 1988 年合併至石鼓洲康復院。鄭牧師抱著「上帝願望萬人得救，不願一個小子沉淪」的信念，展示智仁勇精神。

鄭牧師於 1971 年退休，之後仍繼續擔任港澳信義會董事；1982

年，他在挪威安然離世，回到天父懷抱。因調景嶺清拆，信義會復興堂於 1996 年 8 月 29 日遷堂，在觀塘翠屏道繼續福音事工，2000 年改名港澳信義會主恩佈道所；2005 年再遷址將軍澳厚德邨三期慕德中學內，現任堂主任為梁溢敏牧師。

調景嶺安息日會

教會建立於 1950 年，位於調景嶺逸仙中學附近。儘管規模不大，開始時曾成立時兆聖經學院。歷年來教友人數一直較少，教會在 1960 年代中期結束。[43]

錫安堂

在許多調景嶺難胞心目中，錫安堂（Sion Church）與戴瑞蘭教士（Gertrud Tragradh）密不可分，尤其是對初期棲遲於嶺上者留下了難以磨滅的印象。戴瑞蘭教士生於瑞典一基督教家庭，中學畢業後就讀斯德哥爾摩護士學校五年制專科及助產士課程。1947 年 4 月，她接受五旬節非拉鐵非教會（Christian Philadelphia Church）的差遣，到北平、天津任醫療傳教士，積極參與當地的醫護救助工作。1949 年戴教士從華北經香港準備返瑞典，暫住九龍深水埗大埔道 58 號瑞士巴色差會宣教樓（宣教士之家）。其間目睹成千上萬、湧到香港的難民流落街頭，乃約同其他宣教士合力推動聖工。她以差會供應的三百港元購置藥物和日用品，每週三次與美國路德會牧者帶同福音單張，到摩星嶺探視難民、贈醫施藥。

1950 年 6 月下旬摩星嶺難民被遷徙到「吊頸嶺」時，戴教士是其中一位與他們同舟共赴的牧者。[44] 途中有人哀嘆道：「把我們送到遠離市區、無人居住的荒山野嶺，那裏既沒有食水供應，又沒有對外的交通路徑，蚊蟲蛇蝎侵襲嚇人，我們的結局真要吊頸！」戴教士溫言相勸以安定人心。可是當油蔴地小輪徐徐駛經鯉魚門海峽時，她在甲板上凝望茫茫大海，海天相連，何去何從？身為異鄉人，一石激起千層浪，思緒萬千，不由感觸淚下！

作為一名外籍醫護人員流亡在港，本可謀得安定的生活，她卻選擇與難民同行，過著低於人均水平之生活。她吃最粗劣的食物、住最簡陋的房子、穿的盡是破舊衣裳，與難胞之生活融為一體。她的工作艱苦萬分，如果不是那全然信靠神的力量和堅定的意志力，是辦不到的。[45] 甫入調景嶺大坪，她即獲社會局安排入住一個 A 字棚，後改住一間棚屋，她與難民同甘共苦，一同吃救濟飯。她憶述：「每日食用夾雜沙粒的碎米煮成的飯，佐膳的菜餚是幾粒鹽巴，有時以麵包皮充飢，不求口味，但求裹腹，如此滿足飢火愁腸，減少相煎之苦。」神的慈愛乃戴教士的信仰基石，即使生活艱苦，仍絲毫不減其助人為樂的信念和傳揚福音的熱情。本來憑其醫學專業知識，足以在瑞典本國舒適地生活，她卻以迫切心志捨己為人，不諦是天父差派到人間的天使。

1950 年 10 月，戴教士用葵葉和木條建立聖殿以敬拜上帝，並先後開設婦女識字班、兒童聚會、英文班；她亦開設繡花加工場，讓信徒製作刺繡和玩具等工藝品，幫補家計。她獲當局撥給一間大棚屋、一盞煤油燈以便提供醫療服務，和放置於聖殿的竹椅數十張。一些年輕信徒即在周圍平整土地。戴教士奉獻其差會寄來的九百港元，把棚屋改建成木屋教會，命名為調景嶺錫安堂（地址為調景嶺第四區 96 號），現址在將軍澳翠嶺路與景嶺路之間真道書院小學附近。

戴教士在調景嶺錫安堂帶領查經班，學生當中包括范魯麒（范約翰）在內的九人，決志信主，由香港靈糧堂趙世光牧師施行浸禮儀式；爾後每年都有不少人受洗。錫安堂初期有信徒 170 多人，

1952 和 1953 年，這兩年教會人數迅速增長，每年安排洗禮達六次之多；受洗人數從數人到幾十人不等。教會多年來見證了不少人成為信徒。據第一屆洗禮信徒范約翰在《基督教週報》所撰的調景嶺教會歷史，張祖鷺、管淵若、楊逢年和陳和俊等傳道人，全是錫安堂栽培的牧者。1977 和 1988 年的暑假，錫安堂曾借用調景嶺學生輔助社游泳池舉行浸禮。

戴教士以真誠領人歸主、以愛心鼓勵和感動人，以生命影響生命，每次講道時均愛用絨布作道具，吸引不少青年信徒，也逗樂了少年兒童，使福音真理深入人心。她探訪左鄰右舍，予以關懷，幫忙有困難的家庭。她在看病、接生和教導英文方面，對居民可謂有求必應，這讓她天天忙得不可開交。

錫安堂並無主任牧師，由教友負責教會事奉。起初，錫安堂獲香港靈糧堂李恩德牧師和孫伯峨長老全家大力幫助，每週派出長老和執事輪流前來帶領團契交流；後來英國聖公會姚如雲牧師（Gordon H. A. Aldis）和艾美德女宣教士（Jessie Irene Ammouds）、加拿大浸信會苗學禮牧師（Wesley A. Milne），以及瑞士改革宗夏天惠女宣教士協助推動聖工，教會得以穩定發展。

1959 年錫安堂舉行新堂奉獻感恩禮，戴教士以聖經所描述的芥菜種作為比喻，撰寫〈麻雀為自己找著房屋〉一文：「當初這群體是 30 至 40 人的團體，缺乏世人通常所需要的一切東西：祖國、家庭、朋友、每日的飲食、將來的希望，故這教會命名為錫安。從那時起，很多無家可歸的鳥，有了自己的居所。」教會同時建立了一家小型圖書館。1970 年，教會舉行二十週年紀念活動，木屋改建成石棉瓦石牆的教會；1973 年秋天，錫安堂加入香港華人基督教聯會，同年 12 月正式轉型為華人地方教會。

戴教士具有超宗派的氣度，一貫以信心為理念，凡事禱告，從神那裏支取力量，與難民同住同吃。她目睹信徒依賴嗟來之食，難以自食其力，於是從市區小工廠取來半製成品讓教友加工成工藝品，讓清貧教友可日賺二、三元補貼生計。教會有次在門外派發救濟物資，讓領取者自尊受損，因此戴教士首先開辦工場，令居民建立自信，以保持尊嚴和逐步脫貧，亦使信徒人數相對穩定。其後同為瑞典籍的約翰生女教士（Rath Jahansson）來到錫安堂，專門負責推銷繡花業務，翌年成立一家繡花公司，直接把精美產品銷往英、美和北歐國家，教友生活從而得以改善。隨著香港經濟起飛，人們謀職機會增加，繡花公司於 1973 年正式「功成身退」。

早期的調景嶺缺乏正規醫療設施，交通不便，最近的婦產科是北角國際難民婦產院，故大多數孕婦只得在家等待分娩。戴瑞蘭教士曾於調景嶺基督教醫務所協助婦產科和接生手術，先後與孫海

備受居民愛戴的戴瑞蘭教士

Rennie's Mill Maternity Home
香港調景嶺基督教錫安堂留產所
ANTE-NATAL CLINIC CARD

檢查證號碼 Ante-Natal No.________ 日期 Date________

姓名 Name________ 年齡 Age________

基督耶穌降世，為要拯救罪人。 提前 1:15

(一)每次來所檢查必須帶回此證
(二)依照所囑的日期按時來所檢查不得延誤
(三)搓軟上草紙四斤及未搓草紙二斤
(四)產婦衣服及盥洗用品—手巾牙擦肥皂等

錫安堂留產所檢查證，是有關調景嶺歷史的文物。

倫、葛瑞霖（Hanny Gronlund）和司務道（Annie Skau Berntsen）等教士一起助營內孕婦分娩；由於孕婦人數眾多，戴教士常常停留在白鴿籠式斗室內等待孕婦生產，室內空間狹隘、雜物成堆、空氣混濁，炎夏時酷熱難耐，貧苦家庭既無櫈子，更遑論有電風扇。她天天如此超負荷地來回奔波，體力消耗極大，因而嚴重損害健康。

戴教士乃著手籌建留產院，選址在錫安堂右側，聘請當地民工挖土翻泥。挪威信義差會鄭錫安牧師資助施工；瑞典信義會匯來三千港元指定施工用途；信義宗世界服務處總幹事施同福牧師除了購置生產醫療器材外，還資助所需醫療設施；遠在瑞典的護士團契奉獻一張先進的醫療接生床；香港半島酒店贈送十幾張半新舊床墊。在眾教會和社會人士合力捐助下，一家既先進正規、設備又齊全的留產院在調景嶺難民營誕生。

1957 年 7 月，名為基恩樓的留產院（Christian Grace Birth Home）正式成立。留產院包括上、下兩層：上層為孕婦產房，另設有 10 至 12 張病床，專門讓孕婦產前靜休；下層為辦公室、接待室、治療室和儲物室。白色院舍內圍牆的小花園栽種紫藤，春夏兩季花卉盛開時，花朵鮮艷奪目，加上各類盆栽，散發著生氣盎然的氣息，使人以為身處百花齊放的伊甸園。

留產院初時由戴教士一人負責，惟孕婦眾多，讓她應接不暇，頗感力不從心，難免出現顧此失彼的窘境。直至瑞典籍白純教士（Ingegerd Melltun）和李德慕教士（Ingegerd Lidenmark）前來加入婦產醫療行列，同時聘請錫安堂會友蕭周婉淑（蕭媽媽）和杜姑娘擔任護士，才減輕了戴教士的負擔，使接生和護理工作更為順利和完善。

基恩樓是非牟利教會機構，接生住院全部免費，如有經濟能力的家庭，可自願支付象徵性的十港元以補助醫藥費。留產院完全按

調景嶺錫安堂於 1990 年舉行建堂 40 週年慶，戴瑞蘭教士（正中）與教友留影。

照瑞典正規醫院使用的接生程序和模式，在醫護人員悉心照料下，為孕婦進行各項產前檢查，產婦充分享受瑞典醫院同等優質婦產科服務，這實在是神的恩典。

院方為確保母嬰身心發育健康和正常成長，除了向每名嬰兒提供必要的防疫措施，又免費贈送可增強嬰兒體質的奶粉、鈣片和嬰孩衣物。實際上留產院提供的愛心服務和福利待遇，遠勝港九任何一家公私營醫院，亦因此吸引了鄰近的馬游塘、坑口一帶的孕婦慕名前來。歷年來，這家留產所共接生了三千多名嬰兒，正如戴瑞蘭教士在《將軍澳錫安堂五十五週年紀念特刊》中指出：「錫安堂婦產科，按醫務衛生署說，是當年香港最好的婦產科診所。」

當年社區有不少所謂吃教的「米飯信徒」，即為了領取救濟品而上教會者。雖說錫安堂在資源和財力上與區內其他教會相比，實力較為薄弱，但戴教士選擇直接向信徒提供工作機會，幫助他們自立，因此教會信徒人數一直比較穩定。[46] 她多年後接受訪問時，再三斷言，就她當時的傳教經驗，完全沒有人對福音表示抗拒。[47]

錫安堂於 1994 年遷到將軍澳新堂址，更名為將軍澳基督教錫安堂，地址在將軍澳翠林邨安林樓三樓 316 至 325 室；同時附設錫安自修中心，服務鄰近一帶的青少年學生。1996 年調景嶺錫安堂正式停止運作，所有事工遷往新堂；1999 年，成立戴瑞蘭教士宣教基金，以鼓勵更多信徒進修神學。

戴教士曾在 1963 年建立台北錫安堂。她與五旬節教會又在台灣合辦明道神學院，並於 1985 至 1986 年擔任院長，翌年正式退休回國。其後她經常返港到調景嶺錫安堂講道、作感恩見證，留下珍貴歷史片斷。2000 年戴教士按立為牧師；翌年在主持瑞典電台節目時述說其一生宣教事工。戴瑞蘭在兩岸三地都留下佳美足跡，見證、彰顯神的恩典。2006 年 4 月 13 日，戴教士安息主懷，享年 88 歲，教友均深切懷念她。

崇真會

基督教香港崇真會以服事客家人為主。[48] 1950 年崇真會各堂會開始捐款接濟調景嶺客家籍難民。翌年設立調景嶺宣道所，坐落在村口小巴站稍上（位置毗鄰今將軍澳尚德邨尚廉樓），借用信義會禮拜堂舉行主日崇拜，並由何道修牧師、周美珍姑娘和洪德仁牧師先後牧養信徒。第一次洗禮在 1952 年 5 月舉行，共有 40 人接受洗禮。由於信主人數眾多，由崇真會深水埗堂洪德仁牧師與何道修牧師負責帶領查經班。一年後，周美珍姑娘調職西貢窩美堂，何道修牧師兼任調景嶺宣道所主任。後來「鑑於調景嶺營的客籍居民不多」，宣道所於 1953 年結束；福音事工併入調景嶺路德會。[49]

天主教聖母升天堂（天主堂）

嶺上第十區毗鄰大街，矗立著天主教聖母升天堂（天主堂）。天主堂興辦了鳴遠中學、小學和幼稚園，校名源自雷鳴遠神父（Frédéric Vincent Lebbe）。雷神父字振聲，生於比利時根特（Gent）一個天主教家庭。他 18 歲赴法國修道院攻讀哲學神學，一位司鐸以「戰勝一切，努力無涯」拉丁文評語勉勵他。他一生牢記教宗聖言「對一切人就成為一切」，並以此為力量。其後他加入赴華傳教的遣使會，1901 年晉鐸，同年遠赴天津。懷著「景仰中國文化、愛慕中國的熱忱」，他努力學習「四書五經」等中華經典古籍，國學基礎深厚，寫就一手漂亮行書。雷神父就餐時使用筷子，愛穿唐裝；他為自己取名「雷明遠」，後改「明」字為「鳴」字，取「雷光鳴遠」之意。

1927 年雷神父在天津獲准歸化中國籍，常以中國人自稱。一次，他向記者幽默地表示：「不要看我的鼻子，不要看我的眼睛，要認透我的赤心，我是一個地道的中國人。」一向以「全犧牲，真愛人，常喜樂」為座右銘的雷神父，不僅豁達開朗、笑口常開，言行亦充滿幽默感。他傳道助人，每次外出總帶上《聖經》、日記本、袖珍版的四書五經、毛筆和墨盒。他平日生活簡樸，熱衷步行或以自行車代步，這是他日後在戰場上搬抬擔架時能健步如飛的原因。

1911 年，雷神父在天津先後創辦愛國護教報刊《益世報》和《北平報》，以「宣揚真理，維護正義」為宗旨，深受民眾喜愛。1928 年，他創立耀漢小兄弟修會（Little Brother of St. John the Baptist，又名若翰小兄弟會，取名來自施洗約翰）和德來小姊妹修會（Little Sister of St. Theresa of the Child Jesus），主張「不受環境支配，而是要支配環境」；並強調「一個沒有艱苦的生命是不值得生活的」。

抗日戰爭爆發後，雷神父在山西太行山和中條山一帶，親率數百名信徒組成天主教救護隊，日夜出生入死，帶上擔架救治成千上萬傷病者，踐行其許諾：「我為中國而生，我來中國服務是我的天職，是我的使命。」雷神父在一次救護行動時不幸受傷，臨終前再三囑咐大家務必以「大真無偽的神貧、無上真實的美德、表之以苦幹勇敢」精神生活和服事，他樹立的楷模影響一代又一代信徒和教友。

曹立珊神父為河北省東鹿縣人（今辛集市），1929 年加入耀漢小兄弟會，1935 年晉鐸及宣發「神貧、貞潔、服從」願，終身奉獻天主；他是雷神父的入室弟子，並擔任其秘書。雷神父病重時，曹神父寸步不離日夜守護。1940 年 6 月 24 日晚上雷神父安詳離世，爾後曹神父繼任為耀漢小兄弟會會長；為了延續老師遺志，南來後在香港開展耀漢小兄弟會，延展雷神父傳道愛人的事業。

曹神父目睹大量天主教難民流落摩星嶺一帶，遂在該地設置一個公教進行站以幫助他們。其後曹神父和 70 名天主教徒來到調景嶺第五區，先搭簡陋葵棚以供教友望彌撒；後來帶領難民開闢荒地，搭建教堂和中、小學校，還為教友捐助大量救濟品。他常以雷神父的教導自勉：「熱心是一團精神，凡是熱愛天主的人，對於敬奉天主，時常會表現出興奮與活潑精神。這種熱忱在於意志和行為的奮勉，不重於情緒的激動」，並與信徒一起服事天主。

1951 年春天，美國史培爾曼樞機主教（Francis Joseph Spellman）前來調景嶺視察並捐贈二千美元，指定用作興建兩層高大木板房子：上層為聖堂，下層為學校分作四間教室。曹神父常以《聖經》金句勉勵教友，反覆歌頌上主聖言，並稱：「《聖經》是精神生活的根基，取之不竭的泉源。」當時調景嶺的生活環境困難重重，嶺上眾教會包括天主堂、信義會、宣道會和路德會曾於 1950 年 9 月 10 日晚上特地在大坪舉行公禱會，祈求上主保守憐憫、呼籲信徒重回上主懷抱，期盼穩定大家的情緒。每年到了聖誕節，鳴遠中學舉行

1951 年，天主教神職人員視察調景嶺營義務工作。（天主教香港教區檔案處准用）

曹立珊神父帶領學生開闢荒地，興建教會和學校。（天主教香港教區檔案處准用）

理著大光頭、套上黑大長袍的曹立珊神父向學生發放冬衣。

懇親會，學生把學校操場前方的講台搭建成舞台演出話劇，其精彩表演大受學生及居民歡迎和好評；隨後即舉行子夜彌撒。

曹神父明白教友在調景嶺經歷著「山非山兮水非水，生非生兮死非死」的坎坷生活，為了幫助赤貧教友和居民脫離困境，他先後在香港《公教報》發出呼籲，請求各方捐助嶺上難民。他寫道：「這班流浪異鄉的難民急需我們的救助、我們的愛情！他們倘無救濟，有餓斃異鄉的危險。」各國教會在港的多個民間團體立即響應。各種救濟物品頓時源源不斷地運送到難民營；曹神父親自主理分派予各家各戶，這批救濟品及時幫助難民熬過嶺上首個寒冬。

有人曾如此描寫曹神父：「他剪大兵式的光頭，穿上黑大長袍，親自挖土、搬石子，開山闢路；經常黑夜中翻山越嶺到市區為難民服務……」當初在摩星嶺找到的教友只有 72 名，這時增至 300 多

鳴遠中學裴效遠神父於1950年代中期，揹著十字架拜苦路（左圖）；1990年代初馬偉良神父的苦路行，背景呈現調景嶺的外貌變遷。

人。每當主日教友望彌撒時，聖堂內擠滿信眾，後來者只能站在門外。

天主堂面對的山腰豎立著一座巨型十字架，因而被稱為「十字架山」。該十字架乃某年耶穌受難節由教友們合力將之從山腳，一步一腳印扛到山上，象徵耶穌背負沉重十字架為世人作出犧牲。此後每年受苦節，教友從聖堂出發走至十字架，並稱之為「拜苦路、苦路行」。從此，閃閃發光的十字架照向調景嶺和照鏡環海面，並和靈實教堂懸掛的十字架遙遙對望。兩個十字架象徵上帝對人間的大愛，使人感受到祂的恩慈。

天主堂位於調景嶺大街後段，這裏逐漸形成一個天主教社區，裏面建有教堂、學校和醫務所等。「隨同曹立珊神父前往（調景嶺）的有兩位耀漢小兄弟會修士，由於前段與中心地區已由難民及其他

聖母升天堂外貌樸實無華

團體使用，他們便在後段闢地，搭建葵棚為教堂，讓難民教友聚集參與彌撒。此外，又蓋搭小木屋以為居住用。此時較偏僻的後段還是人跡稀少，故天主教有頗大一塊土地，為日後發展之用。」[50]

比利時籍的裴效遠神父（Albert Palmers）其後加入協助天主堂聖工。1951 年 9 月 28 日，羅馬教廷駐華公使黎培理總主教（Antonio Riberi）宣佈調景嶺教堂正式列為堂區，並命名為聖母升天堂（Assumption of Our Lady）。爾後美國紐約總主教史培爾曼、美國天主教福利總會宣世道主教 Mgr. Swantorm 和香港主教白英奇（Lorenzo Bianchi）等先後到來巡視並主持堅振聖禮。

教會每晚為眾多慕道者舉行教理學習班，信徒通過考試和查問信德後才能接受洗禮。1954 年時因教友人數眾多，被稱為「屬於香港教區的中國最大的天主堂」。[51] 教堂約有 700 個座位，原址是調景嶺村第十區 84 號，今位於將軍澳調景嶺區嶺光街優才書院和香島中學之間。聖母升天堂於 1996 年 7 月 7 日舉行結堂彌撒。[52]

曹立珊神父一生無私奉獻，曾榮獲十字架勳章。他以「禮儀生活」為主題，先後撰寫《主日聖經釋義》、《神修大綱》、《空中心聲》和《靈修談叢》以及退省講義等著作；最後更寫成《春風十年：雷鳴遠神父逝世五十週年紀念》。曹神父於 2011 年 1 月 26 日安息主懷，享年 99 歲，人們將會永遠懷念他。

耶穌基督末世聖徒教會調景嶺分會

耶穌基督末世聖徒教會（摩門教）調景嶺分會源自 1955 年 8 月，美國席德恩長老偕同八位長老乘坐「克利夫蘭」號總統郵輪前來香港傳道。爾後分別在港九新界地區建立 12 個分會，包括 1959 年成立的調景嶺分會。該分會設在調景嶺西面的小山丘上，教會附近有一個巨型鐵十字架，地址是調景嶺村第十二區 16 號，即今日將軍澳都會駅。教會在調景嶺屬於較後成立者，處事亦比較低調；1965 年香港正式翻譯《摩門經》中文版以前，一直以基督教《聖經》傳道。

長老在教會成立初期並無主動上門傳教，亦沒有在大街小巷公開向居民宣道。據家住教會附近的相熟友人憶述，當年親眼目睹摩門教會興建，教會為單幢式的長方形教堂，外面有一個大籃球場供居民玩樂。有一年聖誕節舉行崇拜後，孩童們都獲分發一份聖誕禮物包，內有花生餅乾和糖果等食品，孩童們皆大歡喜，他至今記憶猶新。由於教會位處調景嶺西端後山坡，地點偏遠，居民對其認識不多；教會和區內其他教會並無互動。教會長老都住在筲箕灣，委派當地居民在晚上看守房舍。

教會提供免費英語教育，還舉辦英語補習小組等一系列活動，有數十名青年學生參加；也會藉舉辦燒烤旅行、跳舞和球類等社交活動，[53] 以吸引居民，特別是青少年學生，因此被形容為「青年人的教會」。這種傳教模式和氣氛比較時髦，但始終與中國傳統文化格格不入，不少青少年的家長不以為然，教會因而不能制定長遠發展計劃。

摩門教在成立初期也曾分發救濟品。據教會負責人接受採訪時指出，當時美國運來了許多賑災物品送給居民，但整理和派發物資時，反而忽略了傳教事工；加上在分發過程中曾出現不公平現象，引發教會內外產生各種矛盾。此外，這項福利措施容易使人純粹為了獲取物質而入教。以上各種因素，終使教會在調景嶺運作了十餘年後結束。[54]

兒童福利工作

嶺上教會還成立福利機構，專門照顧有特別需要的兒童。以下以基督教兒童福利會（The Christian Children's Fund）與調景嶺學生輔助社（Rennie's Mill Student Aid Project）為例來說明。[55]

基督教兒童福利會

基督教兒童福利會，源自成立於 1938 年、總部設在美國維珍尼亞州列治文的中國兒童基金會（China Children's Fund）；基金會創辦人為嘉樂博士（Joseph Calvitt Clarke），宗旨為救助戰爭孤兒。加拿大籍微勞士牧師（John Russell Mills）早年曾在中國從事救助戰爭孤兒工作，後獲中國兒童基金會資助，在廣州開設一家孤兒院，1947 年微牧師獲委任為中國兒童基金會在中國、日本和韓國的區域主管，直至 1951 年離華返美。1951 年初，中國兒童基金會改名基督教兒童福利會，微牧師被委為海外區主任；他於同年秋天前來香港，繼續其救助兒童和孤兒的工作。[56]

香港九龍塘中華基督教宣道會婦女會部長關柔嫣姊妹為基督教兒童福利會司庫，積極參與調景嶺事工。1951 年，兒童福利會與宣道會調景嶺堂合資建造大木屋禮拜堂，屋頂鋪以石棉瓦，地址與宣道會同為調景嶺村第三區 54 號，平日以此為基地開展工作。兒童福利會根據社會局已登記 16 歲以下的難童名單發給奶票，分別交由基督教福利站（位於宣道會）和天主教堂發出，每日派發奶粉和糖果餅乾等食物。這些兒童每週還額外獲發一份牛肉三文治。[57] 福利會又安排無父無母的兒童讓外國人士認養。[58]

微牧師在調景嶺開設一間曾收留八百多名貧童的基督教兒童福利站。後因經費不足，在 1953 年解散。不久他在新界馬鞍山、大埔、粉嶺和元朗開設孤兒院，包括馬鞍山烏溪沙青年新村和大埔聖基道兒童院等院舍，合共收養近千名兒童。

調景嶺學生輔助社

嶺上宏偉建築多為學校和學生宿舍，學生輔助社即屬其一。人們從調景嶺警署走向下面的分岔路口，或者從大街走向路德會聖約翰小學，踏上石級前就會看到一塊分別用中、英文寫著的指示路牌——「調景嶺學生輔助社」（地址為調景嶺村第七區 11 號，今將軍澳健明邨明月樓位置）。輔助社專門收容無家可歸的孤兒，提供一個照顧其生活和學習的大家庭。[59]

戴大衛牧師（David Geoffrey Marshall Taylor）生於英國伯明翰一基督教家庭，自小受戴德生牧師（James Hudson Taylor）獻身中國宣教的影響，而立志到中國宣教。二戰期間曾參軍，並在緬甸作戰，戰後進入神學院修讀神學，成為聖公會宣教士。1956 年秋天，他來到香港，住在尖沙咀聖安德烈教堂，為自己取名「戴大衛」。

他隨即開始於毗鄰調景嶺的元洲靈實醫院工作，在靈實邂逅挪威信義差會宣教士那教士，二人其後於 1960 年結為夫婦。

那教士 20 歲從挪威來華，在中國河南、湖北一帶從事醫療宣教；1949 年，自內地抵港，為最早堅持留港援助難民的五位挪威信義差會宣教士之一。她在調景嶺繼續醫療宣教，先後在信義會小診所、基督教醫務所和靈實肺病療養院工作。那教士 1960 年與戴牧師結婚後，二人並肩在學生輔助社服事，她同時協助管理女生宿舍和荷蘭宿舍，迄 1975 年退休。

戴牧師在靈實醫院認識了挪威信義差會的鄭錫安牧師，獲悉調景嶺信義中學缺乏英文教師後，就義不容辭，義務任教英文，並在學校圖書館創立英文查經班。甫入調景嶺，戴牧師目睹眾多孩童因家貧而失學，令他感受到來自神的一種使命。他受難民營內兒童福利站（Christian Children's Station）模式啟發，希望成立一所以「提供衣食住行生活所需及教育給有需要的兒童和青少年，使他們能夠成為一個有工作能力及對社會有貢獻的人」為目的之兒童院舍。

他成立兒童院舍的計劃，迅即獲得香港聖公會梅雅各牧師（James Muir）、宣道會貝光道牧師、循道公會高克禮牧師（Cyril S. Clarke）、挪威信義差會鄭錫安牧師、荷蘭基督教革新教會祖韜先生（Dtto Juger）和救世軍、青年會等教會機構，以及香港啟德機場總監漢密爾頓（Owen Hamilton）、香港政府工商署署長利尚志（Peter E. I. Lee）、毛敦（Geoffrey Mauldon）等人的大力支持。1957 年，調景嶺學生輔助社正式成立。

1960 年，英國教會協會和荷蘭基督教革新會合力捐助一萬二千港元，建造一棟可容六十多人、毗鄰慕德中學的學生宿舍 —— 馬可紀念之家（Mark Memorial Hostel）。[60] 宿舍有上、下兩層，上層是八間連陽台的男生宿舍和小病室等；下層是大廳和辦公室、屬靈書籍閱覽室、大倉庫和儲物室。另外還設置有洗衣房和大操場；大操場下層設有飯堂和廚房。

輔助社成立時，訂下五項服務宗旨：（一）為有需要的兒童提供基督化的家庭生活及接受教育的機會；（二）對有能力接受更高教育的院童，提供助學服務；（三）創辦非牟利學校；（四）為有需要的兒童及青少年創辦其他社會服務；（五）努力推動各項事工達到上述目標。當時調景嶺尚無水電供應，戴牧師體會到光和燈在生活上的重要性。他引用〈詩篇〉119:105 的金句作為輔助社孩子們座右銘：「你的話是我腳前的燈，是我路上的光。」社徽則引用〈詩篇〉第 119:130：「你的言語一解開就發出亮光。」

院舍開始時收留了兩名學童，旋即增至十幾名；由於眾教會踴躍介紹兒童到來，令院舍宿位供不應求。孩子們來自港九各區，分

專注工作的調景嶺學生輔助社總監戴大衛牧師

戴大衛牧師（中排左四）和那教士（中排左二）攝於 1959 年

坐落在慕德中學操場下方的學生輔助社，1963 年院舍規模可媲美區內寄宿學校。

別由調景嶺挪威信義差會、靈實肺病療養院、信義宗世界服務處和大埔聖基道兒童院等介紹到馬可紀念之家。從 1962 年開始，學生輔助社先後建造了 D1、D2 和 D3 男女宿舍，兩年後男女宿生一共達到 130 多人。

1966 年 9 月，學生輔助社在觀塘道 485 號建造一所荷蘭宿舍，專為在九龍區上中學的男生而設。[61] 在這幢荷蘭宿舍一樓牆壁上有一塊石碑，以中、英文刻上：

> 本宿舍為荷蘭基督教革新會及各國友人建贈以為基督教兒童之家於一九六七年六月廿四日由荷蘭總領事狄保亞先生主持揭幕香港社會福利處處長陶雅禮先生暨各界嘉賓均蒞臨觀禮此誌
>
> *This hostel is the gift of the Christian Reformed Churches of The Netherlands and Friends of many countries. It was opened on June 24th 1967 by Mr. W.P.L.G. de Boer, the Consul General of The Netherlands and dedicated as a Christian home for boys. The Hon. Alistair Todd, the Director of Social Welfare for the Hong Kong Government, and many other distinguished guests were also present.*

1963 年學生輔助社成為香港社會服務聯會會員；1970 年獲香港社會福利署和香港公益金贊助。輔助社乃調景嶺比較大型的教會服務機構之一。昔日在馬可之家牆壁上，掛有刻著中英文「神是愛 GOD IS LOVE」的銅牌，闡述基督教信仰真諦。當時院舍每個學生都擁有一本中英文新舊約《聖經》。每逢禮拜天主日崇拜，戴牧師先以英文講道，隨即由學長口譯成廣東話；在華傳道多年通曉挪威文、英文和國語的那教士，則隔週以國語直接向學生講道。不少學生受到聖靈感召，決志相信耶穌基督為救主，並在元洲海灘邊受洗。週日晚上有查經班。每天就餐前有謝飯禱，就寢前有分組祈禱，並以主禱文結束。

在馬可之家，戴牧師、那教士和路薏絲護士（Louise Flaraldstad）教導貧苦孩子，幫助他們健康成長。[62] 馬可之家曾邀請信義會恩光堂古天貴傳道人，和美籍麥查理牧師（Charles McKnelly）前來為青少年在信仰方面提供輔導。戴牧師與師母言傳身教，多年來牧養了許多基督徒學生；在極其艱苦的生活環境下，這些來自清貧家庭的孩子通過不斷的努力和刻苦學習，成為社會上的人才。[63]

調景嶺唯一同時懸掛著英國、美國、荷蘭、挪威、澳洲旗幟，以及英屬香港旗和青天白日滿地紅旗的地方，就只有馬可之家，主要是感謝眾多國家各教會的支持幫助。開創初期，院舍雖在四周架起了鐵絲網，但一直與社區和芳鄰保持良好關係。當年馬可之家擁有調景嶺唯一的自建游泳池，其寬闊的長方形結構是區內的一個地標。

院舍創辦初期，香港正值二戰後復甦期，物質匱乏，港府未能提供任何經濟援助，馬可之家純粹倚靠天父看顧和供應。通過戴牧師四處奔走募捐和介紹兒童狀況，獲得海內外各教會和慈善機構的捐助。院方面對要照顧 130 多名學生的龐大開支，造成每個月收支不平衡，捉襟見肘，每天生活水平只能壓縮至最低生存標準。儘管如此，神卻從未讓孩子們忍飢挨餓；每在面臨斷糧的關鍵時刻，神就顧念並及時解決燃眉之急。雖說當年院舍生活清苦，但學生們人窮志堅，信仰堅定，刻苦學習。如今，他們大多服務於香港各行各業，總算沒有辜負戴牧師當年的建社初衷。[64]

每逢聖誕節，院舍從早到晚一直用擴音器的大高音喇叭，播送

學生輔助社內男孩們穿的
睡衣均由熱心人士捐贈

戴大衛伉儷（正中央）退休後定居英國，但仍經常來港。照片攝於二人 2001 年最後一次訪港的舊生聚會。

一系列悠揚動聽的聖誕歌曲，院舍和鄰近一帶洋溢著一股濃厚的聖誕氣氛，洗滌人們心靈，使之返璞歸真。這些聖誕歌曲旋律美妙而動聽，及時在社區的大自然氛圍中悠然響起，迴蕩田野。宏大氣勢響徹雲霄、震撼寰宇。孩童們先在大飯堂享用豐盛的聖誕大餐，爾後在大廳舉行平安夜崇拜。大廳電燈關上，燃起蠟蠋，大家在幽暗的環境下閉起眼睛，僅以鼻音輕聲哼出平安夜的聖誕樂曲。平安和喜樂的氛圍，教人終身難忘。點點燭光象徵基督真光和基督降臨大地、照徹黑暗；但願真理的真光永遠照耀眾人心坎。

1981 年，機構改名為香港學生輔助會（Hong Kong Student Aid Society），總部設在觀塘荷蘭宿舍，繼續提供多元化的教育和優質服務。[65] 隨著社會發展和需要，輔助會已擴展至轄有多間院舍、小學和幼稚園，提供多元而優質的教育和社會服務。在調景嶺清拆前的 1993 年 7 月，馬可紀念之家所有職員和學生搬至香港政府安排的將軍澳新院舍中。香港某報章曾登載「馬可之家面臨搬遷，兒童入住新屋雀躍」一文，指出「該孩童之家設立 35 年來沒有發生過任何大事故，相反居民對兒童均表示親切，令他們在充滿關懷和愛護的環境下健康生長」。[66]

教會與社區休戚與共

調景嶺予人印象是小道小巷、一片旗海，每天居民上學或上班時，均穿梭往返於嶺上唯一主要街道；主大街雖不算寬闊，然而高低有致，人們絡繹於途。當走進散佈在區內各處的教堂時，卻是一片莊嚴肅穆的景象，除了寧靜，氣息亦格外清新。每逢禮拜天上午，處處都能聽到各座教堂響起洪亮的鐘聲，提醒人們主日崇拜和望彌撒。老居民甚至能準確分辨出各教堂不同的鐘聲。[67] 當主日崇拜和彌撒開始時，幾乎每家教會和教堂都座無虛席，顯得擁擠熱鬧；各教堂傳來此起彼落的讚美詩歌聲。嶺上居民自從接受宗教信仰之後，各方面的情況都有了明顯的改善。[68] 昔日居民這樣描述當年教會情況：「禮拜堂晚禱的鐘聲應和著四面氾濫的溪流和海灘晚潮，那不可見的巨靈之掌，遍撫著人們創痛沉重之心，無端地激起了皈依的虔誠，教人心醉，令人神往。」[69]

嶺上宗教氣氛濃厚，在每年平安夜報佳音時段，各分區的石梯間、小巷道隨處可見穿上白袍的教友們，圍攏在一起唱聖詩。嶺上有些孩子從小學開始，就參與教會詩歌班，平安夜晚上就挨家挨戶報佳音。街坊長輩都會慷慨贈送糖果美食，塞滿了這些小天使的口袋。待他們報佳音後返回教會，便是子時。平安夜當晚至凌晨為止，嶺上處處都能聽到陣陣悠揚悅耳的聖誕樂曲。[70]

嶺上還有南普陀寺和普賢佛院，會不定期舉行各自的活動。[71]

46 年以來，教會與調景嶺社區一直休戚與共。從大坪往上走就是宣道會福音堂；往前走約五分鐘在大街右上方為錫安堂；再沿大街前走不遠，斜路上行是路德會聖約翰堂；大街中段有神召會靈恩堂；往前方交叉口右邊為信義會復興堂；然後延伸大街高低坡處為天主教的聖母升天堂；從嶺上第五道橋的半山腰為耶穌末世聖徒教會調景嶺分會。此外還有安息日會和崇真會。嶺上居民身心靈需要獲眾教會長期關顧，他們依靠長流救恩「活水」得以安居樂業和脫離兇惡。

1950 年代，嶺上大批居民接受福音成為信徒。「自 1950 年建營起，至 1955 年為止，可以說是基督教在調景嶺發展的黃金時期。在這五年間，約有二千多人接受天主教信仰，另有約三千多人接受基督教信仰，二者合計共佔全營人口的兩成，這個比例在整個中國近代基督教歷史裏，即使不是絕後，肯定也是空前。」[72] 區內居民如此普遍接受基督宗教信仰，實為精神寄託之需。

據張世傑校長憶述：「按理講，在這種困苦環境中，又沒有生活調劑，大家情緒是很容易急躁的。這要歸功於上帝的恩典，當時有七、八個教會，大家於禮拜天上教堂作禮拜，平常參加查經班、各種團契、英文班等，把大家空閒下來的時間都佔據了。如信義會原在湖北、河南一帶傳教，從那兒來的難民也就喜歡去信義會；天主教在北方有很大的力量，所以北方來的難民高興往那兒去。每個教會都坐滿了人，教友的精神有寄託，心情煩悶時得以抒發，所以很多人在這時候信教，教會非常興盛。」[73]

梁家麟牧師也指出：「調景嶺是一個非常獨特的社區，五十年代是一個非常獨特的時代，在這個時空環境下所建立的也是至為獨特的教會。早期的福音對象都是隻身來港、身無長物的難民。他們一無所有，生活無著，前途茫茫，只要有人關心他們，給予實質的援助，他們便會有積極的回應。適時在他們中間擔任傳教工作的傳教士或華人傳道，正好補足他們所缺乏的。」教會後來因種種原因，包括信徒移居台灣和外國或陸續遷往香港市區、信徒吃教問題，以及教會的上一輩牧者與信徒和年輕一代間的文化差距等，而呈現衰落。「若是上一輩的牧者與信徒拒絕新的文化，反對教會的信息與形式與時俱進，便無法保持對新來者的吸引力，而年輕一輩對古老的教會文化的抗拒肯定是最為嚴重的。」[74]

教會與居民生活息息相關，及時向在異鄉漂泊的難民伸出了援手，為他們提供生活和精神上慰藉。這些難民在人生絕境時，急需依靠信仰力量取代精神空虛和焦慮。至於區內部分教會曇花一現，或是大起大落，相信是當初太著重於派發奶粉等救濟品，而忽略了應以「傳道為主，派發物資為輔」的方式，難免或出現吃教的奶粉信徒。不過，派發救濟品確實拯救了不少難民，受眾從嬰兒到成人均有，同時亦催生了無數人歸信基督。當中更有些信徒考上神學院、修讀神學，成為傳道人。從 1970 年代起，隨著社會經濟逐步改善，政府加強社會福利和經濟援助政策，教會的賑濟事工乃逐漸淡化，不過真正虔誠的教友仍然恆常地參與教會各種聚會。

許多人因為聆聽教會牧師和傳道人講說主耶穌救贖以及永生福音而歸信基督。「調景嶺曾是歷史上全球華人社區中教會增長最高速度的地區，數字令人矚目。」[75] 眾多信徒在面對人生最大厄困時，因教會所傳達神愛世人的福音，得以重新站立，開創新階段人生，失喪的靈魂也得救贖。例如，一位嶺上人這樣憶述當年（1949）調景嶺生活情狀：

> 二十五年以前（1949 年）的數年中，我孤獨的過了一段躲藏的生活，茫茫的逃亡⋯⋯住進難民營，糊火柴盒、繡花、吃難民飯，晚上無油點燈，到教堂去聽道，本是打發長夜的寂寞，因而認識人多了，就可以幫教會做點木工、建築木屋。又能整天的讀聖經學院，教夜校，每月十元；以七元買一張飯票，日領兩餐。餘三元可買膠鞋、牙刷、毛巾及換洗衣物，生活勉強維持，說不上改善。[76]

歷史顯示，教會就是這樣陪伴著一大批難民度過他們人生低谷，他們從信仰中得到平安和盼望，最終能昂首挺胸、穩步前行。梁家麟牧師這樣描述兩者關係：

> 在一定程度上，調景嶺的情況反映二戰結束以來香港教會與社會發展的歷程。調景嶺的教會與其他地區的教會最大的不同處，乃在於特殊的政治環境造就一個特殊的難民社區，使難

> 民社會與難民教會的某些特質，及其所促成的教會盛衰，顯得更為突出與帶戲劇性而已。……以地緣與語言作為群體自我識別的鄉黨地域教會，在六十年代以後經歷較大的發展困難，未嘗不是由於信徒黏合的一個主要因素已告失效所致。[77]

隨著調景嶺清拆，眾教會在不同程度獲得政府給予的拆遷費和賠償金，這對在將軍澳地區重建教會起了關鍵作用。地區雖然改變了，然而人們對宗教的信念始終沒變。今天，我們仍可在新市鎮各個角落目睹昔日調景嶺第一代、第二代和第三代信徒，禮拜天在各堂會望彌撒，參加主日崇拜、主日學以及團契聚會，見證昔日眾教會在嶺上踐行上主囑咐傳揚福音的大使命，牧者們努力播種、耕耘所結下的豐碩葡萄果實。

註釋

1 何世明：《基督教與中國命運》（香港：基督教文藝出版社，1991），頁 1。

2 林治平：《基督教入華百七十年紀念集》（台北：宇宙光出版社，1977），頁 83。

3 邢福增：《香港基督教史研究導論》，頁 14。

4 當中包括自 1938 年以來在陝西傳道的挪威籍宣教士司務道。司務道口述，尚維瑞撰：《陝西羚蹤：司務道自傳之一》（香港：靈實醫院靈實福音佈道團，1983），頁 159。

5 邢福增：《香港基督教史研究導論》，頁 92；司務道口述，尚維瑞撰：《荒原上：司務道自傳之二》（香港：靈實醫院靈實福音佈道團，1985），頁 1。

6 邢福增：《香港基督教史研究導論》，頁 88。

7 戴瑞蘭在瑞典斯德哥爾摩接受護士、助產士訓練。梁家麟：《福音與麵包》，頁 67；邢福增：《香港基督教史研究導論》，頁 88。

8 梁家麟：《福音與麵包》，頁 77。

9 司務道口述，尚維瑞撰：《司務道信心行傳：〈陝西羚蹤〉、〈荒原上〉圖文典藏版》（香港：基督教靈實協會，2021），頁 187。

10 梁家麟：《福音與麵包》，頁 142。

11 王裕凱博士指導，陳勃等著：《香港調景嶺難民營調查報告》，頁 52。

12 邢福增：《香港基督教史研究導論》，頁 95。

13 此外還有一些教會團體在營內設有救濟機構，但未有建立禮拜堂，如中華基督教長老會設立個案工作中心。邢福增：《香港基督教史研究導論》，頁 46。

14 梁家麟：《福音與麵包》，頁 190。

15 王國儀：《調景嶺滄桑五十年》，頁 60–61。

16 梁家麟：《福音與麵包》，頁 88。

17 邢福增：《香港基督教史研究導論》，頁 145。

18 梁家麟：《福音與麵包》，頁 93。

19 據都乾初牧師敘述，宣道會調景嶺堂教友中有三十多人獻身傳道，「每週有兩千以上的成人，七千以上的兒童，藉著這些人聽福音受澆灌」。梁家麟：《福音與麵包》，頁 191。

20 梁家麟：《華人宣道會百年史》（香港：建道神學院，1998），頁 61。

21 每週主日崇拜刊物，香港宣道會北角堂。

22 梁家麟：《福音與麵包》，頁 85。

23 筆者劉義章於 2024 年 3 月 11 日參加由道風山基督教叢林舉辦的城中村教會導賞團，隨領隊余鳳屏牧師和導賞員黃彩蓮牧師探訪位於茶果嶺的香港路德會聖馬可堂，獲鄧國章先生和劉姊妹親切接待。聖馬可堂於 1957 年建堂，1964 年朱長明牧師任負責人，1970 年聖三一堂一班青年到來為附近一帶孩子提供功課輔導，1982 年開始少年團契，1989 年由李志傑牧師接任負責人。1950 到 1960 年代，開辦聖馬可堂學校（鄉村學校）。1970 年代至 2000 年，開辦聖馬可堂幼稚園，後發展為社區中心、開設補習班、託兒服務及青怡中心（戒毒中心辦公室）等。以上資料來源自探訪當日負責人的接待及解說。

24 李日誠：〈教會巡禮：香港路德會起源〉，《基督教週報》（2015 年 7 月 5 日）。李日誠為香港路德會第一副會長。

25 王裕凱博士指導，陳勃等著：《香港調景嶺難民營調查報告》，頁 52。

26 王裕凱博士指導，陳勃等著：《香港調景嶺難民營調查報告》，頁 52。

27 丘恩處牧師 1960 年代末在美深造前後四年間，曾受邀到過二十多個州的路德會教堂講道和報導香港的事工。「差不多每到的教堂，都有香港難民的手工製成品義賣。在包教士家鄉俄亥俄州的克利夫蘭，竟在鬧市有個龐大的香港難民手工製成品公開發賣的店舖。這店舖的女主持人 B. Richards 曾受包教士之邀到香港來，在路德會手工部擔任義工達十數年之久哩。」丘恩處：〈包美達教士與包美達社區中心〉，載陳黃燕霞主編：《仰望雲彩的笑顏——香港路德會的拓荒者：包美達教士紀念集》（香港：香港路德會社會服務處，2019），頁 68–69。

28 賀家路：〈念包美達教士〉，載陳黃燕霞主編：《仰望雲彩的笑顏》，頁 30。

29 陳聖光：〈從至暫變永恆〉，載陳黃燕霞主編：《仰望雲彩的笑顏》，頁 71。

30 李光堯：〈溫柔的人有福了〉，載香港路德會救恩堂：《香港路德會救恩堂建堂銀禧紀念特刊》（香港：香港路德會救恩堂，1978），頁 30–32；陳明正：〈餵養主的小羊〉，載陳黃燕霞主編：《仰望雲彩的笑顏》，頁 67。感謝香港路德會救恩堂教會幹事徐清逸先生提供特刊資料。

31 香港路德會會長戎子由牧師：〈序〉，載陳黃燕霞主編：《仰望雲彩的笑顏》，頁 6。

32 包華特：〈包美達教士生平簡介〉，載陳黃燕霞主編：《仰望雲彩的笑顏》，頁 24–29。

33 劉逸釗：〈一位善良又忠心的僕人〉，載陳黃燕霞主編：《仰望雲彩的笑顏》，頁 8。

34 丘恩處牧師為紀念包教士在香港忙碌的傳道中，仍不遺餘力關顧別人的身體與精神方面福利，於 1976 年底向香港路德會總會執行部提議，將擬議興建的路德會社會服務處總部改名為包美達紀念中心，獲得通過。最後，獲政府免費批出何文田忠孝街 89 號地段，但須以社區中心的形式運作，大樓日後更名為何文田包美達社區中心。此社區中心曾於 1979 年獲得美國路德會婦女支助團（Lutheran Women's Missionary League）撥款八萬美元資助興建。丘恩處：〈包美達教士與包美達社區中心〉，頁 68–69；包華特：〈包美達教士生平簡介〉，頁 24–29。

35 梁家麟：《福音與麵包》，頁 111。

36 可是，並非所有人都適合喝牛奶，「奶是全脂奶，有些人腸胃不合，喝下去之後會拉肚子，但為了要吸取多些營養，也沒有其他選擇，只好繼續每天喝下去」。王國儀：《調景嶺滄桑五十年》，頁 61。

37 梁家麟：《福音與麵包》，頁 114。

38 梁家麟：《福音與麵包》，頁 95。

39 曹淑慧教士是劉民和牧師的母親。劉民和 1951 年底生於香港，家有六兄弟姊妹，其母是調景嶺信義小學教師兼教會傳道人。少年時混跡黑道，自此沉淪毒海長達十年。1977 年在香港晨曦島戒治，戒毒成功後獻身福音戒毒事工。1984 赴台建立基督教晨曦會，現任基督教晨曦會總幹事，堅持服事四十多年。

40 陳國英老師被當地居民稱為主的僕人。

41 劉民和、莫少珍：《永不放棄的愛》，頁 45。

42 蕭克諧：《認識信義宗教會》（香港：道聲出版社，1997），頁 113。

43 梁家麟：《福音與麵包》，頁 181、206。

44 梁家麟：《福音與麵包》，頁 101。

45 王裕凱博士指導，陳勃等著：《香港調景嶺難民營調查報告》，頁 46–47。

46 王裕凱博士指導，陳勃等著：《香港調景嶺難民營調查報告》，頁 49；梁家麟：《福音與麵包》，頁 217。

47 梁家麟：《福音與麵包》，頁 200。

48 基督教香港崇真會原稱基督教巴色會，1847 年由瑞士巴色差會來華宣教士韓山明牧師（Theodor Hamberg）和黎力基牧師（Rudolf Lechler）在香港建立，主要在客家人當中傳福音。1898 年在廣東龍川縣老隆鎮設立會所；1924 年因應基督教中國本色化運動，巴色會改名中華基督教崇真會，翌年於老隆建總會幹事樓。1948 年共有 24 個區會。余偉雄：〈崇真會一百四十年來之工作、影響與展望〉、資料室：〈黎韓二牧年譜與本會百年大事表合編〉，載余偉雄博士主編：《香港崇真會立會一百四十周年紀念特刊》（香港：基督教香港崇真會，1987），頁 55–71、90–97。

49 梁家麟：《福音與麵包》，頁 108–109。當時這家教會位於調景嶺小巴站上面，即今天將軍澳尚德邨尚廉樓附近。

50 梁家麟：《福音與麵包》，頁 120。

51 梁家麟：《福音與麵包》，頁 122–124。

52 梁家麟：《福音與麵包》，頁 125。

53 一位教徒指出，摩門教聚會的氣氛比較具時代感：「他們舉辦補習班，教英語，組織學習小組，又安排如烤肉、旅行等活動，頗能吸引年輕人參加。」梁家麟：《福音與麵包》，頁 224。

54 梁家麟：《福音與麵包》，頁 224。

55 本書有關基督教兒童福利會的描述，主要參考梁家麟：《福音與麵包》，頁 93–94。

56 "Rising to the challenge of children's needs in a changing world: Helping children in vulnerable circumstances has always been at our heart, although how we do it has changed over time. What's been consistent is our desire to ever improve how we make an impact—and we've fostered a spirit of learning and growth from the beginning, first as China's Children Fund, then as Christian Children's Fund and now as ChildFund International. Here's where we've been and where we're going." Quoted from "History," ChildFund, https://www.childfund.org/about-us/who-we-are/history/, accessed 7 March 2024；陳振威：〈孤兒之父微勞士牧師〉，《傳書雙月刊》，第 7 卷第 2 期（1999 年 4 月），https://www.ccmhk.org.hk/history/Common/Reader/News/ShowNews2498.html?Nid=3489&Pid=16&Version=38&Cid=37&Charset=big5_hkscs，瀏覽日期：2024 年 3 月 7 日。

57 劉紹麟：《解碼香港基督教與社會脈絡：香港教會與社會的宏觀互動》（香港：基督教文藝出版社，2018），頁 176。

58 劉紹麟：《解碼香港基督教與社會脈絡》，頁 93–94。此外，將軍澳區醫援會也向接受兒童福利會救助的兒童捐贈牛奶等物資。

59 計超：《荒原上的遺民》，頁 206。香港學生輔助會：《一切為孩子：香港學生輔助會五十週年圖文集》（香港：香港學生輔助會，2007），頁 20。

60 乃紀念一位名為馬可的少年。香港學生輔助會：《一切為孩子》，頁 44。

61 院舍為騰出土地以興建公務員學院，已於 2022 年 8 月暫遷至九龍黃大仙竹園沙田坳道 112 號，日後將遷至位於九龍東鯉魚門地區新址。

62 計超：《荒原上的遺民》，頁 172、178–179。

63 後來隨著學童人數增加，調景嶺學生輔助社宿舍擴展到九龍觀塘和新界大嶼山。計超：《荒原上的遺民》，頁 185。

64 戴牧師伉儷 1975 年退休後返回英國，繼續服事教會。

65 計超：《荒原上的遺民》，頁 190。

66 計超：《荒原上的遺民》，頁 202；《成報》，1993 年 1 月 26 日。

67 梁家麟：《福音與麵包》，頁 203。

68 港九各界救濟調景嶺難民委員會：《香港調景嶺營難民概況》，頁 8。

69 趙滋蕃：《趙滋蕃自選集》，頁 32。

70 宣道會嶺恩堂：《奇異恩典：基督教宣道會調景嶺新堂 60 週年堂慶紀念特刊》（香港：宣道會嶺恩堂，2010），頁 25。

71 普賢佛院位於「二區往碉堡處之路邊」；南普陀寺位於「調景嶺營之西北角，在五區水坑之左邊山坳上」。王裕凱博士指導，陳勃等著：《香港調景嶺難民營調查報告》，頁 46。

72 梁家麟：《福音與麵包》，頁 199。

73 〈張世傑先生訪談錄〉，載胡春惠主訪，李谷城、陳慧麗記錄整理：《香港調景嶺營的誕生與消失》，頁 77。

74 梁家麟：《福音與麵包》，頁 221、224–225。

75 梁家麟：《福音與麵包》，頁 205、210。

76 李光堯：〈主所賜給我的都是從主那裏來的〉，載香港路德會救恩堂：《香港路德會救恩堂建堂銀禧紀念特刊》，頁 90。

77 梁家麟：《福音與麵包》，頁 225。

05

弦歌不輟響遍山

1950 年代的香港，大量難民湧至，經濟低迷且百業蕭條，摩星嶺難民被安置在調景嶺荒原上，而這難民營社區竟然創建了三所成立迄今都超過 70 年的中學，堪稱奇葩！據 1960 年統計顯示，嶺上學生人數（包括從嶺外入讀的寄宿生）約佔全營人口三分之一，可見當時育人事業極為發達，學校密度比例之高創香港教育奇跡。

嶺上教育發達的原因有四。其一是居民抱有崇高目標。居民中不乏前政、軍、教界等公職人員或飽受教育之士，他們樂見青少年和孩童能有機會接受教育，在獲悉開辦學校的消息時，立即響應呼籲，出任義務教師。「延攬營內熱心教育之難胞，擔任教職工作，除領取本身之一份飯餐外，別無待遇。」[1]

其二是各教會支持辦學。例如信義會顧永榮牧師早於 1950 年在摩星嶺創辦香港難童義務學校，後來這家學校隨難民遷到調景嶺；天主教曹立珊神父開辦鳴遠義務小學。他們的辦學精神得到當地教會和教友支持，集腋成裘，於是學校從無到有、從葵棚到木房子，最後發展到石屋和鋼筋水泥校舍。學校就是這樣以不同模式，一所接一所地興辦起來。

其三是來自台灣當局方面的支持。難民營從設立開始即獲台灣當局支援，救助經費全由救總辦理。1950 年冬季起，救總每年撥發專款資助調景嶺教育事業，此後赴台升讀大學者眾，澤被廣及嶺外無數學子。

最後是大量營外學童前來就學，使當地教育事業發達，弦歌不輟。由於調景嶺所有學校基本都屬義務性質，不單學費、雜費全免（僅收取象徵式學費），同時還免費提供課本；大部分學校附設學生宿舍，食宿費用低廉。所以香港的貧苦家庭都樂意把子女送到調景嶺接受教育。嶺外學生分別來自港島筲箕灣、柴灣和西環；九龍觀塘、黃大仙、石硤尾和鯉魚門；新界荃灣、元朗、粉嶺、馬鞍山；以及離島南丫島等地。據 1960 年統計，嶺上學生人數合共三千餘人，其中寄宿生高達兩千名，約佔三分之二。[2]

各教會和救總對調景嶺各方面發展起了不可估量的作用，在教育方面尤為顯著，令這偏遠一隅成為香港教育重鎮之一。1950 年 4 月 4 日救總在台北成立，宗旨是「激發社會同情，而且以同胞愛發揚民族精神，以救濟團結反共力量為己任」，[3] 主要工作是救助一些流亡到海外和港澳地區的窮困同胞。香港政府社會局於 1950 至 1952 年間管理難民營時，救總只能透過救委會低調地進行賑濟，後來正式參與調景嶺營事務，主要職責仍在救濟和教育工作。

1950 年 9 月，嶺上各中、小學陸續興辦，教育事業漸漸成為調景嶺營的重要任務。由 1950 年調景嶺營出版的《營報》創刊號對營中兒童人數的統計紀錄，可大致窺見區內 1950 年代的學校教育情況：當時營內有 798 名小童，男童 336 人，女童 462 人；當中 520 人為學生，男生有 324 人，女生 196 人。他們主要分佈於三間學校：調景嶺兒童學校有教師 28 人，學生 152 人；信義小學有教師 9 至 10 人，學生 185 人；鳴遠小學有教師 12 人，學生 128 人。[4]

當時嶺上學校大都免收學費，書本又由香港集成書局免費提供，寄宿學生只需繳交住宿及膳食費。除了有學校提供宿舍，亦有

鳴遠學校 1951 年獲得捐款後即蓋建木板房子，曹立珊神父從旁監工。

1957 年鳴遠學生在山坡上大合照，可瞥見全營上下為辦學克服萬難的決心。

學生寄宿於嶺上居民所辦的私人學生宿舍。大量嶺外寄宿生日常衣食住行等各種消費，間接帶動了調景嶺的整體經濟發展。

累計多年來從全港各個地區前來調景嶺讀書的學生，估計總數不少於 15 萬人，[5] 調景嶺基本上分擔了香港社會的教育重責。調景嶺前後 46 年間，總共開辦了五所中學、八所小學和三所幼稚園，按人口、土地面積和學校數量比例之高，遠勝全港各個地區，因而讓調景嶺贏得「文化城」的美譽。[6] 以下我們試從社區 46 年來（1950–1996）成千上萬青少年在此讀書的經歷，來端詳嶺上教育事業發展歷程。

嶺上學校巡禮

慕德中學 [7]

宗教信仰能為人們於經受顛沛流離後的破碎心靈，帶來平靜與安慰。[8] 1950 年前後，從大陸抵港的西教士適時向難民廣傳福音，同時也為流離失所的成年人和青少年學生提供適切服務和教育，盡量從心理上安撫他們。[9] 最早在摩星嶺辦學的顧永榮牧師能說一口流利國語，對中國四書五經等古典經籍頗有造詣。[10] 顧牧師深感只有通過學校教育，才能使人接受知識，踐行上帝真理，以此服務社會、造福人群。慕德中學的發展可分為三個時期：

（1）開創時期：1950 至 1951 年

信義會挪威豫鄂陝差會創辦人顧永榮牧師一貫非常重視教育事工。顧牧師 1920 年在湖北省老河口創辦了育英中學暨職業訓練學校、培德女子中學。1950 年抵港後，他目睹一大批少年兒童流落街頭，決定在摩星嶺興辦學校，為他們提供教育。[11] 當時南開大學學生高尚武亦積極提供辦學方案，並募到一美元作為辦校經費，用來購買一些蘋果小木箱，將之改裝成書桌和櫈子；又向書局募集文具和書本以供學生使用。[12] 顧牧師向當局商借了一間破舊無窗的軍營作教室，香港難童義務學校就在 1950 年 4 月 4 日成立（後來成為學校的校慶日），錄取了 45 名難童，並聘用幾位難民為教師，顧牧師擔任校長。學校為摩星嶺實施免費教育的先河。

香港難童義務學校兩個月後隨同難民們一道遷往調景嶺，顧牧師以難民營中段山坡為校址，帶領全校師生一起開闢荒地、搬石挖土，夷平山坡以蓋搭校舍。在信義差會幫助下，初步建成一所簡單草棚校舍，先辦小學部，學生人數增至約二百人。[13] 隨著學生人數增加，顧牧師經常長途跋涉前往市區籌募經費。得道多助，學校逐步獲得社會各界認同，得以穩定發展。顧永榮堪稱學校生父和褓母，「其捨己為群之基督精神，雖武訓不為過也」。[14] 他的辦學理念和精神亦獲國際讚許。1954 年 5 月，聯合國難民事務署高級專員公署香港難民調查團訪港，團長韓愛華博士（Edvard Hambro）在視察該校時，高度評價他為營中孩子提供教育，表示深受顧牧師「刻苦辦學的遠大抱負、殫精竭慮的忘我犧牲精神」所感動。[15] 其後小學部（信義小學）遷到調景嶺村第八區 335 號；禮拜堂設於校務處上層，下層房間用作教師辦公室，課室則分佈於校園四周，中間為長方形操場。[16]

1951 年 2 月，張世傑先生加入教師團隊，半年後接任校長職務，由顧牧師擔任校監；學校經費由挪威匯款而來。同年 9 月 1 日學校增設中學部，命名為「信義中學」，同時向台灣教育部門申請立案。張校長任內加強教師隊伍，延攬多位大學同學和校友、資深教師加入團隊，師資頗具水準。[17]

1953 年，信義中學全體師生一起開荒挖土、建設校園。

（2）成長時期：1952 年秋至 1988 年

信義中學校址在調景嶺村第七區 8 至 9 號，位置相當於今日將軍澳調景嶺區健明邨明月樓一帶。葵棚校舍其後逐漸代以木板課室。張世傑 1953 年底移居台灣，校長一職由周繼殷先生接任；[18] 同年信義中學增辦高中部，並於小學部開設幼稚園。由於學校師資良好、教學認真，全校讀書風氣很盛。學生用功讀書，在嶺上甚至全港校際作文、演講等學藝比賽中屢奪冠軍等殊榮。

1956 年初，顧牧師退休返回挪威，由在河南出生的挪威籍鄭錫安牧師接任校監，並於同年 8 月兼任校長。早在學校開創時期，顧、鄭兩位牧師已四出奔走募捐，張校長和周校長任內均精心辦學，蓋在山坡中段的石房子校舍於 1957 年落成，翌年中學部遷到新校舍，從此和小學部分開辦學。1960 年，信義中學獲挪威政府救濟難民協會捐贈 20 萬港元，用作校舍擴建。1961 年，校舍重建為鋼筋

信義中學初中班學生獲籃球賽冠軍

水泥新樓房，同年 10 月聘請曾任教該校的楊遠老師為校長。為紀念挪威王后慕德（Queen Maud），學校命名為慕德中學。

翌年，一棟設有 12 間教室的教學大樓落成，巍峨屹立於調景嶺半山之上，面向海灣，頗具氣勢；與教學大樓相連的下方，為嶺上面積最大足球場，[19] 兩者中間長方形平台牆壁上書寫校訓「信義仁愛」四個大字。球場側邊蓋了飯堂，為寄宿生提供膳食。學校正門顏以校名：慕德中學；左右有一幅對聯，右聯：慕由一心寶典羔羊傳聖訓；左聯：德成四育學風白鹿紹遺徽。這幅對聯如今保存在港澳信義會慕德中學校園內。

慕德中學為了學生畢業後升學和工作著想，於 1960 年向香港教育司署申請註冊，兩年後獲准；從此，學校畢業生學歷同時獲台

攝於 1992 年的慕德中學正門

1966 年落成的慕德中學教堂

灣、香港兩地政府承認。慕德中學是調景嶺最早實行升學雙軌制的學校，1950 年代保送畢業生前往台灣升學；1963 年開始參加中學會考。這樣，畢業生便可選擇在港、台兩地升讀大學。

1963 年，畢業生開始參加香港中文中學會考及香港中文大學入學試，成績令人滿意。經過十多年奮鬥，慕德中學已經走上軌道，校務發展蒸蒸日上。

1966 年春天，慕德中學新校舍大操場旁建了一所宏偉的禮拜堂，教堂正門上豎立著十字架，並鐫刻兩個大字：「成了」，紀念主耶穌降世為人，完成上帝拯救世人的計劃。禮拜堂實用面積四千平方呎，可容納八百多人。信義中學初期以「親愛精誠」為校訓，這原是黃埔軍校校訓；後來校方把校訓改為「信義仁愛」。

鄭創豐校長（1973–1986 年在任）上任後，學校招生範圍擴至油塘、藍田、觀塘和秀茂坪等鄰近地區；學生人數增至約 760 人，教師亦由十多位增加到至五十多位。當時學校為了安排接送區外學生，租用了 11 輛大巴士（每輛可載四十多人）。多年來，鄭錫安牧師曾多番向香港教育司署申請學校成為津貼中學，由於慕德中學位於調景嶺範圍內，當局認為其有一定政治色彩而不批准。1975 年學校再向教育司署申請並獲准，先後於 1978 年、1980 年獲准成為私立受助、津貼中學。1980 年起，學校辦學團體挪威豫鄂陝信義會改名為港澳信義會。[20]

（3）1988 至 1998 年的發展

在前人努力耕耘和灌溉下，慕德中學持續發展，這時期學校總體情況可用「與時俱進」來概括。1990 年左右，調景嶺面臨遷拆，慕德中學決定搬到將軍澳。丘日謙校長（1988–2001 年在任）把握這個契機，為學校的未來發展作了周詳規劃，讓學校的軟硬件都同時配合，揭開了慕德中學蛻變的序幕。

「硬件」方面，從 1990 年起逐漸把電腦科技套用到各科教學上。除了設電腦科教導學生外，教師們也開始運用電腦備課和撰寫課堂講義。1993 年學校遷至將軍澳厚德邨第三期新校舍後，翌年首先在英文科引進光碟輔助教學，1998 年校內全部電腦已經更新互聯網，學生可以上網尋找各種資訊。慕德中學自此改變了昔日學校和教師向學生傳授知識的傳統角色，轉而朝著「尚學人士匯聚交流的地方」的方向發展，老師的角色亦由「一個知識傳授者，逐漸轉為知識啟導者」。慕德中學默默地進行著一場「教育革命」，強調學生主動學習和尋求知識，不再只是被動地從教師身上接收知識。

「軟件」方面，學校強調「人本教育」，著重「教人」而不單只是「教書」。學校要求教師「除了對本科的認識外，更要有額外的

今日坐落於將軍澳厚德邨的港澳信義會慕德中學

愛心、耐心和遠見」。[21] 為了令學生能愉快地學習，學校在初中階段實施「創意教學模式」。學校參考外國課程設計以提高學生對學習的興趣，例如把社會科的內容和學生的生活聯繫起來，讓他們把課室所學到的知識與國家、本地史地和時事知識扣連，從而對有關課題產生共鳴。[22] 此外，學校把電腦認知課程融入綜合科學內，即同時教導電腦知識和科技資訊。

由於「創意教學模式」行之有效，學生學習氣氛濃厚而富生氣。學校還舉辦「教師分組研習活動」，讓教師們研討學校發展與教學的課題。校長和教師曾兩度到中國內地的中學作實地考察，又和當地教師交流教學經驗和心得。[23] 可以說，一個高學歷，充滿愛心、耐心以及教學熱心的教師團隊，始終是慕德中學賴以成功的「軟件」。[24] 該校在 1993 年遷往將軍澳厚德邨，改校名為港澳信義會慕德中學。

鳴遠中學

鳴遠學校是由曹立珊神父創立的一所天主教學校，學校以紀念德高望重的雷鳴遠神父而命名。1928 年，雷鳴遠神父在河北省創立耀漢小兄弟會。曹神父 17 歲加入耀漢小兄弟會，成為天主教修士；1940 年雷神父去世後，曹神父繼任耀漢小兄弟會會長。[25] 1950 年，應天主教香港區主教恩理覺（Monsignor Henry Valtorta）邀請，曹神父帶領耀漢小兄弟會幾位成員翻山越嶺來到調景嶺。他在社區西南端山腰開闢一塊平地，臨時搭建一個草棚以作聖堂和救濟用途。

曹神父見嶺上許多兒童整天四處流連、無所事事，於是決定開辦一所學校。1950 年秋，他在天主教香港教區支持下，創辦了鳴遠義務小學，翌年增設初中部，於是校名改為調景嶺天主教私立鳴遠中學。1953 年，此校正式命名為香港調景嶺鳴遠中學，校訓為「禮義廉恥」。[26] 中、小學部分別位於調景嶺村第十一區 198 號（今將軍澳調景嶺區勤學里位置）和第十區 84 號（今將軍澳調景嶺區嶺光街優才書院和香島中學之間）。在學校創始時期，該校師生動手搭蓋簡陋的葵棚和帆布棚作臨時校舍，1951 年又重新蓋建成一座木板大樓和一個球場，大樓上、下層分別用作聖堂和四間課室；翌年擴建校長室、辦公室等四間樓房，後來建成宏偉新型的教學大樓。鳴遠學校的發展可分為三個時期：

（1）草創時期：1950 至 1951 年

1950 年 9 月 15 日，學校開始正式上課，每級一班，共有小學生 64 人。曹神父得到香港教區十位善長按月各捐助十元港幣，合共一百元用作學校經費。四位義務教師席地授課，學生所需書籍與文具由學校免費供應。白天上課，而到了傍晚，師生們與修士一起合力開山整地，以擴充學校操場和搭建教堂。

（2）正規時期：1951 至 1964 年

1951 年春，美國史培爾曼樞機主教前往調景嶺視察，並捐贈二千美元興建聖堂和校舍。同年 9 月建成一座兩層大木板房子，上層是聖堂，下層有一間教室。自此學校日趨正規，各級學生得以分班授課。學校更名為調景嶺天主堂私立鳴遠學校。1953 年隨著第一屆初中學生畢業，學校乃開辦高中，隨後又開辦幼稚園。[27] 同年 12 月 6 日，學校獲台灣僑務委員會頒發立案證書，更名調景嶺鳴遠中學，並定該日為校慶日。

1954 年，曹神父離港赴台，籌備復建耀漢小兄弟會會院，由裴效遠神父接掌校務兼負責派發救濟品。隨著學校規模和教師團隊日益擴充、增加，學校從 1951 年起酌予教職人員生活津貼；1959 年 8 月學校由天主教聖母聖心會接辦。1960 年開始向中小學生酌收低廉學費，以補貼學校財務，高中、初中、小學學費分別為十元、八元和五元。曹神父秉承雷神父「全犧牲、真愛人、常喜樂」的修身格言，一直深深影響著校內全體神職人員與師生。鳴遠學校得到天主

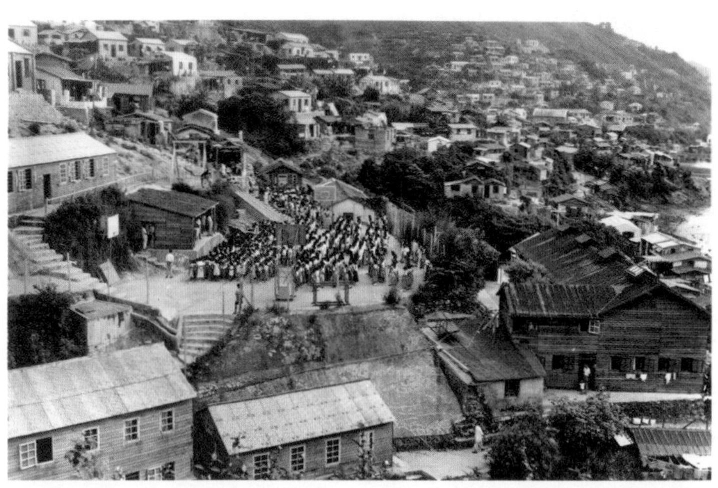

鳴遠學校早期的木屋校舍與操場

第五任鳴遠中學校長雷震東神父

教香港教區大力支持，辦學經費較充裕，因此早期每名學生還獲分發一套新校服，為嶺上所有學校中獨有。[28]

（3）穩步發展時期：1965 至 1993 年

裴效遠神父及歷任校長們承先啟後開展校務，由全體師生自力開闢十字架山旁的寬敞操場。1964 年颱風「露比」襲港，木板教室幾乎盡毀，學生無法上課。校長何德光神父（Willy Hertecant）多方奔走籌備經費重建校舍。翌年 8 月，新校舍落成，原址建成一座大樓，作為小學、幼稚園教室，另在十字架山腰興建大樓作為中學部教室、理化實驗室和圖書館。與此同時，中小學部和幼稚園分別各聘校長主理校務，行政各自獨立。同年，中學部獲香港教育司署批准註冊，應屆畢業生可以參加香港中文中學會考；至此，鳴遠畢業生亦可以選擇赴台或留港升學。鳴遠創校之初即主要以國語為授課語言，因此學生畢業赴台升學並無語言隔閡問題。1967 年，中學部成為私立資助學校；1978 年正式改制成為香港教育司署津貼中學，全面接受資助。

隨著鳴遠中學逐步發展，至 1970 年合共有 1,600 多名學生，人數為區內各校之冠。時任副校長常榮德這樣總結鳴遠 20 年的成長路：

> 鳴遠學校自創辦以來，由葵棚變為木屋，由木屋變為石屋，由石屋變為今日之軒偉大樓。但在最初十五年間，大部分學生都在木質教室上課，夏季驕陽蒸曬，揮汗如雨。冬天北風刺骨，冷風逼人；師生教學，受盡艱辛。今突然教學大樓落成，軒敞壯麗，規模宏開，包括校長室、辦公室、課室、實驗室、圖書室、儀器室、會議室，以及合作社、風雨操場等，應

有盡有，無所不備。全校師生，初來此間上課，精神振奮，氣象為之一新。而現址位居半山，氣勢宏偉；遠離市區，環境幽靜，絕無嘈雜喧囂之聲音。四周雜花美樹，環列交蔭，風光旖旎，啟人靈性，尤為青年讀書的勝地。本校遷來僅五十天，至 10 月 22 日即蒙香港教育司署批准註冊，12 月復奉准參加翌

鳴遠中學與其女生宿舍建成了牢固的大樓

陸安德修女（Victoire Breakers）在鳴遠中學教授高中班英語課

年中文中學會考。回憶本校創校十有五年，以房舍簡陋，設備不全，未獲本港教育當局之承認，影響畢業生升學及就業的機會，耿耿於懷，已有數載。至此得以解決，如釋重負，不勝欣慰。[29]

學校資深教師雷伯昌撰文介紹鳴遠中學校風四個特色：（一）刻苦勤學：學生家境雖貧苦，但大都專心修業，很多畢業生都能順利赴台升讀大學；（二）敬師愛友；（三）勤勞服務：上自校長、下至學生和職工，都把學校事情看作分內之事；（四）愛國精神：培養學生愛國精神是每所僑校包括鳴遠的教育目標之一，學校每天清早都會舉行升旗禮。[30]

鳴遠中學在調景嶺清拆前已遷往將軍澳厚德邨，易名為天主教鳴遠中學，由鄧永生校長繼續執掌校政。聖母聖心會在將軍澳另創景林天主教小學（1999 年再分辦為將軍澳天主教小學），原鳴遠小學則營運至 1993 年停辦。[31] 鳴遠幼稚園則搬至景林邨，校名改為景林天主教幼稚園（至 2004 年停辦）。

學校的辦學宗旨一如既往，是要使學生認識自己和體驗現實生活，在德、智、體、群、美五育方面有均衡發展，從而達成做人的使命。學校一貫本著愛人如己的精神，照顧社會弱勢人士；教導學生活出天主的慈愛，真正實踐雷鳴遠神父「全犧牲、真愛人、常喜樂」精神。學校以母語教學，發展學生思考、傳意、討論、解決問題的能力，並以弘揚中國文化為己任。

1992 年是曹神父的 80 歲生辰，鳴遠校友從世界各地紛紛赴台為其賀壽；同時撰文追述當年在母校學習、生活的經歷，集結出版文集《春風四十年》。鳴遠中學自建校七十多年以來，歷屆學生秉承校訓「禮義廉恥」，除了五育，亦在「靈」育上有良好進展，在

何德光神父為鳴遠創校以來任期最長的校監

天主教鳴遠中學現位於將軍澳厚德邨的校舍

知識和行為等方面也不斷進步，從而建立了美好人生的踏實基石。根據該文集介紹，不少鳴遠校友已成社會各行各業翹楚，分別在教育、醫療、法律、新聞、商業和軍政等界別貢獻一己之長。[32]

調景嶺中學

調景嶺中學位於大坪海邊。1950 年 11 月，調景嶺兒童學校獲港府批准在大坪開辦，校長一職由社會局駐營辦事處副主任談文煥女士兼任；1953 年學校增設中學部，改名為香港政府社會局調景嶺營中學。1955 年開始由港九救委會接辦，救總按月匯撥經費，成為營內提供免費教育的學校之一，校名亦改為香港調景嶺中學（簡稱嶺中）。1957 年增設高中部。1966 年 9 月起由救總直接主辦，[33] 學校一切經費資源全部由救總直接提供；學生書本也由學校免費供應。中

1957 年，嶺上學校的中、小學生參加大坪雙十紀念。

1993 年，嶺中學生出席大坪雙十紀念。

學部學生除了學習一般課程之外，還需要上一門公民課，內容包括現代國民應具備的素質和三民主義學說。[34]

嶺中教育理想是「為國家培育人才，發揚中華文化」，校訓「禮義廉恥」，旨在培育學生「勤懇、堅毅、誠實、純樸」的優秀品格。學校為加深培養學生正直的社會道德觀念和行為，還把「青年十二守則」鑲刻在學校正門一座大玻璃鏡上和標示於二樓大禮堂內。十二守則為：

一、忠勇為愛國之本；二、孝順為齊家之本；三、仁愛為接物之本；四、信義為立業之本；五、和平為處世之本；六、禮節為治事之本；七、服從為負責之本；八、勤儉為服務之本；九、整潔為強身之本；十、助人為快樂之本；十一、學問為濟世之本；十二、有恆為成功之本。

嶺中與調景嶺其他學校一樣，完全用國語授課。嶺中操場一直是區內「地標」，歷來是全區舉行大型活動的場所。嶺中辦學最大特色為台灣救總在香港的一所私立義務學校，並無接受港府任何資助。學校課程則兼顧本港學制和畢業生前赴台灣升讀大學之需。從 1960 年起，學校每年保送高中畢業生赴台升讀大學。1969 年中五畢業生開始參加香港中學會考；1976 年中六畢業生首次參加香港中文大學入學考試。

如今嶺中已經停辦，其辦學理想由景嶺書院繼承；重新辦校的過程頗為曲折。港府於 1991 年夏季宣佈拆遷包括嶺中在內的全區所有房屋，校長張世傑遂與教育署交涉，希望能在原地建校以便繼續辦學，或安置嶺中學生轉校，以及支付所有教職員的薪酬。[35] 教育署僅回覆將對學校合理賠償，並安排學生轉往區內其他學校就讀；至於校址原地，港府另有用途，如要繼續辦學，可向政府申請撥地，當會優先考慮。

由於嶺中是私立學校，所以無法予以安置。嶺中校監余鑑明為此呼籲社會各方支持，又與港府直接交涉，奔走一年有餘，1992 年初獲批將軍澳新校地，惟建校經費需自理。余鑑明為此奔走港台兩地。同年 8 月 25 日成立由救總支持的景嶺文化教育基金會，由余鑑明校監擔任主席、張世傑校長為執行秘書。基金會開始著手籌辦一所新學校。

新校命名為景嶺書院，首任校長為許耀賜。景嶺書院於 1994 年 9 月開校，校舍興建期間借用港澳信義會小學上課。翌年，校舍落成，地址是將軍澳林盛路 1 號，巍峨校舍矗立於將軍澳茅湖仔半山上，四周環境幽靜。[36] 全校佔地 11 萬平方呎，空間寬敞，備有各樣先進教學設施和器材，「書院設有游泳池、電梯（升降機）。房頂要比一般中學高些，走廊要寬些，一切設備也都是最好的」。[37]

雄踞將軍澳寶琳北路半山上的景嶺書院

關於嶺中與景嶺書院的淵源，見景嶺書院創校十週年時擔任校監的余啟繁追述：「先父（余鑑明）籌組景嶺教育文化基金會，開創景嶺書院，以延伸調景嶺中學的優良傳統和辦學精神。」[38] 有別於昔日嶺中，景嶺書院為香港教育局轄下一所津貼中學。回顧四十多年嶺中的發展，可以分作以下三個時期：

（1）初辦時期：1950 至 1962 年

1950 年 11 月駐營辦公處開辦調景嶺營兒童學校，當時「全校有學童 252 人，分初小四班，高校二班，初中部一、二年級兩班。校長以下設立總務、教務兩組，教師 28 人，都是營中具有教育經驗的居民。他們沒有任何待遇和福利，教育兒童是他們的天職」。[39] 該校先以大坪的木屋為校舍；1953 年秋增設初中部，更名為香港政府社會局調景嶺營中學；1955年起由救委會接辦，改稱香港調景嶺中學，兩年後增設高中部。在當局和各機構大力資助下奠定基礎，後來逐漸發展成有幼稚園、小學、初中和高中部的「一條龍」學校；並且先後在台灣和香港教育部門註冊，使該校畢業生的學歷獲得兩地政府承認。

（2）全盛時期：1963至1978年

1962年夏，嶺中的校舍遭到颱風「溫黛」摧毀，師生及時投入搶修行列，校務及教學工作才不致中斷。救總迅即撥款興建一座鋼筋水泥兩層校舍，1964年8月落成，共有24間課室，另有寬敞的禮堂、圖書室、理化生物實驗室、校長室和教職員辦公室等。同年9月中學部改為五年制，高中三年級則改為大學預科班以配合香港新學制。為了因應學生人數增加，嶺中擴充中學部為雙班制。此後由於學生人數不斷增加，中、小學部多個年級先後擴充為雙班或三班。1974年9月又額外開辦商科班，並保送了三屆商科班畢業生赴台升讀五年制專科學校。

至此，嶺中除了提供傳統中、小學文法課程外，還增添職業先修訓練課程。其間陸續添置中、英文打字機、圖書和實驗室儀器，以及進行第二期擴建校舍工程。1972年建成樓高三層的新校舍一座，用作打字教學、電視課室和師生宿舍；1976年於其上加蓋一層樓。從教師團隊、學生人數、校舍設施等方面而言，堪稱嶺中的全盛時期。

（3）穩步發展時期：1978至1993年

1978年港府推行九年義務教育。嶺中為貫徹獨立辦學的宗旨，決定維持私立學校性質，因而不列入教育司署全港中學一年級的學校分配網內。由於學生來源顯著減少，學生人數相應遞減，各個年級縮小為單班。其間學校因應社會需要，先後於 1979 及 1983 年增設中學英文部和職業選修課程。沈亦珍博士於 1981 年 10 月出任董事長兼校監，提出以「培養優良校風、提高學業水準」為辦學目標，並以「教學與訓導並重、升學與就業並重、文科與理科並重、中文與英文並重」四項原則為具體教學方向，從而貫徹嶺中為國育才的精神。[40]

1983 年，張世傑從台灣回到香港應聘擔任嶺中的校長。張校長以身作則，鼓勵學生勤奮學習，同時關懷學生的身體、品德、讀書，要求他們重視秩序和禮貌。他憶述：

> 每天早晨，我站在校門口，學生進校門一定要向我行禮，我也一定回禮。……總之，辦教育一定要付出耐心及愛心。……畢業生在會考前及大專聯考前的那段時間，我每天分別打電話到學生家裏，問他們有沒有在讀書？對住校生，我每天比他們早起叫他們起床。考試前一再告訴他們要注意些什麼？考試那天我把他們一直送到校門口，就像送自己的孩子出門考試。[41]

蔚藍海洋旁邊的調景嶺中學

嶺中的辦學一直堅持到 1993 年 9 月，因港府清拆調景嶺村而先後停辦中、小學部。辦學 43 年期間（1950–1993），嶺中曾先後新增各班級數目、開設職業先修課程班，使畢業生學歷同獲港、台兩地大專學院認可。儘管多年來經歷人事更替，先後由 14 任校長主持校務，然而在歷任校長和教師悉心培育下，嶺中桃李滿天下，今天身處世界各地的嶺中校友，在各自崗位上貢獻所長，發光發熱，造福人群。昔日位於海濱旁的嶺中，今已蛻變成為茅湖仔半山的景嶺書院。如今景嶺書院接受了時代的新挑戰，以嶄新面貌承傳嶺中的優良教育精神，同時亦會以「德、智、群、體、美」五育為教育目標，繼續培育更多優秀人才，與時並進。

以上三所中學，自難民營時期起，直至調景嶺全區清拆並遷往新校舍，薪火持續相傳，多年來孕育成千上萬的青葱學子，如今他們都學有所成，為社會和世界貢獻各自所長。

觀音學校[42]

調景嶺從海濱一直到山巔可謂學校林立，無負「文化城」之名。1957 年 4 月，大光法師參觀調景嶺營後，發起在五桂山東南部和照鏡山東南面之間的小山坡上建造觀音廟。1959 年春，南普陀寺正殿（大雄寶殿）完成興建，由南普陀寺創辦的佛教觀音學校同年秋開課，[43] 學校分別由王元令居士和劉子固先生擔任校監、校長。學校雖然位處調景嶺偏僻一隅，卻為嶺上人徒步往返觀塘必經之地。學校附近居住有數戶人家，多以務農種菜為生。

學校開設小一至小六和中學一年級。學校師資優良：戴學文先生（畢業於湖南長沙師範學院）任教高年級國文和歷史兼教務主任；王承禮老師（畢業於金陵女子大學）任教中學部物理和數學；另一位王老師（畢業於聖約翰大學）任教英文；一位英文教師畢業於位於清水灣道的德望學校，任教了兩年；鍾老師任教音樂；衛老師和曹老師任教美術；王家齊老師任教低年級（小三、四年級）國文和歷史。[44]

學生除了接受一般學校的正規教育之外，每週還需修讀由王元令校監任教的佛學基礎課程（阿育王）兩小時，讓學生從小認識佛學。[45] 學校創辦初期有小學生 22 名，全盛時期（1964–1965）有學生 200 名，其中住宿生約 50 至 60 名，包括 12 位女宿生。學校附近有小山溪作為水源，學校築大悲池以儲水供全校師生飲用、煮飯和洗濯衣服。學校為住宿生提供早、午和晚餐，酌收食宿費。[46]

學校校舍主建築為大雄寶殿，即正殿。正殿為獨立建築，中央有觀音像（人在觀音像前下跪時，視線即觸及像前下垂布帷，當中繡有橫向「正大光明」四字），其左側長方形空間是教務處和教員休息處，教務處左方有前後相連二房間，分別是校監王元令居士的居室和低年級女生宿舍。觀音像右側之開放空間為小五年級課室，課室右方有一長方形房間，為教務主任居室。正殿左方的長形房屋，分成三間教室；其左後方有獨立男生宿舍。宿舍前方有空地，空地左側有舍監室，前面緊連小三年級課室。課室前方之小空地有梯級通往位於下方的男、女廁所。正殿右方之獨立長形房屋有三室，前室為小四年級課室，居中者為高年級女生宿舍，居後者為廚房。廚房右方有門連接飯棚，飯棚後方是大悲池。大雄寶殿正前方是操場和升旗杆所在。[47]

由於校舍地方廣闊，每逢農曆初一、十五以及人們家裏有紅白事時，不少善男信女都會前來大雄寶殿參拜觀音像、祈福和還願。每逢農曆二月十九日觀音誕，廟堂會把香港佛教協會贈送的舊衣物派發予鄰近居民。學校後因欠缺經費而於 1966 年秋後停辦。[48]

逸仙中學

逸仙中學以革命先行者孫中山字號命名，建於社區大街中段臨近海旁地段，為一所私立中學。1959 年，由前國軍某高級將領為紀念國父孫中山全力資助，以嶺上廣東同鄉會名義創辦。學校董事長為馮海潮、副董事長為陳天、校監為陳寶善、校長為陳法泰、副校長為羅廣田。當時，學校設有中學和小學班級，每級一班學生，規模較小。該校小學畢業生可免試直升逸仙中學或調景嶺中學，至 1975 年因經費短缺而停辦。

宣道小學

宣道小學前身為啟明瞽目學校，學校在大坪碼頭附近，1951 年由宣道會調景嶺堂承辦，地址是調景嶺村第四區 113 號（基督教兒童福利會即設於此）。學校專門負責照料和教導失明人士，協助他們裝備一技之長，包括刻字、彈奏樂器、編織和藤工等，經費由美國海外盲人協會和商業機構共同贊助，港府亦提供補助。這批學員後來參加教會，既學曉凸字，更幫忙製作專門供教會使用的凸字詩歌集，爾後全部遷居台灣。

基督教九龍塘中華宣道會於 1956 年建立調景嶺宣道小學，為宣道會在港創辦的首間學校，由該會調景嶺堂王澤生牧師擔任校長。學校小學部每班有十至廿個學生，幼稚園學生則比較多。學校曾把一、二年級及三、四年級合班，五、六年級則分班。幼稚園兒童們在舊禮拜堂旁邊一間單層木造房屋上課，小學部學生則在另一棟二層高的建築物受業。操場一邊放了石造滑梯，相信無數學生曾滑破褲子；另一邊修建了一個合共有五級大石樓梯，是學校師生拍照最佳位置和用作慶祝活動的主要講台。學校有七間課室和一個運動場，校舍曾供嶺上學子作為暑期學校所用。[49]

宣道小學第七屆畢業師生合照，已是一個甲子多以前的事。

在 1960 年代初，宣道小學仍然沒有統一的校服。嶺上各校去大坪參加雙十紀念或是青年節活動時，學生們都能穿著整齊校服，有見及此，宣道小學兩位老師就設計了女生校服裙。為了替家長省錢，老師們甚至在課餘免費縫製校服裙，好讓同學們能穿著整齊的校服。

路德會聖約翰小學

路德會聖約翰小學原名調景嶺協同小學，[50] 地址是調景嶺村第七區 146 號，位於大街前段石級旁，是基督教福音道路德會學校。1951 年 9 月由美國路德會何傳捷牧師和西門英才教士等人創辦，這時學校與調景嶺路德會協同聖經學院位於同一地址。[51] 學校初期以識字班形式為孩童提供教育，有學生三十多名。1955 年校名改為路德會聖約翰小學，有課室兩間；學校採取「複式教學」── 幾個年級學生共用一間教室上課，學雜費全免。1957 年開始酌收學費。1966 年學校在調景嶺村第七區 70 號建成新校舍，樓高四層；學校主體建築包括有：聖約翰堂、小學教室與操場以及幼稚園與遊樂場。學校逐步擴展各種教學計劃，雖然學生人數不多，但校風純樸，教學嚴謹，小一年級學生已經開始練寫英文草書；很多住在調景嶺村第五、六和七區的孩子都來此校上學。

包美達教士逢星期二到聖約翰小學教英文。陳黃燕霞這樣回憶她與包教士在聖約翰學校同工的日子：

調景嶺路德會協同聖經學院在 1950 年代的模樣（香港路德會准用）

在 1968 年聖約翰小學，其中有一班來自學生輔助社的學生（一群缺乏父母照顧的孩子）特別頑劣搗蛋，嚇怕老師，沒有人願意任教，於是包教士便派我去擔任教席。這一群沒有學校願意取錄的學生，包教士卻是來者不拒，一心要教導他們向善，走當行的路，到老也不偏離。於是她不斷從旁協助與勉勵我；希望我能成為一個好老師，為她好好地牧養這一群小羊。

每逢學校有假期，我便帶這班學生到養真苑（老人院）和靈實醫院等地做義工，替醫院搬石修築球場，剪野草；替老人院油漆窗門衣櫃等等。我又透過表演話劇來教導他們，編寫劇本教他們演戲，讓他們有機會去發洩無窮的精力；並藉著話劇去認識上帝的道。每一次話劇演出的時候，包教士便四處為我找道具服飾，甚至親自為孩子化妝穿衣，拿出別人送她的印度莎朗披在扮演馬利亞的學生身上，然後坐在台前滿面笑容地欣賞孩子們的演出。話劇結束時，她馬上到後台為孩子們卸妝及送上鼓勵的祝賀。

1969 年及 1971 年我編導的「門前戲」（內容講述十童女的比喻）與「都市人」的聖誕，包教士更安排我們到靈實醫院、（路德會）沙崙小學、九龍協同中學和青年會等地表演，為婦女支助團、神學生助學金等籌款。其實，包教士最重要是讓孩子們知道他們是受重視的，被欣賞，他們還有能力幫助別人，是神所喜悅的孩子。[52]

包教士深明教育哲學，掌握孩子心智發展和身體成長的特點。從上引資料，我們看到包教士在教育孩子時，真正做到因材施教，循循善誘孩子率性而行、好行善，從而建立自信、自尊和自立，同時造福他人。由於包教士在社區的風評極佳，學校附近的基督教家庭很樂意讓小孩就讀該校。

聖約翰小學亦是培訓教堂司琴人員的地方。包美達教士把籌得的款項買了一台新鋼琴放在聖約翰小學二樓一間小室內，專供司琴人員練琴用。包教士以一年為期，每個星期一親自教授數十名學生彈鋼琴。一年後，她為學生能繼續學習鋼琴而特地從九龍邀請老師來調景嶺任教，並為願意繼續學琴的學生負擔一半的學費。[53]

隨著學生人數減少，聖約翰小學在 1978 年停辦，[54] 在調景嶺培育莘莘學子前後廿多年。其後學校課室仍然開放予教會主日學和團契使用，因包教士當年悉心培訓所播下的司琴人員種子，聖約翰堂司琴直至 1980 年代後期依然人才輩出。

調景嶺英文書院、中正學校和德風小學

嶺上曾於 1964 年 9 月開辦調景嶺英文書院（Rennie's Mill English College），位於調景嶺營大坪閱覽室上方，在通往山腰巴士站的斜坡路路口旁邊。學校因學費昂貴，開校一年後即停辦。中正學校由楊提摩太主辦，位於鳴遠中學和鳴遠小學之間。[55] 德風小學於 1955 年成立，位於調景嶺村警署通往鯉魚門公路中段的半山腰，因位置偏僻且地勢陡斜，附近一帶幾無人煙，調景嶺村居民對其也不大熟悉。學校只開設初小班級，由於就讀學生太少，開辦三年後即宣告結束。

燈火薄窗小溪裏

據戴瑞蘭教士口述而成的《拓荒者：戴瑞蘭教士的故事》，記載了初期嶺上的教育情況：

1950年代調景嶺營內教友不但以火熱的心參加教堂禮拜，追求屬靈的事物以滿足心靈需要，更嚮往知識的進步，努力學習文學，求知的慾望如火如荼，其熱烈狀況是無可比擬的；閱讀英文、中文蔚成風氣。人同此心，心同此理；於是自修、補習、進出圖書館借閱書報珍貴精神食糧，手不釋卷地勤奮學習，甚至藉著月光映照、煤油燈下或燭光微影，都有孜孜不倦的勤奮人士。令人益信囊螢映雪，鑿壁偷光的古言（人）古事，是確有其事。

每個角落都有琅琅書聲。尤其在每天晨曦時，滿山遍野，不論高處的行人道上或低窪的山谷海濱，都有數不清的青壯年人展卷誦讀，書聲達於四境；使身臨其境的人感受到儼然置身於新興的文化城市，斯文氣氛和書香氣味特別濃厚，令人興奮。

古人說衣食足而知禮義，又言書香世家。但在那時代人們遭遇不幸，吃住困難、衣衫襤褸，其刻苦求上進的精神令人讚賞。予人認識到顏回居陋巷、簞食瓢飲而不改其樂。賢人寒士不得志時，固有的操守，「菊殘猶有傲霜枝」又重新出現於今日。這當然是中國傳統文化，但也不能不歸功於福音潛移默化和感召力量，以及聖靈甦醒人心的事實。

我們教會有一位陳弟兄，熱心助人的精神和忘我奉獻的情操是出眾的。我們欣賞其熱忱和愛心，他在閉塞的鄉村辦識字班，收容難童，推行費用全免的義務教育，藉此工作向兒童宣講福音。所租用的簡陋木屋課室和簡單教具都由教會負擔。我們一直大力支持他；雖然費用不算大，那時按我們的經濟能力，負擔也不算輕省了。因此我們從那時起已勉強躋身於調景嶺初階教育工作；這就是我們兒童教育的開端。[56]

調景嶺以及毗鄰的山山水水，為青少年及兒童遊玩的天然樂園。大坪有寬敞球場，供學生打籃球、排球和羽毛球，以及舉行球類比賽。無論是慕德中學寬敞的足球場，或是鳴遠中小學和嶺中的籃球場，都成為嶺上青少年人最佳和理想的鍛煉體魄及運動場地。在海旁，居民可呼吸清新空氣和垂釣；後期亦設置了可供下棋的石桌圓櫈，不少長者坐在石櫈上，可遙望對岸坑口與佛堂洲天際的群山美景。嶺上坪山是踏青散步或露天溫習功課的理想地，在這裏野生灌叢透出幽靜氣息，又有溪水淙淙，允為世外桃源。從大坪沿著斜路往上走可抵巴士站，再攀上山約一刻鐘就到達茅湖仔碉堡——這被列為一級歷史建築的碉堡，如今僅餘前後兩個鋼筋水泥遺址，可供遊人觀賞憑弔，是香港本地歷史教育的可貴素材。

嶺上學校師生們每學年都會舉行旅行。目的地包括西貢和將軍澳附近一帶的清水灣、百花林、井欄樹和小夏威夷，以及隔海遙遙相望的佛堂洲等等。大家一起燒烤、游泳，盡情享受一天的郊遊。其中小夏威夷位於將軍澳村，這裏有大小不一的瀑布，每逢春夏雨季，山澗急流而下，形成飛濺的瀑布美景。小夏威夷除了是調景嶺學校秋季旅行熱門目的地，也是居民和學生喜愛的旅遊景點。

社區依山臨海，具有天然美景。每逢假日，嶺上學生就可以上山下海，享受各類戶外活動；來自市區的寄宿生，逢週六下午就會坐車或乘船回家，共享天倫之樂，他們通常會在禮拜天傍晚返回校園。

此外，人們從調景嶺山巔往下遙望，可見慕德中學下面有一個長方形游泳池，這正是學生輔助社的地標。由於游泳池只供院舍的寄宿生使用，使嶺上其他孩童感到一點遺憾。

整體而言，調景嶺的教育長期受到宗教或政治信念的影響。比較突出的是嶺中，帶有濃厚的民族主義色彩和「反共抗俄、還我河

嶺上學生在山上與海邊玩樂，是校友舊日的共同回憶。

山」的鮮明政治意識。另外，以慕德、鳴遠為主的教會學校則按照教會方針辦學，作育人才的同時，著重培養學生基督教信仰和情操。

昔日調景嶺的教育普及，既保存和弘揚中華傳統文化，亦吸收了西方民主自由精神和科技文明知識，融合中西文化養分於一爐。1959 至 1968 年的十年間，為調景嶺辦學的全盛時期。[57] 據不完全統計，多年來從港島、九龍和新界地區來到調景嶺就讀的寄宿生總人數不少於 15 萬人。[58]

不論是由教會抑或救總資助，調景嶺幾乎費用全免的教育，對港九貧苦家庭子弟而言，猶如絕渡逢舟。當時，港府所提供的學位遠遠不能滿足社會需求，而收費昂貴的私立學校亦非清貧家庭所能負擔。當家長們從報章中看到調景嶺學校招生廣告指學校免收學費和免費供應教科書，自然趨之若鶩，紛紛把子弟送到嶺上上學。加

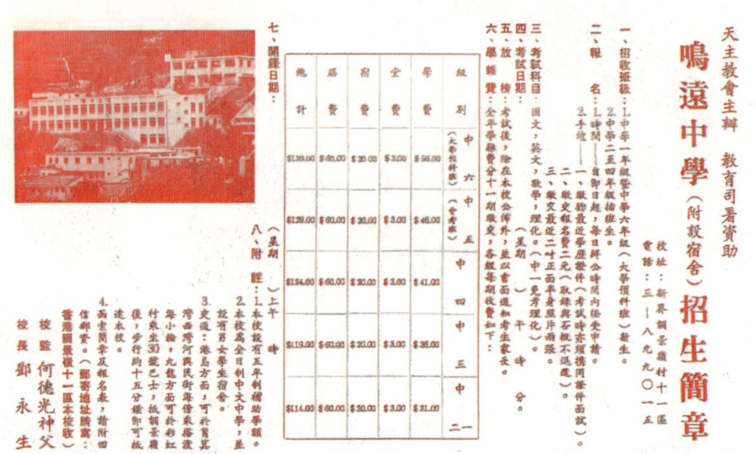
天主教會主辦　教育司署資助

鳴遠中學（附設宿舍）招生簡章

校址：新界調景嶺村十一區
電話：三一八九九〇一五

一、招收班級：1.中學一年級暨中學六年級（大學預科班）新生。
2.中學二至四年級插班生。

二、報　　名：1.時間——自即日起，每日辦公時間內接受申請。
2.手續——一、繳驗最近學歷證件（考試時亦須攜同證件面試）。
二、繳交報名費二元（取錄與否概不退還）。
三、繳交最近二吋正面半身照片兩張。

三、考試科目：國文，英文，數學，理化。（中一免考理化）。

四、考試日期：（星期　　）　　午　　時　　分。

五、放　　榜：考試後，除在本校公佈外，並以書面通知考生家長。

六、學雜費：全年學雜費分十一期繳交，各級每期收費如下：

級別	學費	堂費	宿費	膳費	總計
中六（大學預科班）	$56.00	$3.00	$20.00	$60.00	$139.00
中五（會考班）	$46.00	$3.00	$20.00	$60.00	$129.00
中四	$41.00	$3.00	$20.00	$60.00	$124.00
中三	$36.00	$3.00	$20.00	$60.00	$119.00
中二一	$31.00	$3.00	$20.00	$60.00	$114.00

七、開課日期：
（星期　　）上午　　時

八、附　　註：1.本校設有五年制補助學額。
2.本校為全日制中文中學，並設有男女學生宿舍。
3.交通：港島方面，可於筲箕灣西灣河興民街海傍乘搭渡海小輪，九龍方面可於彩虹村乘坐30號巴士，抵調景嶺後，步行約十五分鐘即可抵達本校。
4.函索簡章及報名表，請附四仙郵費。（郵寄地址請寫：香港調景嶺十一區本校收）

校監　何德光神父
校長　鄧　永　生

昔日的鳴遠中學招生簡章，充滿懷舊色彩。

上社區治安良好，環境寧靜，各校師資優良、管教嚴格，對學子有教無類，自然吸引嶺外家境清貧的學生前來就讀，令寄宿生總人數遠遠超過調景嶺本區的學生。[59] 由於方圓數公里內有約 20 間中、小學校和幼稚園，調景嶺因而有「文化城」之稱。

「文化城」是嶺上居民以「克難、堅毅不拔」的精神，凝結血汗打造而成，學校通過各方面不懈努力，從最初的葵棚、木屋、半木石屋，到建成巍峨教學大樓，這裏既無鬧市的喧囂與繁雜，有的是樸素安寧的氛圍 —— 一個非常適合學子學習和成長的寧靜環境。清晨時分，無論是學校操場、薄霧未散的高山上或靜寂的海邊，總不乏勤奮學生在溫習或誦讀課本，朗朗讀書聲響遍山嶺！

調景嶺設營最初十年，即使在缺乏水電供應的惡劣環境下，各學校學生在課室晚間自修時，都在昏暗的煤油燈、暗淡的月光下，努力不懈，挑燈夜讀，勤苦學習，嘗試以知識改變命運。[60] 嶺上各校校風純樸，學生尤其喜愛在不同的戶外環境中溫習。例如慕德中學學生習慣到附近的坪山去溫書，嶺中學生則在大坪海邊就地背誦課本，鳴遠中學學生往往會選擇在沙灣和在十字架山上看書。這些學生如今已投身各行各業，在香港和世界各地貢獻所長、服務社會。

卓育菁莪數十載

嶺上所提供的教育是多元而全面的。調景嶺的學校一向重視青少年兒童德、智、體、群的發展，除了書本知識，從不忽視學生的健康成長。即使 1950 年代社會資源匱乏，調景嶺中學還是組建了男女童軍，經常舉辦爬山和各種球類體育活動。[61] 嶺中童子軍更於 1956 年冬到台灣參加童子軍大檢閱及露營活動，被譽為一支「穿著最整齊制服的童子軍」，哄動寶島。[62] 嶺上各中小學校紀律嚴明，學生從中學習團隊合作精神，培養責任心和愛心，這對他們的一生幫助很大。

此外，調景嶺三間中學自建營之初，一直都保持密切關係，強調相互切磋，愛護和諧，發揚團結友愛精神。各校都注重學生的體育運動，培養學生成為品學兼優、體魄強健之士。三校經常合辦籃球、排球比賽等活動，[63] 亦曾組成聯校籃球隊，分別與香港南豐紗廠、美國青年歸主籃球隊、「佛吉尼亞」號和「獨角獸」號等航空母艦官兵籃球隊進行友誼比賽。當年由三校學生聯合組成的克難籃球隊在與球員身量高大的美國第七艦隊球隊作賽時，竟能打成平手，震撼港九體育界。

每年 3 月 29 日的青年節，全調景嶺營學校舉辦中文書法、作文比賽等文娛活動，學生得以施展平時苦練的毛筆書法功底。主辦單位在特大幅紅紙以毛筆寫上每項比賽頭三名和優勝學生的名字，張貼於養真苑下方的石壁牆上。青年節慶祝大會假益智戲院舉行，慶祝節目內容包括頒發書籍和文具等予各項比賽優勝者以示獎勵，其中同學演講把慶祝大會推到高潮。[64]

由於調景嶺學校的老師來自五湖四海，他們大多用帶有各自鄉音的國語授課，學生們也就自然地同時多學一門國語課程，大有利於日後赴台升學或往內地公幹。救總除了為嶺上學校學生免費提供教科書外，每年還會保送三名成績優異的高中畢業生前往台灣升學，並免費提供船票和二百港元中山助學金。[65] 1970 年代開始，每年保送名額增至每校六名高中畢業生，並獲免費機票和七百港元中山助學金，[66] 學子得以培育成才，在不同地方貢獻所長。調景嶺約半世紀教育史，見證嶺上青年學生完成大學課程者達一萬人；當年莘莘學子得以培育成才，並在香港以及世界不同角落貢獻所學。

即使在社區清拆後，嶺上所有居民分散到港九各區，但慕德、嶺中和鳴遠三所學校的原師生、校友每年或隔年都會舉辦一次聯校校友春茗團拜歡聚；也會有旅居海外的校友出席，並總有幾位每年都特地從台灣趕來參加。筆者首次出席時，赫見聯歡會酒席竟有 36 桌之多，實在大感驚訝。宴會上人頭湧湧，大家談笑風生，憶述昔日校園生活情景，拜年互賀，場面非常熱鬧。隨著揚聲器播出震耳欲聾的爆竹響聲和鑼鼓聲，只見舞台高處有一位由學長打扮的「財神爺」徐徐走出，率先向所有賓客拜年祝賀，然後就在歡樂震天的歌聲中，逐桌向客人派發新春紅包和舉行抽獎活動。最令人感動的是，席間眾人引吭高歌〈梅花頌〉和〈調景嶺之夜〉，頓時把歡樂氣氛推向高潮，不禁把思緒都帶回昔日的調景嶺。此時人們情緒激動，氣氛高漲，心情久久不能平伏，眾人皆留下美好回憶。

教會和救總為調景嶺教育作出了顯著貢獻，而嶺上一群老師辛勤付出，對嶺上教育事業發展實在居功至偉。不論學校當初由哪一

1956 年嶺上三所中學男生組成的克難籃球隊英姿

信義中學創校九週年校慶，學生在台上獻唱。

機構主辦，大都經費緊絀，教師待遇一向菲薄。然而老師們本著培育兒童是他們天職的信念和神聖使命，無不熱心教學。他們學有所長，教學理念正確，管教有方，力求培養這些少年兒童成為明日社會棟樑。學校有教無類，嶺上基本沒有文盲，社區蓬勃的文教事業肩負起一部分香港作育英才的社會責任。這一顯著成果，深獲當時香港教育界好評，因此調景嶺有「文化城」和「文化堡壘」等美名。

這股濃郁的文教氣息，把調景嶺培育成一處尊師重道之地。1980 年代初嶺上成立了「調景嶺教師福利會」，為會員舉行教師節聚餐大會，會上致送禮物予老師們和舉行抽獎活動。會員教師的家庭如有婚喪等紅白大事，均可獲經濟補助，這些福利使長期奉獻教育事業的老師們深感欣慰。[67]

筆者計超在 2012 年秋天，參加了調景嶺信義小學路蘊真老師（中國文化協會前秘書長張寒松先生夫人）的追思禮拜。甫進一樓大禮堂，迎面就看見滿堂的致祭花籃和花圈。其中一個來自於香港出生、曾在調景嶺居住的台灣領導人馬英九，同時也有來自內地各省市相關單位以及香港中聯辦等機構。可見一位長期在杏壇默默耕耘的老師，多年後仍深受眾多學子的尊敬和愛戴。從前一位常被路老師打掌心的陳姓頑童，至今非但沒有絲毫怨言，反而更深切體會到當年嚴師責成的苦心，令這位既頑皮又聰明的學生得以成才。

上述事例反映了嶺上師生的深厚情誼，以及中國傳統文化尊師重道的儒家精神已深深紮根在調景嶺學生的心坎。路老師德高望重，她把教育事業視為一生責無旁貸的神聖使命，把所有學生視同己出，多年來循循善誘培養學子，使之成為對社會有用的人才。最令人感動的，在於路老師即使經濟條件不甚寬裕，多年來仍不時慷慨資助一些清貧學生，勉勵他們刻苦學習，力求上進。「幼吾幼以及人之幼」，她竭力扶持社會未來棟樑，使之貢獻社會、造福人群。

大多數嶺上的第一代家庭，並無留下豐厚的物質財富予子孫，不過卻為後代留下了寶貴的中國傳統文化美德。嶺上人不屈不撓的奮鬥精神，始終存留人們心坎中。儘管這個獨特社區已經消逝，然而經得起歷史考驗的傳統文化教育卻已深入人心，世世代代傳承下去。調景嶺的學校，為社會和國家培養無數人才，今天其畢業生服務於教會，以及公、政、教、商、醫、工程、法律等界別，在各行各業貢獻所長。這是嶺上輝煌教育事業的佳美註腳。

註釋

1 香港調景嶺中學校刊編輯委員會：《嶺中三十五年》，頁 6。

2 香港調景嶺中學校刊編輯委員會：《嶺中三十五年》，頁 6。

3 林芝諺：《「自由」的代價》，頁 81。

4 香港社會局調景嶺營營報社編：《營報》，創刊號，頁 13。

5 摘自張世傑：〈避秦海隅苦待旦．隻手撐開艷陽天〉，頁 156。調景嶺全盛時期的學生人數達七、八千人之多，多年來各校畢業學生已逾二至三萬人；大學畢業者有近一萬人。歷年在嶺上各中小學接受教育的人數總和超過十五萬人。

6 王國儀：《調景嶺滄桑五十年》，頁 82–83。

7 信義中學於 1961 年改名慕德中學。

8 從調景嶺與台灣命運緊密連接的一刻起，社區隨即成立各種政治團體，儼然成為一個「自治特區」。香港政府在 1961 年 6 月將調景嶺難民營改為平民徙置區的真正用意，是為了有效管控這個社區的進一步擴展。香港電台電視部策劃，陳天權撰寫：《香港歷史系列：穿梭今昔，重拾記憶》，頁 187。

9 蕭克諧：《認識信義宗教會》，頁 113。

10 梁家麟：《福音與麵包》，頁 99。

11 當時摩星嶺難民問顧牧師：「你單單向我們同胞傳福音，何不辦一間學校，教一教這些失學孩子呢？」當時顧牧師說：「我是一個挪威人，儘管會講中國話，但是教中文還不行，比不上你們中國人……」顧牧師於是找來摩星嶺上幾位難民，邀請他們擔任教師。於是「中西合璧」合作，學校也就辦起來了。事情就這樣成了。

12 王裕凱博士指導，陳勃等著：《香港調景嶺難民營調查報告》，頁 84。

13〈慕德中學校史〉，載慕德中學：《香港慕德中學大學預科第一屆畢業紀念刊》（香港：

慕德中學，1968），頁 2。

14 周繼殷：〈本校簡史〉，載香港調景嶺信義中學第六屆同學錄籌備委員會主編：《信義中學第六屆同學錄》（香港：信義中學高三班，1961），頁 8。

15 周繼殷：〈本校簡史〉，頁 8。

16 信義小學及其附設的幼稚園，後來隨著調景嶺清拆而停辦。

17 〈張世傑先生訪談錄〉，載胡春惠主訪，李谷城、陳慧麗記錄整理：《香港調景嶺營的誕生與消失》，頁 53–102。

18 梁家麟：《福音與麵包》，頁 152。

19 慕德中學足球場開放予調景嶺全體居民，特別是學生們。筆者曾在這個足球場踢球，依稀記得當時是一場村內孩子之間的足球比賽。

20 曹龍元老師、丘日謙校長訪問記錄，訪問於 1998 年 3 月 17 日慕德中學校長室進行。

21 曹龍元老師、丘日謙校長訪問記錄，1998 年 3 月 17 日。

22 曹龍元老師、丘日謙校長訪問記錄，1998 年 3 月 17 日。

23 〈培養二十一世紀可做之才　丘日謙談慕德中學教師赴穗之行體會〉，《文匯報》，1996 年 1 月 15 日。

24 「於五十年代同時建校於嶺上的學校，還有信義會義務學校。」王國儀：《調景嶺滄桑五十年》，頁 88–90。

25 曹立珊：《春風十年：雷鳴遠神父逝世五十週年紀念》（台中：聖化月刊社，1977），頁 496–503。

26 王裕凱博士指導，陳勃等著：《香港調景嶺難民營調查報告》，頁 70。天主堂鳴遠中學鄧永生校長惠借《鳴遠中學二十週年校慶特刊》，並提供鳴遠中學創校以來相關資料、圖片和接受筆者訪問。天主教香港教區檔案處主任夏其龍神父、該處研究員馮愛貞女士提供相關文獻、照片予筆者閱讀、複製。謹此致謝！

27 在調景嶺清拆前，鳴遠幼稚園遷到將軍澳寶琳北路 38 號景林邨，易名景林天主教幼稚園，至 2004 年停辦。

28 梁家麟：《福音與麵包》，頁 155。

29 常榮德：〈鳴遠二十年〉，載鳴遠中學：《鳴遠中學二十週年校慶特刊》（香港：鳴遠中學，1970），頁 8。

30 雷伯昌：〈發揚鳴中傳統的優良校風〉，載鳴遠中學：《鳴遠中學二十週年校慶特刊》，頁 48–50。

31 1990 年 9 月聖母聖心會在將軍澳景林邨創立「景林天主教小學」，部分鳴遠小學教職員轉職至新校，為上、下午校學制。配合小學全日制政策，1999 年上午校改為全日上課；下午校更名將軍澳天主教小學，新校舍遷至位於將軍澳唐賢街 6 號。

32 周維屏等：《春風四十年》（台北：鳴遠校友祝壽籌備會，1992）。

33 王裕凱博士指導，陳勃等著：《香港調景嶺難民營調查報告》，頁 61。

34 王裕凱博士指導，陳勃等著：《香港調景嶺難民營調查報告》，頁 62。

35〈張世傑先生訪談錄〉，載胡春惠主訪，李谷城、陳慧麗記錄整理：《香港調景嶺營的誕生與消失》，頁 88–97；張秘書長世傑先生家人謹述：〈張世傑秘書長生平〉，載張世傑治喪委員會：《懷念張世傑秘書長》（香港：私人刊印，2011 年 6 月 30 日）。

36 景嶺教育文化基金會會址和秘書處於景嶺書院落成後，亦從香港中環遷到校舍內。張世傑校長、許耀暘校長曾為筆者劉義章詳細介紹景嶺書院創辦經過。謹致謝忱！

37〈張世傑先生訪談錄〉，載胡春惠主訪，李谷城、陳慧麗記錄整理：《香港調景嶺營的誕生與消失》，頁 93。

38 余啟繁校監：〈十週年校慶紀念感言〉，載景嶺書院：《景嶺書院十週年校慶紀念特刊》（香港：景嶺書院，2004），頁 13。

39 香港社會局調景嶺營營報社編：《營報》，創刊號，頁 8。

40 香港調景嶺中學校刊編輯委員會：《嶺中三十五年》，頁 7。

41〈張世傑先生訪談錄〉，載胡春惠主訪，李谷城、陳慧麗記錄整理：《香港調景嶺營的誕生與消失》，頁 94。

42 感謝觀音學校兩位舊生黃卓華醫生和另一位不具名校友，為筆者憶述其母校當年情況。

43 王裕凱博士指導，陳勃等著：《香港調景嶺難民營調查報告》，頁 57。

44 黃卓華醫生訪問記錄，訪問於 2024 年 2 月 7 日、3 月 9 日香港沙田圓洲角公園進行。

45 觀音學校創辦人王元令居士為山西人，相傳是前國軍陸軍一級上將閻錫山部下；校長是王的結拜兄弟劉子固（先後擔任港九救委會駐營服務處副主任、主任）。黃卓華醫生訪問記錄，2024 年 2 月 7 日。感謝觀音學校另一位舊生為筆者憶述學校情況。

46 王元令傳為閻錫山部下，觀音學校停辦後，剃度遁入空門，法號為大興法師。黃卓華醫生當年入讀觀音小學三年級下學期，因曾當製造電燈泡學徒而年齡比同學大，加上成績好，獲准兩度跳級，以一年半（三個學期）完成小學課程。小學畢業後升中學一年級；由於學校沒有辦中二年級，他轉到鳴遠中學升讀中二。在鳴遠中學讀至高中（中六）畢業，後來成為醫生。筆者感謝觀音學校舊生黃卓華醫生接受訪談。以上資料來自黃卓華醫生訪問記錄，2024 年 2 月 7 日、3 月 9 日。

47 黃卓華醫生訪問記錄，2024 年 2 月 7 日、3 月 9 日。

48 黃卓華醫生訪問記錄，2024 年 3 月 9 日。

49 筆者劉義章在升讀中學三年級的暑假，參加由嶺中黎傳文老師、戴學文老師和鳴遠中學陶沛蒼老師主辦的暑期班。三位老師分別教授英語、國文和數學三門科目。儘管正值炎夏，老師仍流著汗水循循善誘。學生們坐在課堂裏學習，聆聽老師們的教導，教筆者如沐春風；當時老師教導、學生學習的情景，迄今仍歷歷在目。

50 蕭克諧：《認識信義宗教會》，頁 116。

51 王裕凱博士指導，陳勃等著：《香港調景嶺難民營調查報告》，頁 86–88。

52 陳黃燕霞：〈我敬愛的包美達教士〉，載氏編：《仰望雲彩的笑顏》，頁 14–20。

53 郭陳巨金：〈我的鋼琴啟蒙老師〉，載陳黃燕霞主編：《仰望雲彩的笑顏》，頁 34–35。

54 香港中文大學物理系教授賴漢明博士（已退休）是聖約翰小學第一屆畢業生（1957）；包教士曾在英文堂上教導賴教授。「首任校長李明先生，就是她（包教士）多年的得力助手。」見賴漢明：〈懷念包美達教士〉，載陳黃燕霞主編：《仰望雲彩的笑顏》，頁 62–63。本書特約編輯汐爾在聖約翰小學讀至小學二年級時，學校已接近停辦了。

55 筆者劉義章就讀調景嶺中學附小五年級時，同學周得勝君邀請前往該校打乒乓球；那日天朗氣清，甫入校門即見一片地台，楊校長與周同學親切相迎。乒乓球桌就擺設在地台上，我們度過了愉快的一天，當日情景今仍歷歷在目。

56 戴瑞蘭教士曾口述其在調景嶺播道、傳福音的故事，由張祖鷺牧師筆錄；每成一篇，即刊載於錫安堂出版的《生命雜誌》。現存故事有第二至第十篇即（二）至（十），及第十二至十七篇即（十二）至（十七）。2006 年 4 月 13 日戴教士主懷安息，錫安堂把這些文章彙集成為《拓荒者：戴瑞蘭教士的故事》，「好讓弟兄姊妹從中得著激勵」。戴瑞蘭口述、張祖鷺筆錄：〈還要加給他——戴瑞蘭教士的故事（十七）〉（1991 年 2 月 11 日於香港），載戴瑞蘭口述，張祖鷺筆錄：《拓荒者：戴瑞蘭教士的故事》（香港：調景嶺錫安堂，缺年份），頁 57。

57 戴學文：〈調景嶺居民四十餘年血淚滄桑史〉，《快報》，1992 年 6 月 10 日。

58 梁家麟：《福音與麵包》，頁 159。

59 梁家麟：《福音與麵包》，頁 160。

60 張世傑：〈調景嶺上桃李春風：海隅散記之一〉，頁 32。

61 香港調景嶺中學編：《嶺中十年》（香港：香港調景嶺中學，1960），頁 18。

62 林芝諺：《「自由」的代價》，頁 157–158。

63 張世傑：〈重返香江重任校長：海隅散記之二〉，頁 66。

64 筆者劉義章對 1969 年青年節慶祝大會上，陸家翁同學慷慨激昂而抑揚頓挫的演講仍然歷歷在目。

65 林芝諺：《「自由」的代價》，頁 156。

66 鄭義：《國共香江諜戰》（香港：文化藝術出版社，2009），頁 368。

67 張世傑：〈重返香江再任校長：海隅散記之二〉，頁 67。調景嶺教師福利會隨社區清拆而解散。

06

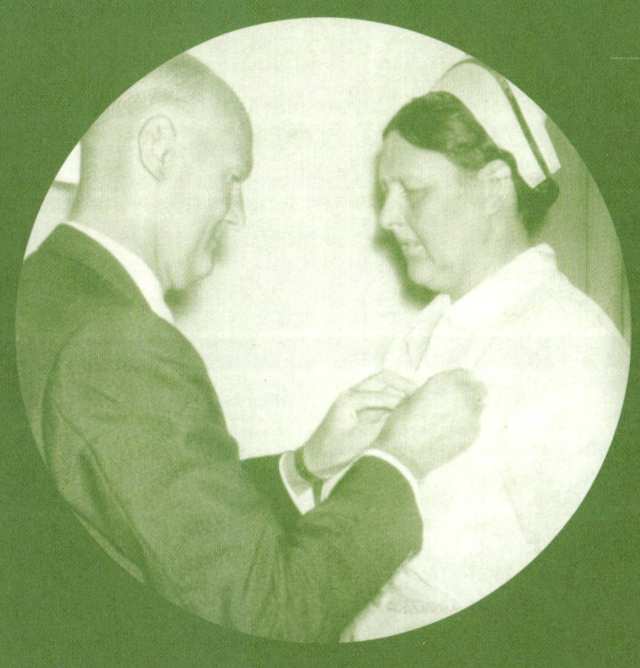

醫護炬火長耀不滅

「貧病交煎」是戰後到港難民情狀的寫照。港府因資源缺乏，在救助難民時捉襟見肘。起初，調景嶺醫護服務由東華醫院提供，該院每天派出一位西醫，乘坐電船到難民營贈醫施藥。營內並無適合場地可用作診所，醫生屈身在電船裏為病人診治。難民營缺乏公共衛生設施，環境惡劣。他們由北到南長期奔波勞累，加上生活物資奇缺和水土不服，以致營養不良、健康欠佳。夏天大量蚊蟲滋生，病菌亦易傳播。1950 年 7 月 10 日，難民營發生二千多人集體中毒事件，患者上吐下瀉，有些人情況嚴重。在這緊急時刻，戴瑞蘭等教士向神深切禱告，同時以霍亂藥治療患者，幸好全部人都被治癒，無人因病死亡。[1]

香港政府社會局調景嶺營辦公處於設立一週後（1950 年 7 月 3 日），成立了一雛形醫務所，由港府委派黎柱樑醫生定期到營診症。難民楊寶山等六位護理人員分別協助診治、配藥和護理等；[2] 早期藥品主要由教會捐贈，後期按實際情形報請港府依期撥發。調景嶺營出版的《營報》創刊號有相關記述：

若說到醫務所的組織非常簡單，除掉黎、楊二醫師經常負責內外科的診斷外，僅有潘啟智、王真民、鮑長源、范萍、吳相林、汪保羅六位同志，分擔著施藥、看護及助理等工作。醫務所在黎醫師不辭辛勞地主持下，現已頗具規模。關於他們的工作狀況，自七月三日至十月底止總計如下：內科：11,961人、外科：8,509人、防疫（霍亂）：4,980人、注射（腸熱）：5,575人。我們從上列統計數字裏，就可以看出他們的工作是如何的辛勞，在整個醫務所的八位工作人員，只有黎醫師是港府派來、是有薪給的，其餘七位（連楊醫師在內）都是來自難胞群中，自願參加服務的，純粹是盡義務，並無任何待遇。他們為人辛勤，不計名利，施仁術於袍澤，為大眾謀福利，救人濟世的仁愛精神，實在值得我們全體居民欽佩、歌頌和崇敬感激。[3]

天主教會燃醫療事工之光[4]

難民從摩星嶺遷到調景嶺營，宣教士們亦隨之入營繼續贈醫施藥。從1950年開始，教會先後在調景嶺開設多個醫務所和護理站等，為嶺上居民提供普通科門診，以及治療肺病患者。調景嶺地方偏僻、交通不便，許多基本醫療服務幾乎全由教會承擔。每當營內患有急症病人，居民就在大坪山上高掛一面大旗，對岸坑口漁民一看見，迅即開著小舢舨飛馳而來，火速把病者送往港島公立醫院就醫。以下將介紹由天主教會開設的醫療所。

聖耀漢診療所

1952年，曹立珊神父在天主堂範圍內開辦聖耀漢診療所（St. John Baptist Dispensary），一週中有六天應診，備有簡單常用及急救藥品；費用方面，有能力者可隨意付費，貧困者免付診金。如教友患上重病，由天主堂介紹到法國醫院免費治療，鳴遠中學高年班學生會志願抬送病者至碼頭，協助上、下船。[5]

曹神父從九龍寶血醫院和香港嘉諾撒醫院獲得一些免費藥品，先後邀請到兩位醫生教友和具備中醫知識的張文生（斐理）修士為居民提供基本醫療服務。後來兩位醫生相繼離港，診療所就交由張修士負責管理。[6] 張斐理祖籍河北定縣（今定州市），生於天主教家庭，自幼虔誠事主；20 歲加入耀漢小兄弟會，服事教會數十年，以發揚會祖雷鳴遠神父「全犧牲、真愛人、常喜樂」的精神為己任。[7] 他抵港後，在聖耀漢診療所服務營民，救助弱勢人群；他仁愛為懷，深受眾人愛戴。1969 年，耀漢小兄弟會在筲箕灣南安街 61 號開辦鳴遠醫務所（Vincent Lebbe Dispensary），由張修士主持迄 1973 年去世為止。

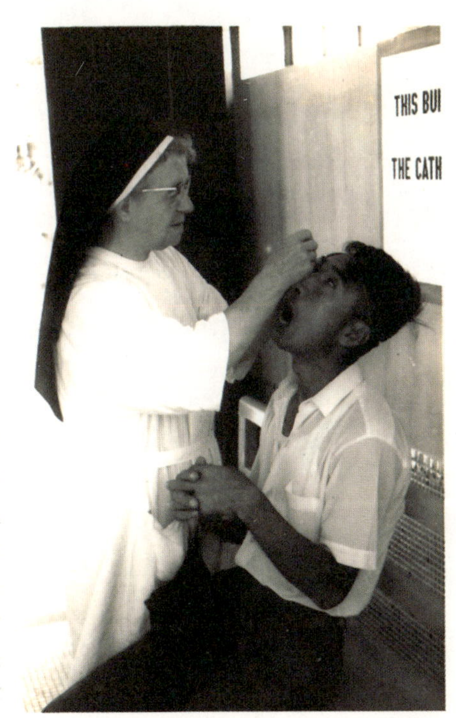

天主教醫務所的胡慧姑修女為居民滴眼藥水

天主教會在調景嶺舊五區建立了學校、教堂和醫務所等。這幀照片拍下了女生宿舍、小禮堂和醫務所。

聖若瑟護理站

聖若瑟護理站（St. Joseph Nursing Aid Post）由聖母聖心傳教女修會於 1964 年設立，位於調景嶺村第十一區 62 號，負責人是胡慧姑修女（Maria D'Hondt）。胡修女是護士兼助產士，於 1932 年來到中國，1954 年抵港，四年後因修會在台灣開展工作而赴台，1964 年重回調景嶺。比利時籍的羅貞德修女（Lea Rotty）最先於 1929 年到華北從事牧靈工作達 25 年，1954 年來港在營中服務，1959 年調往台灣，1964 年重臨嶺上從事牧靈、教育及護理工作，至 1978 年因健康問題回國休養。

1965 年，修會在港服務隊伍擴大，拓展至市區辦學。同年 3 月，得到公教婦女會捐助，由修會管理的鳴遠中學新女生宿舍和新診所啟用。兩年後，曾在內地服務的護士費守義（Gaby Van de

Vijver）也從台灣調來協助診所工作。診所藥物由比利時、德國和美國捐贈，病人只需付少許藥費，而鳴遠的學生則全部可獲免費診治。

聖若瑟護理站可說是聖耀漢診療所的分支。修女們 1954 年初抵達調景嶺時，聖耀漢診療所已運作了數年，修士們把照顧婦孺的任務交予胡修女，他們則繼續照料男性病人。修女們很快便融入社區，並提供接生服務。胡修女不論早晚，經常以僅有工具被請去接生。1955 年，修女們共接生了 72 個嬰兒；修女為產婦提供四、五次產後護理家訪。後因人手不足而不能到家接生，居民大感失望；但她們的護理站每天仍為四、五十人看診。

逢週三，胡修女和羅修女會坐舢舨到坑口村和附近村落看診，有些病人是她們在調景嶺看診時認識的。調景嶺一天有兩班街渡去坑口，可是坑口沒有碼頭，還需另外付一、二毫子坐小艇接駁上岸。此外，羅修女亦協助有需要送院的病人爭取減免醫療費用。[8]

教友夫婦鍾紹華與陳婉貞憶述教會診所情況：

> 那是在鳴遠中、小學和聖堂範圍裏面的一個地方，方便照顧。教會診所的診金很便宜，看一次醫生只收費一兩毫子。有時還請我們吃糖果。當時五六毫子就可以買一斤米…… 教會診所的病人不算多，都是鄰近的街坊；因為大坪相對較遠，生病時修士和修女的診所便成首選。如果是重病，就會出去大坪醫務所，再嚴重些就會去靈實醫院，到外面留醫的也有。[9]

隨著調景嶺發展，聖耀漢診療所和聖若瑟護理站在 1970 年代中期相繼結束。聖母聖心會女修會仍有新成員來香港，被派遣到調景嶺的，以從事教育工作為主。1980 年代，政府開始發展將軍澳，在坑口及調景嶺之間填海。鳴遠中小學搬離原址遷至新校舍，修女們亦開始撤出調景嶺，最後一位留守者於 1991 年搬離。[10]

建於荒原上的基督教靈實協會

除天主教會，基督教會亦承擔了不少調景嶺的醫療重責。基督教靈實協會植根於調景嶺，由來自挪威的司務道教士和其他宣教士所建立。在調景嶺營時期，幾位宣教士成立了調景嶺基督教醫務所委辦會（後將軍澳區醫援會，即現基督教靈實協會），成立調景嶺基督教醫務所，籌建肺病療養院（ 實醫院的前身），為居民服務。

建立調景嶺基督教醫務所

1949 至 1951 年間，西教士從中國大陸來到香港後，迅即投身福音與醫療事工。1886 年在美國馬里蘭州出生的麥瑪莉教士（Mary Edna Myers），在護士學校畢業前夕蒙召決志前往中國宣教。她在宣教學院進修後，到美國費城一間醫院實習以取得更多臨床經驗；1914 年赴華，在湖南岳陽和沅陵等地行醫和培訓護士，從事醫療宣教達 24 年。

麥教士於 1951 年 4 月從位於湖南宣教工場抵港，請准復初會差會國際傳道部在港服事難民，並隨即在調景嶺營為難民贈醫施藥。一開始時，她在大坪海邊以一尊石塊作「診桌」應診，隨後探訪嶺上學校為學生提供藥品，為他們講解有關皮膚病、眼疾和傳染病等醫療衛生知識——這是調景嶺基督教醫務所（Rennie's Mill Camp Church Clinic）的雛形。[11] 後來蘇格蘭教會（Church of Scotland）差會孫海倫教士亦加入服事難民，她原在湖北恩施從事醫藥傳教及擔任當地護士學校主任。[12] 1951 年 10 月，赴華宣教的挪威聖約教會（The Mission Covenant Church of Norway）差會葛瑞霖教士從中國

調景嶺基督教醫務所於 1954 年落成（基督教靈實協會准用）

抵港後，也加入這項醫療事工。葛教士勤懇、忠心服事營中難民迄 1957 年調往他處工作。[13]

1952 年中國內地會（China Inland Mission）海富生醫生（Stuart Harverson）前來診所事奉。[14] 麥教士因健康原因返美，孫教士接手主理醫務所。[15] 醫務所由一尊石塊「診桌」逐漸發展成由草蓆、竹子和木塊搭蓋成的「診棚」；之後，美國復初會捐建一座毗鄰調景嶺碼頭的磚石醫務所，1954 年 2 月落成啟用。[16]

抗戰前曾就讀湖南邵陽普愛醫院暨護士學校 [17] 的戴顏華實女士，於 1952 年受聘為醫務所護士，她後來擔任主任護士迄 1984 年退休。昔日在陝西傳道的司務道教士，在 1953 年應聘前來醫務所，她一直忠心服事診所與基督教靈實協會迄 1979 年退休。[18]

1955 年 8 月，英國醫藥傳教士艾瑪麗醫生（Mary Ashton）出任靈實駐院醫生。她在英國蘇格蘭愛丁堡大學醫學院專攻熱帶病理醫學，具備治療肺結核的豐富經驗，在靈實任職迄 1973 年退休。[19] 後來醫務所獲得香港衛生署關注，常派專科醫生前往診症。海富生醫生開設的畢士大診所免費為醫務所病人提供 X 光化驗等服務；此外，福音診所的英國醫藥傳教士李岱汶醫生（Vaughan Rees）[20] 亦大力支援醫務所工作。

孫海倫教士為醫護人員能專心診治護理病人，建議成立一個委員會專責醫務所行政。1953 年 3 月，調景嶺基督教醫務所委辦會（Rennie's Mill Camp Church Clinic Committee，簡稱委辦會）假灣仔軍器街海員與軍人之家 [21] 正式成立，成員包括主席晏樹庭醫生（Frank Ashton）、秘書兼司庫惠施霖牧師、路恩德教士、袁結思牧師（Charles Reinbrecht）和葛瑞霖教士。

晏樹庭是英國倫敦傳道會醫務宣教士，1926 年來港出任雅麗氏何妙齡那打素醫院醫生，1953 至 1963 年擔任該院院長，在香港服事 37 年。他大力推動改善調景嶺醫療衛生，為基督教醫務所奠下牢固基礎。[22] 惠施霖出生於江西廬山，父母為美國來華宣教士；他在上海美國國際學校完成中、小學教育，在美國攻讀大學和神學院。1946 年由復初會差派到湖南岳陽、臨湘一帶任教育宣教士；1952 年來港，成為復初會的駐港代表。路恩德、袁結思和葛瑞霖分別代表挪威信義差會、美國協同路德會差會和挪威聖約教會差會三個醫務所捐助機構。[23]

籌建肺病療養院

難民遷到嶺上時，因長期過著「食無定餐、居無定所」的流亡生活，加上營中衛生條件差，各種傳染病滋生。[24] 當時香港社會資源匱乏，當局在醫療衛生的政策上往往捉襟見肘。1950 年代，肺結核、傷寒和霍亂等傳染病在港九地區持續蔓延，[25]感染這類傳染病的患者亦日益增多。雖然西教士為病人使用的「雷霉風」等特效藥能使其病情暫時穩定，惟治療肺結核最重要的，莫過於是為病患者提供足夠營養和安靜的休養場所。

隨著調景嶺基督教醫務所逐漸走上軌道，委辦會為了四百名肺結核病患者可得到及時治療，便把難民營舊大廚房改為普通科診所，而大坪海邊的診所則改成隔離病房，使眾多肺病患者得到適切治療。[26] 1954 年 8 月，颱風「艾黛」吹襲香港，位於海邊的整棟病房被烈風摧毀，病人們只好暫時棲身在剛啟用的新診所中，但新診所的屋頂又被強風捲走了一部分。司務道等同工於是讓病人在已改裝為產房的舊診所中暫避。這時，剛好一位孕婦分娩在即，司教士只好把護士客廳權充作臨時產房，情況十分狼狽。[27]

颱風過後，委辦會決定籌建一所肺病療養院。孫海倫、司務道、海富生和李岱汶等人在附近一帶幾經尋覓，最後選定距離調景嶺三公里、名為元洲的山丘，作為療養院院址，即今將軍澳靈實路 1 號「靈實園」的所在地。[28]該處面向恬靜的將軍澳灣，迎著海灣的習習涼風十分舒暢，同時利於肺結核患者康復。[29]院址初步選定後，接下來便開始徵詢擁有土地使用權者的意見。委辦會代表和元洲村民經過三度洽談後，後者同意讓出使用權，委辦會遂向政府正式提出申請。[30]

1950 年代香港肺結核病猖獗，各大醫院都無足夠病床，若建造一所新療養院，可為患者提供更多療養病房，政府乃迅速批准委辦會在元洲荒原興建肺病療養院的申請。[31]

此後，建院經費得到多國教會機構和香港各界熱心人士的踴躍捐獻。1955 年 3 月，靈實肺病療養院舉行動土禮，院舍包括行政樓、三座病房和一座綜合用途病房；同年 7 月，療養院落成，病人隨即從調景嶺遷來。10 月 22 日療養院舉行奉獻禮，命名「靈實」，取聖經中所描述的聖靈所果實之意，同時委任司務道為護士長。[32] 1958 年 11 月，英國宣教士姜彼得醫生（Peter K. Jenkins）出任院長。姜醫生早於 1929 年成為醫務宣教士，二戰時曾在英國皇家軍隊醫療隊服役。1947 年，他赴華在山西太原從事醫藥宣教，在靈實醫院一直服事至 1974 年榮休。[33]

香港衛生署前署長李紹鴻醫生指出，靈實主要服務經濟有困難或新來港而患有肺結核病的市民，而院長姜彼得醫生有很大貢獻。戰後初期，本港醫護人員很少，西教士傳道同時施醫，在治療肺結核病患工作上扮演非常重要的角色。[34]

肺病療養院依山面海，林木掩映，院園綠草如茵，四季花木常開、空氣清新，環境清靜優美，是肺結核病人療養之理想地方。無

靈實三位墾荒醫務宣教士——司務道、孫海倫和艾瑪麗（由左至右），攝於 1958 年。（基督教靈實協會准用）

論春雨夏陽或秋風冬日，總有白衣天使踏著輕盈步伐，穿梭於療養院的翠綠庭院中，恍如蝴蝶紛飛、東來西往，進出高低有致的病房，形成一幅動人的圖畫。

位於港島半山的那打素醫院定期委派巴治安醫生（Edward H. Paterson）等前來診病、為病人施手術。巴治安出生於江西廬山，雙親均為來華醫藥宣教士。1949 年，他本人由倫敦傳道會差派至天津傳道；抵港後任那打素醫院資深外科醫生。他從 1953 年起在調景嶺診所服事，1963 年繼晏樹庭醫生出任委辦會主席。肺病療養院儘管資源嚴重不足，卻能治癒許多肺結核病患者。在這裏，背負勞苦重擔的人得安息，病患得醫治，受傷的心靈得安慰，靈魂得救贖；靈實予人真正的平安、喜樂和永恆的盼望。

療養院成立一年多後，港府醫務衛生署梅守德醫生（Sammuel H. Moore）前來巡視，邀請委辦會向政府申請資助。1957 年 4 月起，政府資助 30 位病人費用並提供所需醫療器材。同年 9 月，香港總督葛量洪爵士前來參觀，對療養院提供的良好服務留下了深刻印象。[35]

從委辦會到醫援會

靈實肺病療養院在啟用後兩年，即 1957 年 10 月，委辦會改稱將軍澳區醫援會（Junk Bay Medical Relief Council，下稱醫援會），標誌該會已把醫藥救助工作視為一項長期目標，服務對象亦從調景嶺居民擴展至將軍澳區居民。[36] 醫援會作為一個基督教跨宗派教會機構，其宗旨是「本著基督的精神，為本港社區貧苦大眾提供優質而廉宜的醫療和社會服務」，以及「全人關顧 —— 治身體、救靈魂」，兼顧病人身、心、智、社交和靈性的需要。[37]

1960 年，醫援會在鄰近元洲的馬油塘安達臣道設立楠森復康院，為肺病已受控但生活上暫時無法自理的病人提供康復治療。[38]

五年後，療養院內新建的楠森復康中心（Nansen Tuberculosis Rehabilitation Centre）落成啟用，分別有男、女病床 29 至 34 張，後來更大幅增至 350 張。中心通過手工藝製作為康復中的病人提供職業治療和培訓。1961 年，為照顧易受肺結核病菌感染的兒童，特設立了恩光護幼院，後來遷至楠森復康院舊址。

1957 年 6 月，包美達教士應靈實肺病療養院護士長司務道之邀，擔任副護士長兼護士學校導師和顧問，在司務道教士回國述職休假時任署理護士長。[39] 同年 9 月，畢業於九龍廣華醫院護士學校、任職香港山頂明德醫院的黃茵若護士加入靈實肺病療養院。她於 1962 年被派往英國進修肺結核病護理學和護理行政學，三年後學成

恩光護幼院內的小孩綻放燦爛笑容（基督教靈實協會准用）

1968 年，靈實首位助理護士長包美達教士（左）與賀家路教士（Carol Halter）於療養院外涼亭外合照。（香港路德會准用）

回港；她從英國引入先進胸肺科儀器和護理技術來港。1972 年，她接棒司務道教士，成為靈實肺病療養院第二任護士長。

1961 年由美國復初會差派一位專任醫生白和敦（W. Benjamin Whitehill）來到療養院，1971 年起開始主持專為醫治染上毒癮的肺結核病人而設的和平病房。翌年，針對極少數吸食鴉片等毒品的人士，靈實在香港晨曦會的配合下開展「福音戒毒」計劃，使不少患有肺病兼毒癮者得以逐漸康復，體現「治理身體，更治靈魂」的靈實服務宗旨。

1970 年代，靈實肺病療養院先後獲得政府津貼五成經費、政府補助和全面津貼，並於 1976 年正名為靈實醫院。1978 年開始提供復康治療和社康護理服務。1984 年開始，醫院為晚期肺癌病者提供舒緩治療。

靈實有座禮拜堂在小山坡上，於 1961 年聖誕節落成。嶄新的禮拜堂質樸穩重，設計糅合了中、西建築風格，莊嚴美觀。所有醫生、護士、職工和病人從此有了敬拜上帝的聖殿，同時參加主日崇拜、主日學課程和團契小組。挪威信義差會的鄭錫安牧師定期前往醫院病房，為病人施行洗禮和施聖餐。靈實常被醫院同工形容為「耶穌為我們預備的大家庭」。多年來，靈實醫護同工與病人一直保持良好關係，在病房中一起參與早、晚禱告會。三年後，靈實福音佈道團成立。醫援會「全人關顧 —— 治身體、救靈魂」的服務宗旨得以進一步貫徹。

在教堂兩旁，有兩棵早年由司教士和艾瑪麗醫生親自種植的「南洋杉」，[40] 如今仍茁壯成長，迎風而立，見證著靈實多年結下的纍纍碩果。屹立於靈實台的禮拜堂外牆所懸掛的大十字架，守護著寧靜、波平如鏡的元洲海灣。每當晨曦乍現，海面猶似抹上胭脂；黃昏時刻，天空仿似披上錦霞，美麗醉人。漆黑夜晚，十字架散發的光芒伴隨白衣天使的晚禱歌聲，守護著附近一帶小漁舟和作業中的漁民。每當漲潮的仲夏夜，但見寧謐海面那點點漁火上下映照，盞盞油燈在水上浮動。潺潺水聲，輕濤拍岸；這時坑口村漁民正忙於撒網撈捕。

靈實禮拜堂俯瞰魷魚灣村，遠眺鯉魚門，因建於小丘山，清晨總迎來第一道曙光。無痕海面總有一兩艘小漁船載著主人作業為生；偶爾激起一串漣漪，麻鷹在空中翱翔覓食。黃昏將至，皎潔月亮從坑口山角徐徐冒起，片片晚霞伴隨著淡黃月亮冉冉上升，景色無與倫比。一瞬間半空已是白圭高掛，照亮大地。

糅合中、西建築風格的靈實禮拜堂，外觀莊嚴雅樸。

靈實禮拜堂大十字架，不分晝夜地為人們帶來盼望。

這所醫院因著神的愛而創立，全體醫務工作人員都本著基督愛人如己的精神工作，勤奮負責，對待病人和顏悅色、謙恭有禮，為病者帶來極大的溫暖、安慰，減輕了其肉體上的折磨痛苦與精神上的苦悶憂傷，身體也能更快地恢復健康。同時，在靈實醫院留醫的人，經常有機會領受福音真理。他們每天參加早晚禱、歌唱頌主聖詩，虔誠讀經禱告。因著神的慈愛和憐憫，醫護同工診治和救活了無數病者，疾病得以痊癒，並走在永生道路上。「出於信心的祈禱，要救那病人，主必叫他起來，他若犯了罪，也必蒙赦免。」（《聖經．雅各書》5:15）

2021 年，禮拜堂建立 60 週年，迄今仍是靈實的「地標」，[41] 外牆懸掛了一個簇新的大十字架。滄海桑田，儘管寧靜海灣因將軍澳新市鎮發展而被填平，在其上如今已矗立一座座高樓大廈，卻絲毫沒使禮拜堂的十字架失色。

靈實的現代發展

1990 年代，調景嶺將被清拆，政府決定會在將軍澳建立地區性醫院（將軍澳醫院），靈實醫院被定位為提供多元專科治療的復康醫院。醫援會密切關注作為未來新市鎮居民所需的服務。1987 年 1 月，梁智達醫生就任醫援會醫務總幹事兼靈實醫院院長；1990 年 8 月起醫援會更名為基督教靈實協會（Haven of Hope Christian Service，簡稱靈實協會）。[42] 1991 年靈實醫院應香港醫管局邀請，成為其轄下的公立醫院。

1993 年靈實醫院獲政府撥款重建，1997 年 7 月新醫院大樓投入運作。此後，靈實醫院成為著重「全人關懷」的專科復康醫院，更緊密配合和照顧全港市民所需的各種健康服務。[43] 靈實協會的使命為「通過關懷全人的事工，我們致力與人分享福音及建立基督化社群。在基督的愛中，我們以關懷、專業及進取的精神提供服務，使服事者及被服事者彼此建立更豐盛的生命」。[44]

1996 年調景嶺清拆前，靈實醫院推出社康護士和家居善終等服務；靈實協會也在將軍澳成立社區健康發展中心、專科診所、智障人士日間活動中心暨宿舍、長者中心、長者家居護理及支援中心、老人護養院和護理安老院等服務單位，為將軍澳不同年齡階層市民繼續提供多元化護理服務。[45]

1996 年 1 月，董事會接納「異象二千工作小組報告」，訂下了 1996 至 2000 年的工作方向和目標，其中包括：(一）以長者為主要服務對象，同時擴展至中產家庭慢性病患者。(二）增加可以提供收入的服務項目，減少依賴政府撥款，發展社區醫療和牙科診所網絡，及以自負盈虧方式經營長者住宿和照顧等設施。(三）回應社區不斷演變的需求，提供創新服務，如認可的綜合中西醫療、健康長者住宿綜合服務、家居照顧的綜合性服務院舍等。[46] 今天，所有這些

1970 年的靈實禮拜堂，守護著寧靜、波平如鏡的元洲海灣。

今天的靈實醫院全圖。滄海桑田，歲月見證了靈實的茁壯成長。

新的服務願景如今已一一落實。

在 21 世紀來臨前夕，靈實醫院遷入新大樓，成為一所設備完善而涵蓋老人科、胸肺科和舒緩治療三門專科的復康醫院，為將軍澳一帶和港九地區市民提供優質現代化醫療服務。

基督教靈實協會自 2016 年 10 月 27 日舉行「築動生命全方位關顧計劃」啟動禮後，並將於元洲原海灘上建造一座新康復大樓。靈實藉著重新定位的醫療概念，為香港社會帶來全新和全方位醫療服務 —— 不但加強舒緩治療服務、長期照顧和晚期寧養服務及照顧病患者需要等，同時也支援病患者家人及照顧者的身心靈需要。

嶄新的康復大樓經過五年半的擴建，在 2022 年 6 月 15 日正式開幕，命名為信望愛樓（Trinity Block）。新大樓由三翼組成，以英文字母 Y 字型設計，位於原元洲海灘位置。信望愛樓落成後，頓使醫院床位增至接近七百張，而且還設有日間內科和康復中心。

2022 年，正當香港第五波新冠疫情處於爆發高峰的階段，剛投入運作的新大樓充分發揮靈實「積極進取」精神，僅用兩天時間便改裝成「定點應變醫院」，分階段提供了 270 張床位，應急接收確診新冠病人。靈實與全香港攜手一道抵抗疫情，支援市民和弱勢社群所需，與港人共渡時艱。

在信望愛大樓五樓，設有名為「信望愛園地」的復康花園，最大特色是牆壁上有五幅分別以「緬懷」、「生命回顧」為主題的馬賽克瓷磚壁畫，旨在刺激復康者的感知、視覺、嗅覺和聽覺，以舒緩病人及其照顧者身、心、靈所承受的壓力。這些壁畫透過展示香港景色，包括地道文化、生態等，從而帶出靈實與社區的連結。

靈實通過現代化服務，守護將軍澳新市鎮一帶五十多萬市民的身、心、社、靈健康需要，使基督福音進入居民心中。今天，靈實醫院的神聖使命和基督愛人精神始終如一，本著「尊重生命，改變生命」的宗旨，持續為人們提供最佳的醫療和復康服務。

「靈實之母」司務道

靈實肩負的使命乃 19 世紀以來教會宣教和醫療事工的延續，司務道教士對於靈實的建立功不可沒。司務道 1911 年生於挪威荷頓（Horten），20 歲入讀護士學校，[47] 是同級學生中身形最為高大的。所以，司教士其後被暱稱為「元洲巨人」。畢業後，她於 1937 年 10 月前往英國倫敦，進入中國內地會開設的宣教士訓練學校進修。[48] 1938 年，司務道抵達陝西南部安康地區，從事醫藥宣教、診治負傷軍人。1945 年抗戰勝利，司教士回國述職，翌年從挪威攜帶了三大箱醫療用品和各種藥物返回陝西。[49] 1951 年 8 月司務道離開服事了 13 年的陝西宣教工場，取道香港返回挪威。

司教士回挪威休養了一段時間。其後她接受調景嶺基督教醫務所葛瑞霖和孫海倫等教士的邀請，來港幫助診治難民。從 1953 年 3

1950 年代中期，司務道（右）在碼頭等候嘉賓上岸。「元洲巨人」的風采逼人。（基督教靈實協會准用）

月起，她在信義差會與顧永榮、鄭錫安牧師等同工，在調景嶺繼續其過去於陝西所從事的醫療宣教，並參與信義差會診所和大坪診所醫護工作。1955 年靈實肺病療養院（今靈實醫院）創辦，她獲邀擔任護士長，以其專業護理知識和傳道經驗服事難民。她在病人垂危臨終時陪伴左右和擁抱他們，讓其感受到愛和希望。療養院在草創期間，儘管醫療等設施尚未齊備，她卻仍可為眾多肺病患者提供優質治療，為他們帶來希望。[50]

療養院成立時亦創辦了護士學校，校歌歌詞中提到「為耶穌而活，生命有意義……」課程包括護士學（護士訓練）和倫理學，由司教士親自教導，訓示學生對病患者展現愛心關懷的重要性。1972 年，院方向政府申請成為登記護士訓練學校，畢業生獲登記護士資歷。1990 年靈實護士訓練學校命名為靈實醫院司務道護士學校，司教士專程來港參與命名典禮。靈實護校漸上軌道，迄 2001 年完成其歷史任務，46 年來合共訓練了護士學生 1,054 名。昔日由靈實培訓的白衣天使，專業資歷備受各大醫院肯定和認可，不少今天仍在世界各地不同角落服務人群。

靈實肺病療養院從零開始，司務道等靈實醫護同工在各國教會支持下，繼承南丁格爾（Florence Nightingale）「白衣天使」的愛心和精神，全心全力救治和安慰病人，使住院病友得到悉心照顧，早日康復。2021 年出版的司務道教士自傳《信心行傳》，[51] 記載了靈實醫院歷年許多感動人心的故事，為人們津津樂道。

司務道作為「靈實之母」，[52] 自她踏足靈實醫院那一刻起，不分春夏秋冬，只要有需要，就堅持 24 小時候命值班工作，是一位操心院內大小事務的忠心管家。司教士尤其喜歡在晚上於病房當值，在寂靜的夜晚，最能體現《聖經》中一段經文的意義：「在伯利恆的野地裏，有牧羊的人，夜間按著更次看守羊群，有主的使者站在他們

1960 年代靈實護士學校的學生畢業照

旁邊，主的榮光四面照著他們。」她常比喻所照看的病房為「伯利恆」，更生動地形容病友皆為所看顧的「羊群」，能常睹主榮光便是對這位神的使女的最佳賞賜。[53]

司教士常把自己描述為「落在泥土裏的一粒麥子，若是死了，它將結出許多子粒來」。她常以聖經金句「祂必看見自己勞苦的功效，便心滿意足」來勉勵醫院同工。她在靈實醫院的工作態度和服務精神，折射出病患者獲得的全人照顧。

靈實前任董事王明理憶述：「司教士 24 小時照顧患有肺病的人，與他們祈禱、講道，並服事他們生活上的各種需要。」靈實護士學校前校長歐美冰寫道：「司教士有無私的愛和驚人的記憶力，又重視人的靈魂。當時她以神的愛和充沛的精力，既擔當了護士長、夜間總巡、行政主任兼照顧病人，又是護校導師和護校擴建工程策劃人，日以繼夜，忙碌不停。」一位醫院前護士也分享：「司教士每天工作 15 至 16 小時，工作務實，膳食簡單；認真負責，從不敷衍了事。」

靈實的核心價值是「尊重生命，影響生命」。肺病療養院建立初期，所有病房都無洗澡設施，由員工天天用扁擔把熱水挑到各個病房門口，為病人淨身。護理人員為免病人受寒，乃忍痛扭乾已濕的熱毛巾，然後把熱毛巾伸進棉被內，替病友抹拭身體。這些同工在經歷多次搓洗已濕的熱毛巾後，一雙手已被燙至紅腫。

司教士習慣掛上慈祥可愛的笑容，仿似一道燦爛曙光，時刻激勵著全院每一位同工。一位資深護士憶述：「當時每有病人離世，即使無親友及時陪伴，院方仍一視同仁視為摯愛親人看待。他們先將病人遺體抬下病床，再用扁擔謹慎肅穆地抬去醫院太平間，然後用清水將逝者全身梳洗，穿上整潔衣服，讓逝者有尊嚴地離開世界。」

靈實成立多年來，一直遵循機構初期的異象禱詞：「神啊！我們並肩服事及成長，見證福音，並體會祢的愛。願祢心滿意足。阿們！」因此，靈實一直用愛心回應社區以及全社會，特別關注長者、健康、復康和教育等方面的需要，同時亦通過服事讓人認識基督信仰和父神救恩。

司務道身兼護士和宣教士，[54] 多年來一直在崗位上起著表率作用，把精力全都放在所服事的群體上。即使屬下員工犯有任何差錯，她從不予以責備，而是會與其一起跪下禱告，求上帝寬恕。靈實醫院內有塊祈禱石，是司教士與同工禱告之處。司教士無私忘我的奉獻精神以及在醫院為病友所作的付出，令人欽佩不已，許多調景嶺女學生因而深受感動，乃紛紛報讀靈實護士學校，立志成為「白衣天使」。

司教士尤其喜歡小孩子，曾經幫助不少孩童擺脫困境。對來自

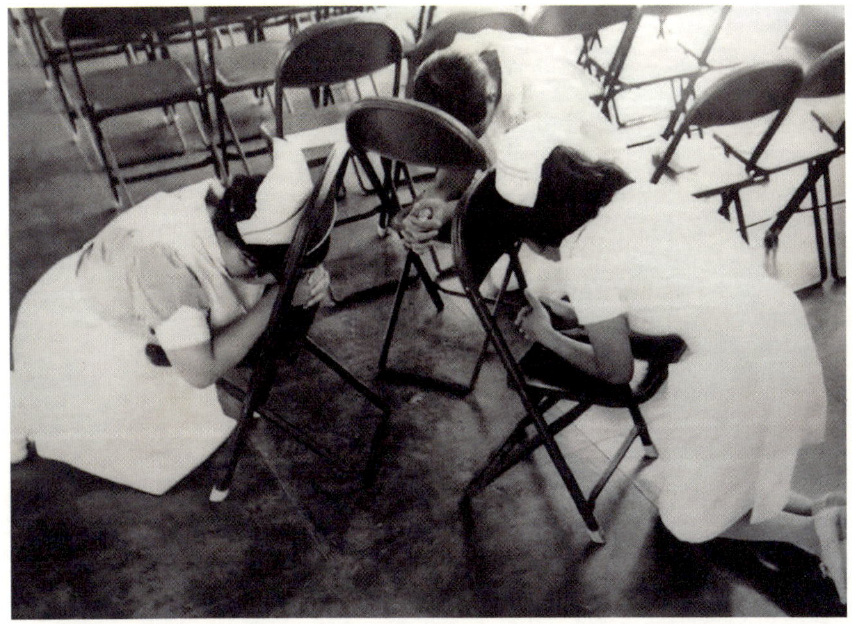

靈實醫院護士在禮拜堂內祈禱

司教士昔日常與同工在祈禱石禱告。祈禱石今安放在靈實醫院主座大樓便利店旁邊的小花園。

單親家庭或父母不幸雙亡的少年、兒童，她總是關懷備至，並介紹他們入住調景嶺學生輔助社。這些無家可歸的少年和兒童，因而得以在調景嶺學生輔助社戴大衛牧師與師母那教士的牧養下，接受福音和正規教育，無憂無慮地生活在基督教大家庭，並成為對社會有用的人。[55]

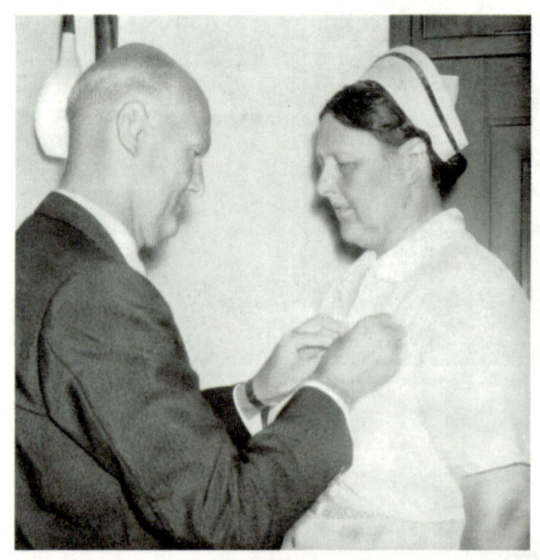

1961 年，紅十字會國際委員會向司務道教士頒發南丁格爾獎章。

1976 年，已榮休的司務道教士專程重返靈實，接待挪威時任王儲哈拉爾（Harald）及儲妃宋雅（Sonja）參觀醫院。（基督教靈實協會准用）

司務道一生黃金歲月奉獻給中國，她服事中國人民整整四十年（1938–1978），無論在陝西或香港，都留下佳美腳蹤。她於 1961 年獲頒紅十字會國際委員會最高護士榮譽南丁格爾獎章（Florence Nightingale Medal），[56] 1963 年獲挪威國王頒授平民最高榮譽的聖十字章（First Class Saint of Knight's Cross），1979 年元旦獲英女皇頒授大英帝國官佐勳章（Honour of Officers of British Empire），[57] 表彰她多年來為社區作出的奉獻和卓越的成就。

即使獲得如此崇高的獎項及嘉許，司教士仍謙卑地表示，雖然擁有這些勳章，但若與在神面前所得到的神聖冠冕相比，則絕不能相提並論，也是微不足道的。

挪威荷頓鎮的司務道路（Annie Skau vei），以司教士的名字命名。司教士與親友在路牌旁留影。（基督教靈實協會准用）

1972年，司教士因患心臟衰弱，交棒予資深護士黃茵若。她其後負責挪威聖約教會差會在香港的工作，包括建立教會、幼稚園和觀塘堅樂中學，迄1978年屆退休年齡返挪威定居。司教士曾言：「那位在1938年差派我往中國的主耶穌，依舊不斷地安慰、扶持我，不斷地向我說話：『安妮，不要怕，只要信，不要看環境，也不看你自己，單單仰望我，我的恩典夠你用的，因為我的能力是在人的軟弱上顯得完全。』我終於明白一件事：雖然我因為年紀、健康的緣故要退休了，但是主不會叫我退休，只要我一息尚存，祂仍舊願意用我。」[58]

誠然，司教士並沒退休，黃茵若護士曾記述：

> 重返挪威而她仍在自己家園，到不同城市，也曾數度重回香港，並到東南亞各教會見證主傳福音，更激勵人為中國的弟兄姊妹、中國政府和中國鄉村家庭教會禱告，關心中國弟兄姊妹。離世前三年身體漸漸衰殘，行動不便，她仍在家裏主領聚會，及接見前來接受輔導的人；也不忘禱告的事情，常來信告訴我，她還可以坐在椅子上為中國、為靈實醫院禱告。
>
> 1986年司教士重返西安訪問，但不獲准進入她昔日的工場龍駒寨和商縣去看望她親愛的弟兄姊妹，心中十分難過。她渴望見到昔日與她攀山、涉水把福音帶到深山同胞的福音勇士。雖然她還計劃著再回到中國去，畢竟她不斷為主燃燒的生命在1992年11月26日耗盡，在挪威菏瓊市家中安然去世。我想她不但已欣然見主，並與她那昔日在山區的，比她早日見主面的親愛弟兄姊妹見了面，並且一同晝夜敬拜頌讚他們在世時竭誠事奉的主。[59]

此外，「司教士常自覺，自己是靈實大家庭的『媽媽』，不只照顧患肺病需要住院的人，她也看重幼小的心靈。早年靈實開設兒童之家（恩光護幼院前身），收容病友的子女，孩童會稱司教士為『媽媽』」。[60] 靈實護士學校第一屆畢業生梅亞拿亦稱呼司教士為「媽媽」：

> 媽媽：平安！感謝讚美主，使我再能寫信給您。許久沒通過信，掛念您、爸爸、靈玲小妹，你們都好嗎？媽媽！我已經於七月一號退休了。因我多病，去年十月份，您和爸爸剛回挪威，我就留醫在 H. of H. 爸爸住過的那病房。Ruth 和其他的同學們都常常談起，我們越談就越想念您。我們都說：「再找不到第二人像媽媽您，無論信心、愛心、苦幹的精神和愛眾人的心，都是我們的榜樣」。我們真是越久就越愛您，調景嶺的老難民也沒忘記您給予了他們許許多多的幫助。您的愛心常使我們懷念，只有在禱告中向主懇求：願　主恩上加恩的賜福你全家！
>
> 您的屬靈的孩子們
>
> 梅亞拿全家上
>
> 1981.11.30 [61]

今天位於將軍澳寶琳邨寶泰樓的基督教聖約教會司務道幼稚園暨幼兒院，以司教士名字命名，紀念司務道教士愛護孩童的慈心仁行。這是一間全日制幼兒院，肩負著照顧和教育兒童的責任，本著耶穌基督喜愛小孩的精神，為孩童提供一個充滿愛和關懷的學習園地。1992 年，司教士去世，享年 81 歲，挪威聖約教會和基督教靈實協會先後為司教士舉行安息禮拜。挪威人民普遍認為司教士逝世是其國家的巨大損失。

關顧長幼不輕怠

由靈實提供的長幼服務

調景嶺基督教醫務所於 1971 年更名為調景嶺基督教醫療中心（下稱醫療中心），為嶺上居民提供的醫療診治擴至婦產科、牙科、化驗和照 X 光等，並設有八張留醫觀察病床。

1976 年，醫療中心開展「社區健康護理服務」，1980 年成立「社區健康發展部」，推行「社區健康」和「預防勝於治療」的推廣工作，目的是促進居民對基本健康的認識；並把 1980 年 6 月 8 日定為「社區健康日」。[62] 這兩項措施有力地改善了整體社區居民的身、心、社、靈健康，並改善了區內清潔衛生，長遠目標則是讓人在身、心、社、靈四方面都能健康發展。同時，通過醫療、教育、輔導以及居民的積極參與，鼓勵大家養成良好生活習慣，以預防疾病，確保個人、家居和社區環境衛生。

靈實在調景嶺的醫療服務，尤其關注長者與兒童的身心健康。長者服務方面，1978 年，調景嶺基督教醫療中心開設長者服務。1982 年元旦由社署資助的調景嶺老人中心（Rennie's Mill Social Centre for the Elderly）成立，位置在醫療中心二樓，除了提供健康檢查服務，還設有休息室、保健室和活動室等配套設施，為長者提供聯誼等文娛和保健活動，鼓勵他們利用閒暇時間學習新技能和知識、做義工服務他人，藉此提升長者的生活素質。

1980 年代後期，港府為落實將軍澳地區發展規劃，以建成容納 50 萬人居住的新市鎮，將清拆調景嶺村並把所獲土地納入發展範圍。醫療中心為舒緩長者心理需求，特別為獨居長者設立「老友記俱樂部」社交組，讓組員可以互相關心，一起為調景嶺的搬遷清拆作心理準備。1996 年 3 月 23 日，清拆前夕，老人中心舉行「告別調景嶺」儀式後，宣告老人中心的正式結束。不少原屬調景嶺老人中心的長者加入了厚德老人中心。[63] 正如靈實協會使命宣言：「本著基督的精神、全人照顧的理念，提供安全照顧的服務，使長者安享晚年。」

在兒童服務方面，1961 年時，為照顧當時療養院病人的子女，恩光護幼會成立。隨著 1970 年代以後肺結核病患者的人數遞減，需要照顧的幼童不多，1975 年醫援會開始為智障兒童提供復康、教育服務，並設有寄宿安排。1980 年代初正式向政府註冊，重新命名為靈實恩光學校暨兒童院，透過建立家長和教師、社會工作者之間的密切聯繫，為嚴重智障兒童提供高質素教育、復康和護理服務。踏入 1980 年代，隨著香港社會經濟好轉，醫援會陸續推行「學生保健計劃」、「母嬰健康護理」，以及恢復一度停辦的牙科服務。此外，醫援會還提供特殊教育服務。[64]

養真苑

當年調景嶺碼頭前方，矗立著一座樓高四層的建築物養真苑（Yang Chen House，取「返璞歸真」之意），是嶺上唯一的養老院。養真苑於 1960 年代初由醫援會策劃，由基督教家庭服務中心（Christian Family Service Centre）興建，1972 年 3 月正式投入服務。該中心為美國聯合長老會主辦的家庭服務機構，1954 年由美國宣教士文美莉（Muriel Boone）在九龍旺角洗衣街派發救濟物資開始運作。1965 年，家庭服務中心獲基督教世界服務委員會贈予九龍觀塘翠屏道三號的建築物，乃遷至該址運作至今。

家庭服務中心三大宗旨與目標為：（一）彰顯上帝藉耶穌基督所表達之愛，使世人明白人類作為上帝兒女之價值與尊嚴；（二）保障

養真苑，於調景嶺是一座很顯眼的建築物。

及增強家庭生活，與有需要的人建立良好的專業關係，及培養一有助成長與發展之健康的社會環境；（三）積極參與社區行動，以改進香港家庭生活環境。屬下有社會工作部、調景嶺中心、手工部和健康中心。調景嶺中心的工作就是營運養真苑。[65]

養真苑宿額有 70 個，專門收容無家可歸的老年人，特別是肺部有小毛病的病人或肺病康復者。苑方免費提供食宿，每週苑友還有少量零用錢。靈實護士每週前來一次，為老人量血壓和分發藥物。這些長者生活自由自在，可隨意外出散步、品茗用膳或探親訪友，亦可製作一些有薪酬的手工藝品。苑方曾舉辦棋藝活動如中國象棋、旅遊活動，以及與社區老人中心合辦「調景嶺敬老節」等益智活動。苑友最熱衷的還是圍在一起打麻將。

養真苑為香港社會福利署資助的安老院舍，亦是社區唯一有安裝自動升降機設施的現代建築物，備有小車載運長者乘搭電梯。苑內平台設有院長室、辦公室、飯堂和大廚房，廚房每天供應早、午、晚三餐。一、二、三樓都分別設有三個大房間，各設有 6 張床，即每層樓有 18 個床位，三層共有 54 張床。每層樓設有寬敞洗澡間和洗手間，亦有栽種花卉的露台，苑友在此眺望海景，頓覺心曠神怡。此外，一、三樓設有儲物室；二樓則有供職員夜間使用的當值室。院舍每層樓選出一名代表，每週直接與主任商討各種意見和困難，使大家過著和諧和有尊嚴的生活。

養真苑還常被社會福利署用作臨時辦公室，原因是調景嶺長者的綜援服務工作隸屬九龍彩虹邨辦事處，為免長者因辦理手續而奔波，於是社署每逢週三都會借用院長室，派三位職員為老年居民辦理手續或派發現金。後來香港渣打銀行調景嶺分行設立後，社署就可把綜援款項直接存入居民的銀行戶口。

「由於調景嶺有小村落的氣氛，居民因長期相處融洽而形成一個互愛互助的社區。基督教家庭服務中心設在該區養真苑的設施，亦同時被使用於家庭服務及管理學生食堂等方面的工作。在七一至七二年度大約有 200 個家庭及個人接受其服務。」[66] 1980 年代任職調景嶺老人中心的陳福志，是首位在嶺上服務的社工，1986 年擔當養真苑第二任主任。[67] 苑內 70 張床位只供男性長者入住，來自區內和港九地區的苑友各佔一半；其中十人需長期臥床。凡健康情況許可、行走自如者皆可自由出入院舍，亦容許早出晚歸。某次一位苑友獨自外出，卻因失憶而迷路，一度徘徊於大坪海邊，幸獲鄰居通知院舍職員將他帶回養真苑。

隨著調景嶺清拆，養真苑於 1993 年遷往將軍澳。西貢區中心社工蘇先生帶領一大批義工協助長者搬遷。這些長者都遷往將軍澳厚德邨德志樓和德康樓地下和一樓兩層居住單位。

創福音戒毒先河

1952 至 1956 年期間，挪威信義差會在信義小學附近設有一家小型醫務所，主要由路恩德教士、吳思道教士和那教士三人負責，旨在提供簡單診治和醫療服務，[68] 嚴重的病患會被送往大坪醫務所診治。

難民營成立初期，居民生活困難、精神無所寄託，不法之徒乘機從九龍城來到嶺上販售毒品。當中一些居民因感生活迷茫、心靈空虛，經不起無良毒販花言巧語、慫恿引誘，由此誤入歧途。1956 年，挪威信義差會鄭錫安牧師創立挪威信義會戒毒所（Norwegian Lutheran Mission Drug Addiction Withdrawal Centre），地址為調景嶺村第七區 88 號，位於信義小學正門木橋下面。該所是全港首創的福音戒毒機構。當時的毒癮者，以吸食鴉片為主，也有吸白粉的。魏榮牧師指出，戒毒者大都不是嶺上居民，而是從嶺外轉介而來的。信義差會在九龍城亦有傳福音事工，每當接觸到染有毒癮者時，便會勸導他們前來接受戒毒。

戒毒所秉持「基督耶穌降世，為要拯救罪人」的原則，挽救沉淪毒害而無法自拔的成癮者，幫助其達成改過自新的願望。福音戒毒所要求已成功戒毒的學員必須通過一項香港戒毒會的試針檢測，證明已戒除不良嗜好。學員治療康復後，會獲發試針紙乙份以作為毒癖已除的證明。

鄭錫安牧師始終抱著「上帝願望萬人得救，不願一個小子沉淪」的信念，體現大智、大仁、大勇的精神。在信義差會大力支持下，多

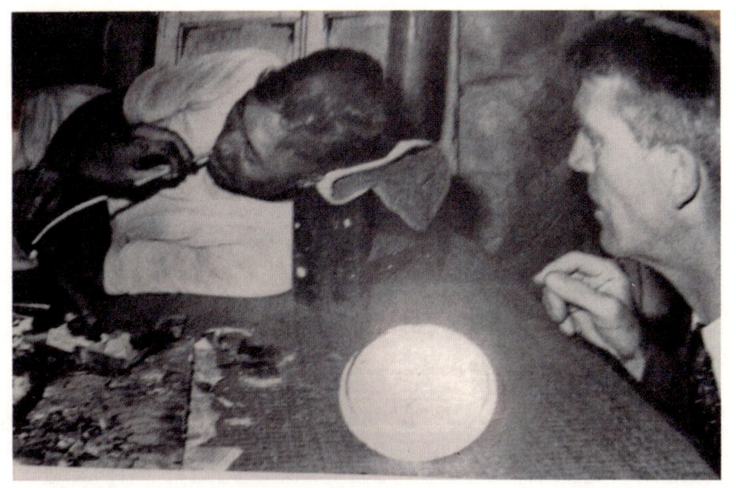

為勸導癮君子接受戒毒，鄭錫安牧師不惜直闖毒窟。

年來曾幫助幾千失足者遠離毒海。儘管有些人本性難改，但鄭牧師仍執意收容這些人，以半年期限為一個療程，其中大部分學員為男性，女學員居少數。他強調，上帝既然給予機會，便不容錯失，應盡量以福音幫助他們戒毒。戒毒所聘有華人同工周紫東和楊庭賢等人。戒毒所於 1986 年併入長洲附近的石鼓洲康復院，完成其歷史任務。

不少調景嶺居民曾指出，區內嚴重的吸毒問題隱藏已久，毒品交易以半公開的形式進行，地點多在長年廢置的街市。梁家麟牧師指出：「不少青少年在黑社會的威迫利誘下吸毒販毒。一位信義中學教師的兩個兒子都染上毒癮，連傳道人的子女亦不能倖免。不過，吸毒者若留在本區戒毒，成功率極低，故入住戒煙所的主要仍是外來人士。政府後來在石鼓洲設立戒毒所，信義會戒煙所部分員工乃轉職過去。無論成效如何，此處畢竟是開了福音戒毒工作的先河。」[69]

小結

調景嶺營成立伊始，嶺上病人所需醫療服務全都依賴港府資助；政府醫生到營中應診治療病人，並供應簡單藥物。待嶺上教會開辦診所以及肺病療養院，社區醫療服務乃逐步走向正規化。隨著嶺上水陸交通日趨便利，每當醫務所遇上疑難病症時，就會迅即把重病患者轉介到港九公立醫院，作進一步的診治。

嶺上教會診所和位於元洲的醫院秉承人道主義精神和無私愛心，實施「全人治療」方針，從難民營成立開始已向大批無依無靠的逃難者伸出援手，提供藥品食物和衣服，使他們暫時得以溫飽，解決燃眉之急。教會贈醫施藥和派發奶粉乃在人們心中留下深刻記憶，譜寫了教會在調景嶺傳福音、醫療和賑濟歷史一頁。

從前在調景嶺方圓三平方公里的土地上，眾教會從舊五區（新第十區）一直到海邊大坪先後建立了：耀漢診療所、聖約瑟護理站、基督教醫務所（大坪醫務所）、信義會醫務所、靈實肺病療養院、福音戒毒所等的醫療院所。[70] 基督教靈實協會從當年以一尊石塊作為贈醫施藥站，到今天發展成綜合性社會醫療服務機構，為將軍澳 50 萬市民提供醫療、頤養、教育、社區健康等多元服務，這是神的厚恩。近半世紀以來，調景嶺醫護事業的發展歷程，見證了神愛世人的光輝事跡。願榮耀全歸上帝！

從嶺上一端到另一端以至毗鄰的元洲，教會主辦的診所和醫院一直守護著調景嶺居民的健康；這些醫護機構肇始於調景嶺兩端，其後（包括護老院舍在內）分佈於嶺上各處。從下章可發現在調景嶺經濟發展方面略帶一點象徵意義的巧合：同樣由教會在嶺上一端興辦的繡花和布公仔娃娃手工藝作坊，與在另一端的紹榮鋼鐵廠，先後為居民提供就業機會，讓他們自食其力、走出困境，並且重拾人性尊嚴。

註釋

1 梁家麟：《福音與麵包》，頁 166–167。

2 劉義章：〈基督教靈實協會在香港將軍澳區的發展〉，載李金強、湯紹源、梁家麟主編：《中華本色：近代中國教會史論》（香港：建道神學院，2007），頁 344。

3 立生：〈醫務所的概述〉，載香港社會局調景嶺營營報社編：《營報》，創刊號，頁 10。

4 這一節有關天主教會在嶺上開辦診所的資料，主要摘引自林榮鈞、張小蘭、劉慶廣：《默默無聞的服務：香港天主教診所歷史》（香港：香港中文大學天主教研究中心，2024），頁 86–105。

5 林榮鈞、張小蘭、劉慶廣：《默默無聞的服務》，頁 98；梁家麟：《福音與麵包》，頁 177–178；王裕凱指導，陳勃等著：《香港調景嶺難民營調查報告》。王國儀先生這樣憶述張斐理修士贈醫施藥的事跡和嶺上自願戒煙所的成立：「張斐理修士每逢週日提著一個藥箱在小區第五區附近一帶為難民施醫贈藥。1956 年信義會自願戒煙所設在小區中段信義小學小木橋附近，設一間木屋讓吸毒者自願入住戒毒。後來港府在大嶼山附近的石鼓洲成立戒毒所，信義會自願戒煙所在開設幾年後結束。」王國儀先生訪問記錄，訪問於 2014 年 4 月 26 日以電話進行。

6 林榮鈞、張小蘭、劉慶廣：《默默無聞的服務》，頁 86–105。

7 國籍耀漢小兄弟會張文生（斐理）修士病逝，安葬於跑馬地天主教墳場。見《公教報》，1973 年 4 月 6 日。

8 林榮鈞、張小蘭、劉慶廣：《默默無聞的服務》，頁 101–102。

9 林榮鈞、張小蘭、劉慶廣：《默默無聞的服務》，頁 103。

10 林榮鈞、張小蘭、劉慶廣：《默默無聞的服務》，頁 105。

11 「戴瑞蘭與宣道會都沒有足夠經費維持診所服務，幸得信義會每月資助港幣 175 元。這樣一開始，醫療服務便是由不同宗派共同支持的，這是為何診所日後稱為調景嶺基督教聯合醫務所。」梁家麟：《福音與麵包》，頁 165–166。

12 孫海倫是時任港督葛量洪的表姊，故對政府政策上有若干影響力。據路德會救主堂主任牧師楊智潤憶述，她能召喚水警輪，將重病居民載往市區的醫院，因此救活了好些人。梁家麟：《福音與麵包》，頁 169。

13 劉義章：《盼望之灣》，頁 27。

14 海富生醫生夫婦早年在雲南從事醫藥傳教，翻譯《聖經》、詩歌和教授基本醫學知識。1950 年來到香港，先後開設以醫治肺病為主的診所和肺病患者療養院。其後他們前赴外地從事醫藥傳教約 26 年。1984 年回港，再為調景嶺居民診病；同時在九龍城靈光醫務所（Emmanuel Medical Mission）服事。據靈光醫務所侯美恩姑娘訪問記錄，訪問於 2002 年 6 月 29 日九龍城盛德街靈光醫務所進行；及 Robert G. B. Graham, “My Years in Hong Kong and Those Before” (manuscript), July 2003。

15 孫教士在港服務七年，領導醫務所，創辦靈實肺病療養院。她後來因摔倒導致腿骨受傷，於 1958 年秋回英國蘇格蘭治療和定居；1964 年她出席了調景嶺基督教醫務所新大樓的開幕禮。劉義章：《盼望之灣》，頁 27。

16 Rennie's Mill Camp Church Clinic Committee, *Come Wind Come Weather: Report for the Year 1954* (Hong Kong: Rennie's Mill Camp Church Clinic Committee, 1954), p. 29；李金強、湯紹源、梁家麟主編：《中華本色》，頁 346。

17 普愛醫院暨護士學校由英國醫藥傳教士畢家造醫生開辦，畢醫生 1963 年專程來港在調景嶺基督教醫務所為病人診症約一年之久。據戴顏華實女士訪問記錄，訪問於 2000 年 2 月 21 日戴女士家進行；及戴顏華實：〈回憶中調景嶺事奉的日子〉，手稿，2001 年 4 月 21 日。戴女士在訪問時告訴筆者，孫海倫教士目睹她把藥瓶蓋子以頂部朝下的方向放置於桌上，覺得她懂得醫藥衛生，乃決定聘用。

18 劉義章：《盼望之灣》，頁 31。

19 靈實醫院首任院長姜彼得醫生（1958 年 11 月上任）在艾醫生榮休時寫道：「她確是一個為他人而活的人⋯⋯她並沒有計劃過退休的生活，因為她實在熱愛其工作、服務對象和同工。」姜彼得醫生：〈向艾瑪麗醫生致敬〉（"Tribute to Dr. Mary Ashton"），載將軍澳區醫援會：《將軍澳區醫援會年報 1978–79》（香港：將軍澳區醫援會，1979），頁 10；Graham, "My Years in Hong Kong and Those Beofore"。

20 司務道口述，尚維瑞撰：《司務道信心行傳》，頁 202。

21 英文名稱為 Sailors and Soldiers' Home，俗稱「水手館」，1901 年落成，位於灣仔軍器廠街 9 號，現已拆卸。

22 1957 年元旦獲頒大英帝國官佐勳銜（OBE），以表揚其對那打素醫院、靈實肺病療養院和痲瘋病者的貢獻。劉義章：《盼望之灣》，頁 30。

23 劉義章：《盼望之灣》，頁 30。

24 王裕凱指導，陳勃等著：《香港調景嶺難民營調查報告》，頁 102。

25 劉義章主編：《荒原上的雲彩》，頁 7；劉義章：《盼望之灣》，頁 32。

26 見調景嶺基督教醫務所委辦會秘書兼司庫惠施霖牧師 1955 年 10 月 31 日致首席助理社會局局長亞歷山大（D. R. W. Alexander）及有關政府部門和官員函件。

27 劉義章：《盼望之灣》，頁 33。

28 昔日元洲荒原發展成今天「靈實園」，是基督教靈實協會服務旗艦包括靈實醫院、寧養院和護養院等所在地。

29「香港難童義務學校一批師生某天隨著顧永榮牧師、路恩德教士、孫教士、司教士和那教士等人一起參加秋遊活動。當他們前往將軍澳路經元洲時，發現當地環境異常安靜、且臨近海畔，實為建立療養所最佳選址。」據原調景嶺信義小學陳國英老師訪問記錄，訪問於 2013 年 3 月 22 日進行。

30 據村民李好女士憶述：「初時村民反對在其所屬土地上興建肺病療養院；經委辦會多番解說、允諾將來療養院聘請員工時優先考慮錄用村民後，終獲村民同意。」元洲村村民李好女士訪問記錄，訪問於 1999 年 12 月 20 日李好女士家進行。

31 HKRS 156-1-7071, SHW to CS., 2 December, 1959. 港府明言肺病療養院辦起來以後不再作任何資助。司教士憶述道：「當初我們申請開辦療養院的時候，一些官員對我們說：要辦療養院沒有問題，但是不要寄望從政府那裏得著一分錢。」司務道口述，尚維瑞撰：《荒原上：司務道自傳之二》，頁 55。

32 取《聖經》中「聖靈所結的果子，就是仁愛、喜樂、和平、忍耐、恩慈、良善、信實、溫柔、節制」之意，見《聖經．加拉太書》5:22–23。

33 姜醫生 1953 年任九龍城靈光醫務所院長，三年後出任靈實醫院院長。1961 年 12 月轉為專任前，每週有三天下午在靈光醫務所診病。

34 李紹鴻醫生在接受筆者訪問時，一再肯定姜醫生的貢獻。李紹鴻醫生訪問記錄，訪問於 2000 年 5 月 2 日香港中文大學李卓敏基本醫學大樓李醫生辦公室進行。劉義章：《盼望之灣》，頁 37。

35 劉義章：《盼望之灣》，頁 40。

36 由於靈實肺病療養院病人來自香港各地區，將軍澳區醫援會服務對象已不限於將軍澳區居民。

37 將軍澳區醫援會在 1959 年 3 月完成所有規定的註冊手續後，正式成為港府認可的非牟利志願機構。王裕凱指導，陳勃等著：《香港調景嶺難民營調查報告》，頁 103。劉義章：《盼望之灣》，頁 41–42。

38 由於與司務道意見分歧，1956 年海富生另外成立迦南肺病療養院（Canaan Convalescent Home）不復直接協助醫援會。梁家麟：《福音與麵包》，頁 175–176。

39 陳黃燕霞主編：《仰望雲彩的笑顏》。Henry Simon, "A Galatians 2:20 missionary," in Janice Kerper Brauer, ed., *One Cup of Water: Five True Stories of Missionary Women in China* (St. Louis, Missouri: International Lutheran Women's Missionary League, 1997), pp. 93–116。

40 劉義章：《盼望之灣》，頁 7。

41 1972 年，由於失火，教堂局部受到一些損壞，但矗立在小教堂頂部的十字架卻絲毫無損。司務道口述，尚維瑞撰：《荒原上：司務道自傳之二》，頁 154。

42 1989 年 7 月 18 日醫援會董事會會議上，梁醫生指出：「鑑於政府已把將軍澳英文名稱改作 Tseung Kwan O，加上醫援會的服務亦不再以救濟為主要取向，因此建議更改會名。」經過向全體員工徵求新名稱建議，以及由各部門主管負責改名事宜，醫援會董事會於 1990 年 2 月 13 日會議上，議決採用新名。劉義章：《盼望之灣》，頁 72。

43 1950 年代為靈實醫院的開拓期、1960 年代經歷了發展期、1970 年代則為靈實走向多元化服務的時期，而 1980 年代更標誌著它提供的服務走向穩健成長，亦是籌建新院舍的轉折點。從 1978 年開始，靈實開始獲得政府全面資助。在與香港醫院管理局於 1991 年 5 月 24 日正式簽署協議之前，靈實協會董事會獲醫院管理局保證：靈實醫院能保留、發揚「全人關懷」醫療哲學、基督教醫療文化傳統，以及確認醫院行政總監「由一位基督徒出任為佳」。劉義章：《盼望之灣》，頁 61、75、79。

44 劉義章：《盼望之灣》，頁 97。

45 劉義章：《盼望之灣》，頁 79–82。

46 靈實醫院行政總監梁智達指出：「異象二千是靈實協會為踏進 21 世紀，見證神的託付，以基督為中心的愛心、委身和認真去服事有需要的人。」劉義章：《盼望之灣》，頁 82–83。

47 司務道口述，尚維瑞撰：《陝西羚蹤：司務道自傳之一》，頁 7。魏外揚：《中國教會的使徒行傳：來華宣教士列傳》（台北：宇宙光出版社，2006），頁 177。

48 司務道口述，尚維瑞撰：《陝西羚蹤：司務道自傳之一》，頁 32。

49 司務道口述，尚維瑞撰：《陝西羚蹤：司務道自傳之一》，頁 112。

50 劉義章主編：《荒原上的雲彩》，頁 4。

51 司務道口述，尚維瑞撰：《司務道信心行傳：〈陝西羚蹤〉、〈荒原上〉圖文典藏版》。

52 劉義章：《盼望之灣》，頁 5。「我常常感到自己是這個大家庭的母親，但是要負責照顧、養育這麼多兒女，實在不是一件簡單、容易的事。開幕典禮後，我們的信心再一次受著考驗。每天的基本食糧——米，快要吃光了，我們也沒有餘錢可以挪用。雖然我們知道不少人有能力、而且樂意幫助，但是我們從不把困難告訴別人。我們相信療養院的總監——耶穌基督有祂最美妙的辦法。果然，到了最後關頭，我們從挪威收到八百塊錢，也有人從香港送來許多大米，足足可以吃一個月。祂常常用我們意想不到的方法幫助我們、鼓勵我們。」見司務道口述，尚維瑞撰：《荒原上：司務道自傳之二》，頁 42。

53 魏外揚：《中國教會的使徒行傳》，頁 177。

54 司務道口述，尚維瑞撰：《荒原上：司務道自傳之二》，頁 60。

55 香港學生輔助會：《一切為孩子》，頁 51。

56 佛蘿倫絲．南丁格爾獎章，是各國紅十字會為紀念 19 世紀著名的英國護士南丁格爾而設立的。該獎章授予在和平時期或戰爭中表現突出的護士或護理人員，還會追授給那些在衝突地區工作時以身殉職的護士或護理人員。見〈基金與獎章〉，紅十字國際委員會，https://www.icrc.org/zh/who-we-are/funds-medals，瀏覽日期：2025 年 2 月 13 日；"Eighteenth Award of the Florence Nightingale Medal," The International Committee of the Red Cross, 1961, https://international-review.icrc.org/sites/default/files/S0020860400015710a.pdf, accessed 13 February, 2025。

57 劉義章：《盼望之灣》，頁 31。

58 司務道口述，尚維瑞撰寫：《荒原上：司務道教士自傳之二》，頁 178–179。

59 馮黃茵若：〈後記〉，載司務道口述，尚維瑞撰：《陝西羚蹤：司務道教士自傳之一》，頁 177–178。

60 就係媒體策劃編輯：《盼望創造未來：由調景嶺至將軍澳——基督教靈實協會七十周年》（香港：基督教靈實協會，2023），頁 156。

61 就係媒體策劃編輯：《盼望創造未來》，頁 80。

62 李金強、湯紹源、梁家麟主編：《中華本色》，頁 253。

63 劉義章：《盼望之灣》，頁 179–180。

64 李金強、湯紹源、梁家麟主編：《中華本色》，頁 63。

65 基督教家庭服務中心觀塘總部在調景嶺開設了長老會食堂，分別免費服務長者及嶺上各所中學有需要的男女學生。每期約有十名學生。早餐是煮水蛋、粥和饅頭；午、晚餐常有豬扒吃。嶺上一位同學當年知道有這服務，乃前往觀塘翠屏道家庭服務中心總部詢問。時任負責人高小姐即為同學辦理手續，隨即開始在長老會食堂用膳。此據筆者與該位同學於 2024 年 5 月 9 日的電話訪談和短訊說明。

66 李金強、湯紹源、梁家麟主編：《中華本色》，頁 57–58、62–63、176。《華僑日報》，1972 年 11 月 30 日，工人世界版。

67 感謝養真苑兩位前職員陳福志先生和顏世誠先生應邀接受訪談，為筆者詳細說明當年養真苑的設施和住苑長者們生活的種種情況。養真苑兩位前職員陳福志先生和顏世誠先生訪問記錄，訪問於 2022 年 9 月 22 日九龍太子道紅寶石西餐廳進行。

68「信義會早期亦辦有醫務所，由那教士主持。那是非常簡陋的救護站，遇有跌傷者為其塗點紅汞水，發燒者則給兩片藥片。」梁家麟：《福音與麵包》，頁 178。

69 梁家麟：《福音與麵包》，頁 179–180。

70 為照顧青少年和長者而設的各種福利院舍，如 1951 年宣道會曾設調景嶺兒童福利站，後因經費不足而停辦；1957 年戴大衛牧師創辦調景嶺學生輔助社，1981 年更名為香港學生輔助會，原設立在九龍觀塘的會址總部，在 2022 年 7 月遷往九龍黃大仙竹園沙田坳道新址，其屬下各院舍仍持續為青少年提供協助。在照顧長者方面，1981 年 1 月成立調景嶺老人中心，全方位為區內長者提供各種醫療服務，1996 年 3 月結束；養真苑在 1972 年為嶺上唯一長者服務的院舍，1993 年遷往將軍澳德志樓和德康樓新院舍，持續為將軍澳一帶居民提供更完善的服務。

07

由手工藝到重工業

KING'S

調景嶺營剛建立時只有消費而無經濟生產，兩萬多名難民無從覓得工作，僅靠嗟來之食勉強果腹，每天過著半飢不飽的生活。當時湧進香港的難民數目龐大，港府財政資源匱乏，只能提供有限支援。幸得美加、英國、北歐和澳紐等教會及時伸出援手，教會和西教士興辦刺繡等手工藝作坊，居民才得以自食其力。嶺上首十年因無水電供應，營民倚靠山溪和鑿井以獲取食水，點煤油燈以照明，生活過得極為艱苦。

隨著社區的教育事業逐漸發展，港九、新界數以千計學生前來就學，這些寄宿學生的日常消費帶動了調景嶺的經濟活動，亦催生了許多大江南北風味小吃店。其後獨具慧眼的工業家龐鼎元看中調景嶺天時、地利、人和等條件，於 1958 年時創辦紹榮拆船廠，為嶺上居民提供了就業機會。1970 年代起，調景嶺對外水陸交通日趨便利，居民到市區工作者漸增，人們收入開始穩定，嶺上人的生活才逐步走上小康水平。

當初難民來到調景嶺營，真是「手空空，無一物」，他們真正做到「艱險我奮進，困乏我多情」。[1] 有關調景嶺營，特別是最初十年的生活情況，《香港調景嶺難民營調查報告》有以下描述：

難民之居住情況，頗不穩定……他們很少在營中取得安定之職業，那裏缺乏生產之土地（僅山坡一帶可供種菜），沒有較大規模之工商業。比較穩定之職業者，只是在營內各學校任教之教師、醫務所及教會團體之職員、自治工作人員、小商販、建築工人等……從大體上言，難民營只是一個消費多於生產之地區，這種比率而且是懸殊的，他們之收入，既未固定，自亦無從預測。[2]

調景嶺背山面海，惟山勢高低不平而無法大量耕種灌溉；海灣既淺且短，亦無大量海產。1952 年春天，傳聞魔鬼山蘊藏鎢礦，經勘探後實屬子虛烏有。[3] 難民來到荒蕪偏僻的山嶺，為了尋找出路而「從事零碎生意……一些奇怪也可說是可憐的行業」——《香港調景嶺難民營調查報告》介紹了其中五種，包括：

（1）難民煙。又稱為百鳥歸巢或雞尾煙，是把在街上拾來的煙頭，用香煙紙包捲而成，一毫子（十分錢）可購十枚。用廢硬香煙盒裝成整包狀，有時經營者多了，為了兜搭生意，一毫子可購十一枚。更有趣的是，捲煙中包著純黃色的煙葉者係上品，六支或八支即值一毫，因其間未雜有燒焦者。

（2）雜錦菜。經營此業者並不常有，亦不多見；此雜菜原來是酒家菜館中之廚餘，將它收來放在空桶中再煮熟一下，一毫子一碗。果然生意滔滔，但非得有交情者，尚難一嘗其味。

（3）麥片粥。經營者只在道路旁排著一個洋鐵罐，裏面煮著用麥片混著清粉（有黏性的）的名副其實的稀粥，但價值便宜，一毫子可買到兩小碗（好像碟子一樣），果腹雖不足，但可蒙騙肚子。兩個難胞合作起來，每天之生意仍是可觀的，難民中曾有以此起家者。

（4）爛草蓆破鞋。草鞋原料來自九龍灣邊之垃圾堆；那裏原為港九市區垃圾集中傾倒地，現已填海闢為官塘工業區，倒垃圾處移至新界葵青醉酒灣。草蓆用作紙屋之牆壁，破鞋之能有銷途，可能是逃難者在逃亡時只有穿在腳下的一對鞋，而走山道多了也容易破爛，草蓆破鞋可作補充之用。

（5）賣茶水的。一種是賣茶水，五分錢有兩碗，以解渴用。一種是茶館式，一毫子一杯，配有座位，適於閒坐聊天。[4]

總結難民營首十年的發展，《香港調景嶺難民營調查報告》指出，「難得有一種直接生產之事業，從創立而至於壯大，多半是時興時輟」。造成這種情況的原因，主要是「限於地理環境，在土地上不足有耕種之場；一般零星之手工業又限於銷售市場；從商行取來之手工品，更要受一層中間之剝削，而且受交通之阻礙」。區內較能取得理想之成績者，都是教會營辦的福利機構，因為教會能直接向國外銷售教友的手工藝品，例如路德會之產品可直銷美國，錫安堂和信義會的工藝品可遠銷至北歐各國等。[5]

以工代賑，飛針引線

路德會的西門英才、包美達和白樂雲等教士為難民營的手工藝業作出了傑出貢獻，她們把居民用一雙巧手所製作的精巧工藝品銷售到世界各地。1954 年，包美達教士為幫助難民解決生計，創辦了路德會手工部，還聘請手工藝導師，手把手指導教友製作各種工藝品，包括竹籠、布公仔、珠拖鞋、刺繡、女裝手袋及紙皮首飾箱等等，然後再將成品寄往歐美和本港市場銷售，使教友可賺取合理工資。[6]

路德會手工部董事會主席陳煜新牧師詳細憶述包教士與調景嶺以工代賑源起經過：

> 有一日，一位女教友帶同自製的手工藝品（布公仔）去找包教士，希望她可以買一些，包教士立刻購下，並將之寄去美國給朋友，反應良好，其他教友得悉後都紛紛自動請纓介紹自己製作的手工藝品向包教士銷售。當時西門教士住在調景嶺難民營，知道許多難民中有擅於製作手工藝品，便邀請他們製造毛公仔、十字架等物品，由教會提供物料和場地，從此展開了手工部的工作。
>
> 1954 年 5 月，西門教士返回美國短期休息和述職，調景嶺的手工部便由包教士接辦。為了幫助難民自力更生，包教士傾盡自己所有的私己錢投放在手工部，將製成的手工藝品寄往美國銷售，將收回的錢支付工錢，解決不少人的生計。
>
> 後來，手工部更擴展至澳門及台灣，同樣亦幫助了很多澳門難民。當時有人批評包教士將時間花在非傳道的工作上，包教士禱告後，知道所做很正確，不過她在完成教會工作後，再花額外時間在手工部，並且請專人幫助收發和財務工作。賴何瑞林師母和李明先生都是包教士得力助手。
>
> 1969 年 8 月 8 日，手工部正式註冊為非牟利慈善組織，名為「路德會手工部（The Hong Kong Lutheran Handicrafts Society）」，並成立董事會管理。包教士更將其私人購買的物業轉到路德會手工部名下，全力支持手工部運作。
>
> 路德會手工部全盛時期研製出多種多樣的產品，包括絲毛織造品、塑膠製品、竹木製品，甚至有銀製品。產品遠銷美

國、加拿大、阿拉斯加、夏威夷、德國、英國、瑞士、澳洲、冰島；亦銷售至台灣。香港亦設立幾所分銷處，銷售理想。扣除成本後，將所有盈餘幫助有需要的人，受益人不計其數。[7]

曾就讀聖約翰小學和受教於包教士的賴漢明教授這樣憶述：「回想起來，包教士是一個有愛心又有才幹的人。她把當年調景嶺的繡花房，發展為路德會手工部，從而更多地助人自助；她也組織幫助很多孤兒寡婦、病弱傷殘，可以說是香港社會工作的先行者。」[8]

今天人們可從存留的調景嶺照片中，看見許多教友無分男女、勤勞刻苦地從事各式各樣的手工製作。在路德會手工部協助下，產品得到穩定的銷路和合理回報，讓人能帶著尊嚴生存下去。當年從事手工藝品製作可日賺逾一元；糊火柴盒者則每天有五毛錢至一元收入。

難民們日夜刺繡，自食其力。（天主教香港教區檔案處准用）

錫安堂早期也創辦了一家手工藝社，並建有兩層高石屋作為辦公室、收發室、倉庫及陳列室。當時參加工作的男女教友約有 80 人。手工藝產品包括富有東方色彩的精美刺繡和玩具等，大部分產品銷往瑞典，亦有售往英國和加拿大。[9]

從事手工藝業是嶺上第一及第二代的集體回憶，許多婦女會從教會領取刺繡針織手活回家，她們可以一邊繡花，一邊照顧孩子；因為生活貧苦，嶺上很多孩子也會熟練地「穿膠花」，他們設法領取塑膠花半成品回家，做成玫瑰花和吊鐘花等成品，來賺取零用錢或補貼家用。[10] 男女老少勤勞地以巧手賺取幾毛幾元錢，乃嶺上初期人們生活情景的一個側影。

調景嶺居民修築寶琳路為早期就業機會之一，此路主要倚靠人手修築，可以為參與開路的難民提供生計，然而這種稍具規模的工程原就稀少。修路工程由世界基督教服務聯會（World Church Council）資助，用以工代賑方式，僱用大批難民為築路工人。寶琳路於 1956 年 10 月 6 日舉行揭幕儀式，幾年後擴建：「該道路於本年（1960）夏，經本港政府工務局招標修建，並鋪上柏油路面，及改建涵洞為永久性，秋天已完成，並將路線自碉堡處向西方斜上延長，至二區山頂。該處現在興建一間新型堡壘式警署，該警署據稱明春可啟用，歸警務處九龍區總分部管轄。」[11]

調景嶺在近半個世紀內曾居住了二萬多人，初期大多數居民收入微薄，並無多少消費能力。隨著居民生活日漸改善，為滿足社區上日常消費所需，經營各式各樣零售服務業的小店應運而生。[12] 銷售民生用品的商舖，和以麵食、饅頭等等南北小吃為賣點的食肆，也就如雨後春筍般出現；這些店舖加上每天午前主大街上的市集活動，構成了嶺上主要經濟面貌。

以飲食業為例，調景嶺大街從頭至尾餐館林立。區內有不少茶樓，例如毗鄰碼頭的榮記茶樓，分別位於大街前、中和後段的明源茶樓、和興茶樓與鑽石酒樓，和新光明茶樓。這些茶樓的營業時間多半是從大清早至中午時分，其中也有經營晚市者。

信安商店老闆馮伯與馮媽。「鎮店之寶」牛腩麵至今仍令人回味無窮。

大隻廣涼茶的其中一個特色，是用柴火煮涼茶，茶香四溢。

除粵式茶樓外，區內還有不少供應麵食、粥品和包點等店鋪，包括：大街前段供應大小餛飩、排骨麵和陽春麵等的小上海麵店；中段的天寶粥店、售賣山東饅頭和花卷為主的天涯饅頭店；後段的龔記粥店、以及第粥馳名的廣記粥店、專售粵式牛雜麵的海景粥店以及提供烘焙麵包和小食的田記士多。出售麵包與西餅的全香餅家，每年中秋前還會製作廣式和蘇式（江浙滬）月餅供應區內居民享用。[13] 還有一家名為忽必烈的麵包店，是許多寄宿生晚飯後利用僅餘一點學校准許外出的時間，趕赴買宵夜的人氣商鋪。

調景嶺小吃店帶有各省美食的特色。例如，以山東燒餅聞名的毛記燒餅店；每天供應新鮮油條的劉玉記；售賣粵式燒味的焜興商店；供應酸辣湯和葷素煎餃等小吃，還為學生包辦午餐伙食服務的永生飯店。[14] 總之，各店鋪都有自己的客源，不愁沒有回頭客。早些年，曾有居民自製油條、砵仔糕等沿各個分區梯級叫賣，或是接受居民預訂各類應節蘿蔔糕、年糕等糕點。

至於大街前段的大隻廣涼茶鋪，專營消暑解熱的清涼茶、五花茶和菊花茶。嶺上小吃店在不同時期供應的豆製品包括豆腐花和豆漿，以及甜品例如紅、綠豆沙和番薯糖水等，都備受居民歡迎。每逢假日，區外市民會慕名而來，因市區的美食遠不如調景嶺大街上所呈現的那麼豐富、多樣而又集中。

在這條彎彎曲曲的大街上，另有各種售賣乾貨的商店，基本上可滿足居民日常生活所需：宏發和國民以供應日用品和罐頭食品為主；大陸、元豐、建成和天寶隆則專售白米、油鹽、罐頭和乾糧等；位於大街中段的利源水果店專門供應時令水果。

大街後段鄰近天主堂還有林記、黃冠球、曾德標、錦星和福新香等商店，專售油鹽、罐頭乾糧和水果等食品；王家商店（或稱王家坡，因位於大街後段一道斜坡上）則專售建築材料和乾貨等。此

狹窄街道兩旁滿佈商店，最能反映社區的經濟民生面貌。

微型市集內只在上午營業的松記，專售牛肉。

糧油雜貨店是嶺上居民光顧最多的商店類型之一

大街商鋪一直伸延至第十二區，民生日用品一應俱全。

外，售賣中藥材或中成藥的店舖有明昌和王家園等，其中廣長春的招牌迄今仍然保留在戶主家裏；還有出售西成藥的利群藥房。大街中段有大昌商店和林氏文具店，[15] 主要售賣各校校服和文具等貨品。街上還有報紙檔，檔主李伯伯不怕勞苦、挨家逐戶地把報紙送到訂戶家中。後來在陳湘記（售賣《中國學生週報》、活頁文選和文具用品等）對面亦有開設一個報紙檔。

每天上午，街市熙來攘往，許多流動小販會擺賣自己栽種、或來自批發的新鮮蔬菜，甚至有艇家供應鮮活的蝦蟹和海魚。大街上還有一個由固定商舖組成，呈長方型的微型市集，裏面有幾排舖位，主要售賣肉類等各種食品，營業時間多在上午；個別也有在下午營業，或開舖至黃昏 5 時左右。

調景嶺還有經營各種服務性行業的店舖，包括理髮店、補鞋店、照相館、水電行、裁縫店、餐廳冰室、火水（煤油）供應站、租書店 [16] 和五金店，以及國術健身院等。居民通過經營和從事飲食、服務等行業，自食其力，逐漸走上小康。

走出調景嶺的注塑機大王：蔣震

蔣震，1923 年生於山東省菏澤縣一戶貧苦人家，唸書至小學四年級即從軍。1947 年 7 月，被分配在原國軍整編十一師，曾參加山東南麻戰役，後因與國軍大部隊失散，匆促輾轉逃至香港，一度在調景嶺過著流離失所的生活。他與大批滯港難民一樣，經歷了人間滄桑，從事各種低微的工作，先後當過碼頭苦力、紗廠雜工，[17] 更落腳在沙田馬鞍山鐵礦場，親身體驗了每天一元工資的礦工生活！

1950 年代，香港這塊自由的土地能讓人發揮才能，人們在艱苦的生活環境中即使一無所有，但只要敢於拼搏奮鬥，不愁沒有機會開創一番事業。這位躊躇滿志的山東大漢，當時就憑著一股刻苦耐勞的過人氣魄，投身香港這個競爭激烈的工商業社會中。他憑著獨特的眼光，看中當時蓬勃發展的塑膠工業，認為注塑機大有可為。他以專業眼光深入鑽研，及時捕捉了這一龐大商機。

1958 年，他在大磡村與友人譚雄合創震雄機器廠。蔣震受長江與嘉陵江匯流後，兩水仍清混共處之現象啟發，用兩種不同密度的塑膠，研創成雙色吹瓶機，因而發明了雙色混合塑膠的「西瓜波」。這個紅白色相間、外觀像西瓜的塑膠球，由於每個紋理都不相同，售價便宜，成為香港 1960 至 1970 年代最受歡迎的兒童玩具之一。

1966 年，他又發明和創造了全球第一部十安士螺絲直射注塑機，從此獲得「注塑機大王」的稱號，直射注塑機更獲香港中華總商聯合會頒發「最新產品榮譽獎」。

蔣震為塑膠工業開創新動力，並由此開始拓展業務，如今其企

1955 年，蔣震初次創業，與長女麗華攝於棉花貿易公司門前。

西瓜波是 1960、1970 年代香港最受歡迎的兒童玩具之一。

業已發展成綜合性的震雄集團。1978 年中國實行改革開放政策，蔣震在廣東省順德縣投資設廠，成為首批於內地進行投資的本港工業家。鄧小平提出改革開放與實現中國現代化的口號，激發了他深藏內心的愛國熱情，他不止劍及履及地先在廣東開展業務，更著眼於家鄉，助力推動山東現代化的宏圖。

1980 年代，蔣震與香港中文大學合作，為山東市縣級官員舉辦一項理論與實務兼顧的培訓計劃。他為了配合培訓計劃，還為中大捐建了「曙光樓」（Chiang's Building），專為學員與前來中大講學者提供居停之所。[18] 蔣震相信提升創研和工業技術才能帶來現代化的社會，提升人民生活水平，因此極為重視培育工業人才。歷年來，他透過與內地不同的大學合作，為各省政府及機構培訓了超過十萬名科技及管理人才。

1990 年，他將個人名下股份全數捐出，成立蔣震工業慈善基金，持守、踐行「工業富民，民富國強」的理念。蔣震先後於 1997

和 2005 年獲頒大英帝國榮譽勳章（OBE）和大紫荊勳章，以表彰他致力於推動香港和內地的工業發展。

蔣震以過人毅力成為一代工業家。一幀全家福述說了其勵志故事。

蔣震先後獲得香港多間大學頒授的榮譽博士學位，作為他對社會的貢獻的表彰。

蔣震由一名軍人淪為浪跡天涯的難民，且差點兒斷送性命，人生中幾起幾落，最後靠著奮發圖強，成為香港著名華人企業家。蔣震作風低調，鮮有提及以往經歷，難得的是他致富後不忘貢獻國家，更資助策劃「蔣震基金清華大學明日領袖國情培訓計劃」，為中華民族培育優秀工業人材。蔣震曾獲香港大學任命為教研發展基金創辦名譽董事，又捐建香港理工大學蔣震劇院，讓該校學生獲得舉辦講座、戲劇和音樂會等學術文娛活動的理想場所。他先後獲香港大學、香港中文大學、香港理工大學、香港公開大學（今稱香港都會大學）頒發榮譽博士學位。2002 年逝世，享年一百歲。

走進調景嶺的鋼鐵業大王：龐鼎元

調景嶺沙灣位於照鏡環、魔鬼山山腳下，這裏原是一處高低不平、滿佈沙石的海岸邊，唯一可取之處是水域較深，能停泊大型船隻。1950 年代中期，一位卓有見識的工業家把調景嶺視作發展重工業基地，是一個可以大展拳腳的福地。初時，他同時兼營拆船廠和煉鋼廠，然後轉型集中生產鋼鐵工廠。這家鋼鐵廠為香港工業發展史譜寫出光輝的篇章，其半個多世紀以來的成長使香港人引以為傲。這位著名華人工業家就是香港「鋼鐵大王」龐鼎元。歷史的偶然與機遇巧合，讓調景嶺與香港重工業的發展緊密連結在一起，超乎人們想像和預期。

龐鼎元 1909 年生於粵西吳川縣一個農民家庭，年青時在湛江經營薄利多銷的副食品小生意，逐步積聚一些本錢。1940 年代初，他開始在香港經營不同的業務，先在葵涌收購彝生棉紗廠，接著又到土瓜灣一帶的榮光街、鴻福街、銀漢街等一帶做地產生意。1941 年底日軍襲港，香港淪陷，龐鼎元撤退回廣州灣。此時，抗日愛國將領張炎正在吳川一帶開展抗日救亡，興辦世德中學培育人才，龐鼎元慷慨解囊，鼎力相助。[19]

抗戰勝利後，龐氏重返香江。他與周錫年合資在九龍大角咀櫻桃街開設錫元膠鞋廠，主要生產用作出口的白帆布膠鞋。[20] 龐鼎元性格穩重，一路白手起家，從做小生意開始，逐漸發展開設不同類型的工廠。在 1950 年代中期，香港各行各業面臨嚴重的挑戰。因鄰近東南亞一帶亦處於競爭激烈的狀態，商家為了縮減成本，各出奇謀，適者生存，不然就被淘汰出局。在嚴峻的商戰中，他迅即當機立斷，謀求轉型發展重工業，從此邁向成功。

當他在全港各地苦苦尋覓適合發展廠房的工業用地時，得到姻親李孑農的相助。[21] 李孑農於 1950 年代初曾任社會局救濟署署長，非常熟悉社區情況，及時提供了大量第一手資料，讓龐鼎元知道調景嶺實為一處遠離市區，又可停泊大型船隻的天然近海地區，十分適

龐鼎元 30 歲時首度踏足香江，在香港動植物公園（兵頭花園）留影，時約 1939 年。

合經營拆船廠；加上當地居民亟需就業，倘能量才錄用，必能成為穩定的人力資源。凡此種種，符合了拆船廠天時、地利、人和的發展條件。

龐鼎元以五十多萬港幣，向港府購入調景嶺沙灣近海這片五十萬平方呎地皮（今將軍澳調景嶺區大型屋苑維景灣畔第二、三期所在），地皮實用面積為四十萬平方呎，其餘十萬平方呎則是靠開山填海而得來。龐氏成立紹榮有限公司，在調景嶺設立拆船廠和鋼鐵廠，把從拆船所得鋼鐵提煉成建築用鋼筋。「紹榮」二字，乃龐鼎元夫人龐熊少珠女士根據龐父名字紹光和舅父名字分別各取一字而成。[22]

調景嶺在香港地圖上邊處一隅，是幾近遺世獨立的荒嶺。居民為了謀生，要每天起早摸黑乘搭舟車，或者翻山越嶺徒步前往市區工廠上班，無不感到費時費力。自 1958 年紹榮在調景嶺設立廠房開始，嶺上的經濟模式就從只有手工藝業進而增添了重工業，大大促進社區的經濟發展，在改善民生上作出了重要貢獻。龐鼎元先後在此創建了紹榮拆船廠和紹榮鋼鐵廠，初衷乃在本港建廠創業，利己利人。他很樂意為調景嶺居民提供就業機會，從而為他們解困。他從不參與嶺上政治活動，也不過問屬下員工政治傾向，卻與社區一直保持良好關係。由於紹榮長期為居民提供良好又穩定的工作機會，讓部分人得以安居樂業，故此不少居民把龐鼎元視為恩人。

歷史上任何創立事業的企業家，除了本身要有靈活的頭腦和超卓遠見，還需具備及時捕捉商機的膽量和勇氣。當區內居民風聞沙灣即將設立工廠的消息，無不趨之若鶩，紛紛申請入職。廠方首先安排員工開山填海的工程任務，由於嶺上人刻苦勤勞，竟使工程提前完成，深得資方讚許。由此奠定勞資雙方的信任基礎。

據一些資深老員工述說，幾乎所有員工都非常珍惜在紹榮的工

紹榮拆船廠和鋼鐵廠的早期外貌

昔日調景嶺廠房的內部一隅

作，因為當時港九任何一家工廠，都會要求員工提供人事或商舖擔保，或得先繳付一筆保證金方能入職。然而調景嶺居民入職時，紹榮完全免卻這項手續，只需確認他們為區內居民，即獲聘用。於是不少人辭去市區的工作而轉職紹榮，此後毋需長途跋涉上班，還可省下一大筆交通費；甚至有部分人放棄教會的手工藝品製作工作，轉職紹榮以賺取較高薪酬。當時入職工友還有來自市區以及新界元朗等地的。1970 年代後期，不少之前回到中國內地參加建設的印尼華僑，這時紛紛來港定居，亦獲紹榮聘為員工；他們舉家遷住調景嶺，不只省掉車馬費，亦可租住相對價廉的居所。[23]

在紹榮建廠前，偏僻的沙灣地帶已棲居了幾十戶木屋居民。紹榮買地後，沙灣居民需要搬遷，港府遂額外撥出附近土地，並由紹榮出資另建新房舍安置，命名為大環新村。[24] 這些房屋不但堅固，可住面積亦比原來寬敞，所以居民都很樂意遷入新居。當廠房的準備工作一切就緒，紹榮就從東南亞國家收購退役和報廢的遠洋輪船，然後拖回廠房拆解和燒焊切割，加熱後煉製成一條條建築用的拉力鋼筋。當年大部分的區內居民，幾乎都見過這樣的情景：天氣晴朗的晚上，調景嶺上空出現閃閃亮光，這是工人燒焊鋼板而反射出來的光弧，使嶺上晚間呈現一種奇特的氣氛。[25]

舊輪船拖入調景嶺海灣後，未必即時拆解，停泊在灣上的輪船就進入了全村居民的眼簾。因為社區依山面海而建，幾乎每家每戶都能看海。船身漆上黑色、咖啡色的最多；也有藍白色的，煞是好看，彷彿成為嶺上一道風景線。有趣的是，大輪船成為孩童的冒險樂園，他們總希望趕在紹榮把船隻拆解以前，先行取得船上的戰利品，包括黏在船身的大堆扇貝和牡蠣！

1960 年代以前，香港建築材料常用的鋼筋全都依賴進口供應，有時可能會出現缺貨或不能及時供貨的情況。至 1960 年，因可供

隨著公司決定集中產鋼，紹榮廠房更具規模，廠外放滿鋼材成品。

拆解的舊輪船數量遞減，拆船業生意受到影響，龐鼎元決定集中生產鋼鐵，1962 年 10 月成立了紹榮鋼鐵有限公司。[26] 為了配合業務進展，1974 年又成立了敏記（貨運）和東亞庫倉兩家公司。[27] 龐鼎元本人出任紹榮鋼鐵董事長兼總經理。當年公司辦公室設於中環怡和大廈九樓，後來遷至上環南豐大廈現址。[28] 為進一步發展，紹榮在 1976 年購置了一台瑞士熔爐，造價一千萬港幣；十年後又以五千萬港幣再添購另一台瑞士熔爐，促進生產力和鋼筋產量。紹榮一向用人唯才，與時並進，為了跟上現代化生產趨勢，不時派遣廠長和工程師前往台灣等地學習最新的煉鋼科學技術。[29]

紹榮與嶺上居民創雙贏

紹榮鋼鐵廠最成功之處，在於龐鼎元充分了解調景嶺是一個不乏人才之地。居民當中有不少工程技術菁英，於是他「三顧茅廬」，通過部屬在區內各處走訪，廣招人才。此時此刻的難民正是「虎落平陽」，巧遇貴人相助，自然全力投身於這家工廠，紛紛以自己專長，為公司獻策獻力。幾十年來，這間小廠一躍成為香港最大、也是唯一的大型軋鋼廠，上述技術人才的努力發揮了難以估量的作用，為成就香港重工業奇跡推手之一。

一名在紹榮工作了幾十年的老員工憶述，龐鼎元生活簡樸，平易近人，沒有半點架子，凡事親力親為，因此勞資關係良好，廠內從未發生過勞資糾紛。老闆與人為善，真誠善待上下員工；公司從不拖欠薪金，超時工作必有補薪津貼，所有員工皆享有年終雙糧。對一些工作表現特別優異者，更額外發放多達五個月的薪金。因此，即使龐鼎元僅要求員工踏實工作，然而所有人皆能自覺勞動完成各項生產任務。嶺上居民雖然貧窮，但品行良好，刻苦耐勞，基本上都能達到廠方保質保量的各項要求。

另一名在 1965 年已加入紹榮的老員工說，當時全廠員工約有二、三百人。他入職時為學徒，一天工資四元，一年後加至四元半。全廠設有修理部、裝配部等九個部門；工廠開始時為兩班制，每班 12 小時，需要輪班；後來改為 9 小時的三班制，亦需輪班。從 1970 年開始，工廠設有員工飯堂，每天為員工提供一頓免費午餐。從前所有員工 65 歲退休，後來依照勞工法例改為 60 歲。

由於紹榮公司的待遇良好、福利完善，受到上下員工的一致好評；廠方讚賞居民工作勤奮，員工們對公司有歸屬感。員工工齡通常長達 20 至 30 年之久，至今仍有服務達 40 年以上的老員工。[30]

公司對於工作出色的高層管理人員更會提供特別獎賞，先後資助他們的子女遠赴美加和澳洲留學，造就數十名學生得到留洋深造的機會。[31] 老員工盛讚公司具人情味。其中一樁小事，是公司偶爾會贈送員工以玻璃瓶盛載的七彩糖果 —— 一些擔負起全家溫飽、已無餘力再為小孩買零食的員工，可把糖果帶回家，直讓小孩們眼珠子發亮。老闆亦樂見伙計們家裏洋溢著喜悅。

紹榮能在風雨如晦的時代創出名堂，發展成香港的重工業龍頭，其中原因還包括龐鼎元家族的凝聚力，即其七名子女，也在默默支持著這家大企業：長子龐熙修讀工商管理學；次子龐輝和三子龐廷修讀機械工程；四子龐創專攻冶金；五子龐傑修讀國際貿易；長女龐瑩負責品質管理；次女龐裳負責支援工作。全家分工合作，全力維持公司業務穩定發展。[32] 今天龐氏第三代亦參與公司營運等具體作業；第二代包括現任董事長龐創逐漸交棒。從龐氏第二、三代的傳承，我們看到紹榮鋼鐵公司正走在承先啟後的路上，香港重工業引以為傲的鋼鐵製造業亦會繼續發展下去。[33]

龐鼎元在調景嶺投資建廠，成為香港「鋼鐵大王」。

另一方面，紹榮能發展到今天的規模，龐夫人龐熊少珠女士乃幕後大功臣。龐夫人不單打理好家中事務，另一邊廂亦不斷為公司籌謀獻策。她曾擔任公司的對外代表，包括前往台灣洽商引進生產鋼筋的廢鐵原料、去泰國洽談紹榮出口鋼筋事宜等等。[34]

當年紹榮也曾受內地「文化大革命」影響。「文革」期間，由於各地「抓革命」而忽略了「促生產」，缺少基本建設，致使國營鋼材大量過剩，大批鋼材運來香港低價銷售。鋼材價格大跌，讓紹榮損失慘重。正思量要把廠房搬遷至泰國，這時候紹榮突然接到一個神秘電話，勸喻龐鼎元三思而行，並暗示「文革」即將結束，一切都會恢復正常。在接到這一通「神秘電話」幾個月後，「文革」果真宣告結束。[35]

早在 1989 年 8 月 29 日，即調景嶺清拆前幾年，紹榮已接到港府的搬遷通知。公司決定把廠房遷到新界西屯門踏石角。紹榮於

煉鋼時火花四濺，是目前香港唯一鋼鐵廠特有的情景。

1993 年開始拆遷，1996 年把沙灣廠房土地交回政府，紹榮得到了政府所付的 6.5 億元搬遷費。[36] 屯門新廠房面積達一百萬平方呎，其中三分之一是陸地，三分之二在海面，公司需付填海堆土費達 2.5 億元。[37] 1996 年，紹榮在屯門建成新廠房，1998 年開始投產，繼續生產拉力鋼筋。紹榮老廠房在 1996 年正式關閉，當時共有員工約 500 人。由於大部分居住在調景嶺的員工將搬遷至將軍澳，不少人認為屯門路途遙遠，最後只有約 200 名員工決定留下來。

隨著紹榮逐步實施現代化管理，公司員工一度剩下 120 人。目前公司員工回升至 200 人，緣於公司十年前增加了一個專責剪屈鋼筋成品的部門。過去鋼筋運往建築地盤後，由建築工人按施工需要把鋼筋剪屈成合用之尺寸大小和形狀，後來建築地盤往往未能提供足夠剪屈工序的場地，這個工序遂改在紹榮鋼鐵廠進行。剪屈好的鋼筋運往地盤後就可以直接使用。[38] 紹榮公司現在每天分別提供三班廠車，在港九三個地點接送員工往返屯門廠房上班。

當年香港出現前途不明朗的困局時，龐鼎元曾經寫下饒具深意的詩句：

鐵經百煉方為鋼，人須奮鬥始成材；
江山秀麗他人國，香港存亡是我家。[39]

從中我們看到龐老先生勵志奮鬥的毅力，更可貴的是其愛國家、愛香港的高尚情操。

香港企業家往往予人精明能幹、膽識過人而富毅力的形象。在競爭激烈的香港社會，只要敢想、敢做、敢拼，憑著獨特慧眼和把握時機，毅然邁出創業第一步，不斷奮鬥，最終也能為自己打出一片江山。龐鼎元即是其中一位表表者。他為人低調，卻熱心公益慈

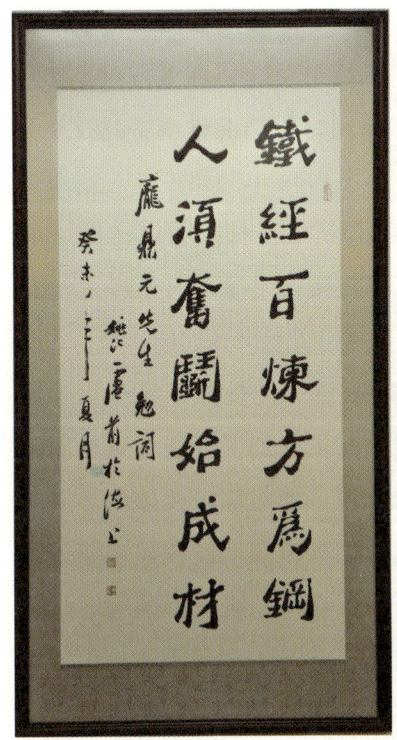

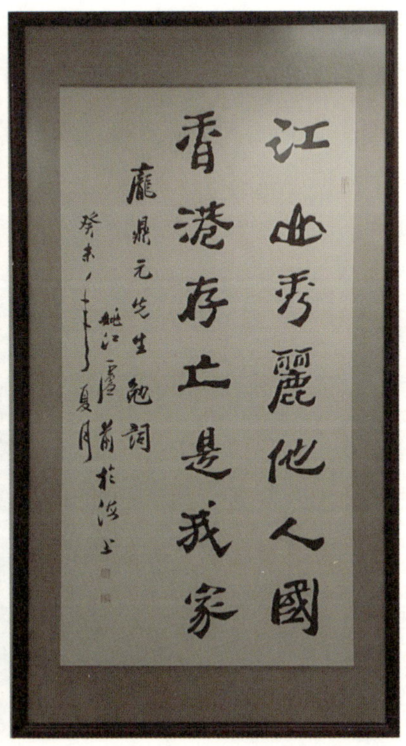

掛在紹榮鋼鐵公司會客室內的兩幅龐鼎元墨寶

善事業，大力捐輸，造福社會。他曾擔任 1957 至 1959 年度的保良局總理，亦慷慨捐助位於元洲的靈實醫院。[40] 他支持香港高雷同鄉會開辦的高雷中學，同鄉會原想以他的名字為學校命名，卻被他婉拒，僅在名義上擔任學校校監。

龐鼎元的詩句墨寶，迄今仍掛在紹榮鋼鐵公司會客室內。香港回歸前夕，紹榮公司堅信中央政府的「一國兩制」政策，率先做到資金不外流、人才不外流、廠房不外遷。他富裕而不忘桑梓，是香港高雷同鄉會創建人之一；他捐資購置會址，被同鄉會委為永久名譽會長。他與其夫人龐熊少珠女士曾多方支持家鄉教育事業和建設工程，捐款幫助家鄉解決供水、供電等民生問題；龐氏伉儷積極為鄉親排憂解難，捐資創建敏鳴小學。[41] 他先後於 1961 和 1976 年獲英女皇伊莉莎白二世頒授獎章和大英帝國官佐榮譽勳章（OBE）。1993 年離世，享年 84 歲。

小結

1950 年 6 月下旬難民剛遷移至調景嶺時，食無定餐，居無定所。不過，他們掙扎求存，把握時機，短期內即開始自力更生。隨著調景嶺對外交通改善，居民可外出謀生，加上嶺上良好的教育制度和寧靜的學習環境，吸引不少港九各區清貧學生到調景嶺上學，從而帶動嶺上經濟活動。外界各種緊急援助好比是及時雨，雪中送炭，而嶺上居民努力奮發圖強，終使一個荒涼山嶺發展成讓人安居樂業的社區。居民不但為自己和下一代創建安全的居所，而且還持續延伸到第二和第三代。

紹榮鋼鐵廠為居民帶來就業機會，亦使嶺上經濟活躍起來。嶺上人得以就近工作，養活全家。筆者劉義章的父親從 1960 年代中期加入紹榮工作，先是擔任拆船廠雜工，隨著公司轉型為鋼鐵廠，父親成為一位起重機駕駛員，在紹榮工作直至 1989 年退休。其間，筆者三兄弟就靠著父親從紹榮獲得的工資支持生活和接受教育。這反映企業與人、僱主與僱員二者相持相依。誠然，紹榮與嶺上居民、員工彼此支持而得以雙贏。

約一又四分一個世紀前，倫尼在照鏡環（今調景嶺）東端開設磨麵粉廠；之後約半個世紀，龐鼎元在西端創立煉鋼廠。前者因各種原因不幸經營失敗；後者卻因天時地利人和而發展成聞名遐邇的工業家。同在調景嶺、跨度逾一世紀，輕工業麵粉廠和重工業煉鋼廠一枯一榮；兩個企業彷彿在訴說：「這兒是香港工業史上一個重地。」

註釋

1 節錄自香港中文大學新亞書院校歌，由錢穆作詞，黃友棣作曲。

2 王裕凱博士指導，陳勃等著：《香港調景嶺難民營調查報告》，頁 95–96。

3 根據當時的文件披露，1952 年 2 月 24 日，傳聞調景嶺附近的魔鬼山山腰發現有鎢礦，營民奔走相告。後經深入勘探，實屬訛傳，居民一場空歡喜。

4 王裕凱博士指導，陳勃等著：《香港調景嶺難民營調查報告》，頁 97–98。

5 王裕凱博士指導，陳勃等著：《香港調景嶺難民營調查報告》，頁 98。

6 李明：〈模範宣教士〉，載陳黃燕霞主編：《仰望雲彩的笑顏》，頁 38。另外，白樂雲教士也曾積極協助難民，詳見高德惠（Dave Kohl）：〈白樂雲教士生平小傳〉（"Biography of Lorraine Behling Sonnenberg"），載李永禎主編，陳國權編：《主的侍女白樂雲教士：白樂雲教士紀念集》（香港：香港路德會社會服務處，2012），頁 8–9。

7 陳煜新：〈獻上所有，為主作工〉，載陳黃燕霞主編：《仰望雲彩的笑顏》，頁 39。

8 賴漢明：〈懷念包美達教士〉，頁 62–63。

9 王裕凱博士指導，陳勃等著：《香港調景嶺難民營調查報告》，頁 49–51。

10 筆者劉義章及兄弟三人也曾「穿膠花」；中秋節時嶺上麵包店和餅家做蓮蓉月餅，需要把蓮子芯拔除，筆者與嶺上孩子們一同坐在店舖前從事「剝蓮子芯」勞動。

11 王裕凱博士指導，陳勃等著：《香港調景嶺難民營調查報告》，頁 93–94。

12 本節提及的酒樓和商店名稱，由筆者嶺中同學曹港美、毛桂花提供；調景嶺大街沿途食肆、商店位置的資料，由盧志煌同學提供。

13 製作月餅所需主要材料之一是蓮子蓉，其準備過程為嶺上孩子提供了賺取零用錢的機會。店家先用開水煮熟蓮子，然後僱孩子們把蓮子剝開，把芯除去。筆者曾參加這種臨時工作。

14 筆者劉義章高中時期曾與嶺中同學在永生飯店包午餐伙食。

15 當電視機剛開始引進社區、仍屬珍稀家電時，嶺上小孩就站在文具雜貨店前駐足觀看電視節目。

16 國華書店經營租公仔書，青少年人選定喜歡閱讀的書即交付租金，然後坐在店門口閱讀。

17 參考龍應台：《大江大海一九四九》，頁 143。

18 金耀基：〈獅子山下的一則傳奇——憶念蔣震博士的百歲人生〉，《明報月刊》，2022年第5期，頁36–38。

19〈龐鼎元〉，百度百科，https://baike.baidu.hk/item/ 龐鼎元 /5288943，瀏覽日期：2023年6月14日。

20 盧永忠：〈香港鋼筋大王：紹榮鋼鐵——龐熙暢談克紹箕裘之道〉，《資本雜誌》（1994年7月），頁48、50。

21 龐鼎元與李孑農為姻親，龐鼎元長子龐熙的夫人即李孑農女兒。龐創先生訪問記錄，訪問於2023年12月28日香港上環南豐中心1501紹榮鋼鐵公司會客室進行。

22 盧永忠：〈香港鋼筋大王〉，頁48。有關紹榮命名，由龐創先生相告。龐創先生訪問記錄，2023年12月28日。

23 筆者劉義章少年時代認識鄰居宋氏一家，他們是印尼歸僑。他們從中國內地來到香港定居，戶主宋先生和親人加入紹榮工作。

24 王國儀：《調景嶺滄桑五十年》，頁99。大環新村的住戶在調景嶺清拆前，也獲得政府安置入住公屋。

25 計超：《荒原上的遺民》，頁74。

26 王國儀：《調景嶺滄桑五十年》，頁99。

27《香港年鑑1962年》（香港：華僑日報出版部，1962），第12篇〈人名辭典〉，頁134。

28 龐創先生訪問記錄，訪問於2013年6月10日香港上環南豐中心1501紹榮鋼鐵公司會客室進行。龐創先生是英國曼徹斯特大學冶金學學士、雪菲耳大學冶金學碩士，時任紹榮董事，現為董事長。另見《香港年鑑1965年》（香港：華僑日報出版部，1965），第10篇〈人名辭典〉，頁110；第18篇〈工商名錄〉，頁82。

29 王國儀：《調景嶺滄桑五十年》，頁99。

30 紹榮有來自香港其他地區的員工，他們平時工餘生活，包括在鄰近的鑽石飯店或明源茶樓飲茶食飯；有時會搓麻將、海邊垂釣、週末往益智戲院觀看電影等。

31 龐熊少珠女士常以個人積蓄資助員工孩子負笈海外升學。龐創先生訪問記錄，2023年12月28日。

32 龐創先生訪問記錄，2023年12月28日；盧永忠：〈香港鋼筋大王〉，頁54–55。

33 龐氏第三代並且構思擴充公司經營規模，例如把業務擴展至大灣區。龐創先生訪問記錄，2023年12月28日。

34 很多時候，龐鼎元因得到夫人獻策而作出相應商業等方面的決定。龐創先生訪問記錄，2023年12月28日。

35 這一神秘告示，想必來自可以接通中央內線消息的靈通人士。龐創先生訪問記錄，2013年6月10日。盧永忠：〈香港鋼筋大王〉，頁53。

36 1997年，紹榮鋼鐵廠以127億元把鋼鐵廠舊址地皮使用權轉讓予新鴻基和太古地產公司，後者於在其上建成大型現代屋苑維景灣畔，十幾棟樓宇高聳入雲，雄踞將軍澳新調景嶺區一方。

37 盧永忠：〈香港鋼筋大王〉，頁 52。

38 龐創先生訪問記錄，2023 年 12 月 28 日。

39 龐鼎元先生墨寶，懸掛於紹榮鋼鐵公司位於上環南豐大廈的辦公司會客室。筆者於 2013 年 6 月 10 日到紹榮位於上環南豐大廈的辦公地點採訪龐創先生，並獲介紹公司創辦人這首抒懷述志的詩。

40 龐創先生亦捐助靈實醫院。今天靈實醫院正門入口大堂內，刻有紀念龐氏父子慷慨捐贈的感謝銅牌。

41 〈龐鼎元〉，百度百科，https://baike.baidu.hk/item/ 龐鼎元 /5288943，瀏覽日期：2023 年 6 月 14 日。

08

調景嶺在大時代與大社會

「不讓青史盡成灰。」調景嶺營於 1950 年成立，1961 年更名調景嶺村；1996 年被清拆，村民再度踏上遷徙路。「舊」調景嶺從此隱入歷史，成為南中海隅一段歷史回憶；其誕生和消失乃歷史偶然和必然兼備之一例。想當初，若非大嶼山和長洲兩個香港離島居民反對難民遷入，港府亦不會把他們安置到此杳無人煙之地。當局不曾料到的是，調景嶺營竟存留 46 年之久；而更出乎意料者，是荒嶺轉化成香港其中一個教育文化發達地區，最高峰時期嶺上合共有 16 所學校，涵蓋幼稚園到高中。

調景嶺教育文化蓬勃，亦為香港工業和醫療服務發達地區。一個多世紀前，香港政府要發展香港工業，雄心壯志的倫尼經從遮打和麼地等富商集資，向政府投得將軍澳照鏡環海灣邊土地，建立當時設備達世界級水平的香港磨麵粉廠。當年香港和鄰近地區麵粉供應仰賴美國入口，香港政府和倫尼認為將來香港磨麵粉廠生產的麵粉應不止供應本地需要，且可遠銷至廣州和上海等中國沿海城市乃至南洋一帶。

1950 年代初，路德會聖約翰堂西門英才與包美達兩位教士以及調景嶺錫安堂戴瑞蘭教士等發展調景嶺的手工藝業，難民得以自食其力，重拾尊嚴。路德會其後更正式成立手工部，營民從事刺繡等，手工藝業進一步發展。此外，嶺上人也把握鄰近地區所提供的就業機會，包括到位於坑口的遊艇製造廠和拆船廠工作，以及在清水灣電影製片廠當演員、臨時工和幕後人員等等。[1] 嶺上人在極度艱困的逆境中奮力求存，他們盼望盡早、盡快能夠自力更生。因此，一旦知道何處有工作（哪怕遠至馬鞍山），就馬上往那兒去，他們咬緊牙關，為個人和家人努力打拼，冀盼早日能夠走出幽谷。

同樣也在 1950 年代，調景嶺地區的「工業基因」繼續發酵。高瞻遠矚的龐鼎元看準調景嶺海灣水深、有所需土地供應和來自難民營的勞動潛力。他於是向政府購地，1957 年在此獨資創辦拆船廠和煉鋼廠，其後專門營運煉鋼業。今天，紹榮鋼鐵公司是香港重工業旗艦。儘管經過幾番風雨，紹榮鋼鐵始終與香港緊密同行、共同進退，一起經歷時代的考驗。

醫療事業方面，調景嶺開香港基層醫療風氣之先。1949 年前後，從中國內地轉移到香港的宣教士，同樣以在內地宣教工場時的開荒火熱精神、愛心毅力服務人群，盡心盡力服事調景嶺難民。西教士們從建立簡樸診所、醫務所和肺病療養院開始，便為難民治病施藥，關懷和安撫流離失所者的心靈。無數忠心上帝的中、西僕人使女，無疑都是難民的及時雨，其光輝事跡和奉獻精神迄今存留在調景嶺居民和他們後代的心坎裏。

教會在調景嶺以及香港其他地區傳揚福音、服務人群的事跡，是二戰後教會在調景嶺和香港活出救主耶穌的生命和三一真神對世人的愛。香港教會包括宣教士和華人牧者以生命影響生命，新生代牧者以先輩為榜樣和典範，繼續在有需要的人群和地方當中作鹽作光。

香港回歸祖國前，港英政府要發展將軍澳成為新市鎮，並把調景嶺納入規劃發展範圍；昔日孤處香港邊陲的荒原如今已是將軍澳新市鎮其中一個地區。[2] 調景嶺這名字得以保留，乃因為當年西貢區議會進行有關該區命名討論時，代表調景嶺選區的王國儀議員在會議上據理力爭、主持公道的結果。此外，當地鐵將軍澳線發展至新市鎮調景嶺區時，站名比照採用車站所在地區名稱先例，亦順理成章命名為「調景嶺站」。[3] 即是說，調景嶺同時作為將軍澳新市鎮其中一個區，以及港鐵其中一站的名稱。

今天調景嶺區的範圍，包括 1996 年原調景嶺村清拆後，把原來調景嶺社區 V 形山坡用爆破方式平整為數個平台，再加上由政府把毗鄰南將軍澳填海工程得來的土地。整個爆破工程於 1999 年完成，隨後開始興建各項基建及建築工程。今天「新調景嶺」仍有昔日的社區影子，住宅、學校、醫院、診所和商店等各種配套設施一應俱全。

在調景嶺原址上已興建有健明邨、善明邨、彩明苑等公共房屋，以及都會駅、城中駅以及維景灣畔等私人屋苑；昔日調景嶺碼頭舊址現時已蓋成彩明商場。「新調景嶺」同樣學府林立，包括有天主教聖方濟各大學（前稱明愛專上學院／明愛徐誠斌學院）、明愛白英奇專業學校、知專設計學院和真道書院等各大專及中小學校。[4] 昔日調景嶺的地貌大致保存了下來，調景嶺村彷彿鳳凰浴火重生。

基督教靈實協會如今已發展成為超過 53 個醫療服務單位的機構，為將軍澳新市鎮以至香港其他地區市民，提供醫療、復康、教育、社區健康以及專業培訓等服務。[5]「靈實」從 1950 年代初迄今七十多年以來，一直服務香港市民，特別是基層和弱勢社群，從沒間斷。同樣，從昨天到今天，教會通過西教士和華人信徒在這片荒原上服事困厄者，並且精益求精，與時並進，持續推出嶄新服務形式，以回應市民的需要。

新調景嶺大廈高聳入雲，就蓋在舊調景嶺村原來的土地上。

青史或隱沒於人類歷史長河，然而浩瀚無涯、無窮無盡的宇宙，始終蘊藏著奧秘。往者不可諫，來者猶可追，當局者迷，旁觀者清。消失的「舊調景嶺」已隨香港回歸而遁入歷史，惟其獨特面貌曾廣受海內外人士包括聯合國和海峽兩岸人士包括歷史學家密切關注——這可以從「調景嶺小社區」和「外間大社會」的互動去探索其中因由。

香港開埠伊始，每當國家經歷天災人禍時，不少民眾就會把香港視作避難所、安全港。1949 年，中國發生翻天覆地的變化，政權更替，香港再度成為人們的避風港。大批難民湧來香港，徹底改變這彈丸之地的社會面貌和發展態勢。

當時，香港東華三院曾為近七千多人供應兩頓免費飯餐，成為該院歷史上罕見的大型救濟活動。由於難民大批湧入香港，[6] 港府於是把他們全部遷到西環摩星嶺，該地亦成為港府安置難民的臨時聚

居地，同時當局亦向難民承諾繼續供應兩頓飯餐。這原屬權宜之計，卻無意中讓這難民群體成為日後調景嶺難民營的雛形。

風雲過後，青史長存

當初在摩星嶺滯留時，這批來自「五湖四海」、講不同方言的鄉親有緣相識、相互守望，面對茫茫前程，不知明天會如何；卻因大家擁有共同政治信仰和人生經歷，乃按不同省市籍貫建立同鄉會社團。難民相處於摩星嶺短短三個月，成為日後攜手並肩在調景嶺開山闢地、修建房屋道路的可靠伙伴，在嶺上，大家互相扶持、提攜，把荒原打造成樂土。

港府考慮到政府資源有限，無法長期支援社區的存在和發展，乃企圖說服調景嶺難民返回原鄉。然而難民認識到調景嶺是他們幾經艱辛、跨越過千山萬水、長期逃難後，終於來到的唯一棲身之地、安全港。儘管此地並非人們心目中理想的安身之所，亦毅然在此定居下來。

昔日，每天清薄的晨曦和淡紅的晚霞，總會停留在這環形的山嶺和明鏡的海灣，年復一年地伴隨著恍如夢境般的寧靜。大家可從留存的舊照片中見到，坐落在調景嶺大坪，由倫尼建造的香港製造麵粉有限公司廠房何等宏偉，可惜磨麵粉廠最後因經營失敗而告終。其後廠房一磚一瓦儘管蕩然無存，卻為後人留下一大片寬廣的平地——即嶺上人所稱之為「大坪」者；此外還存留著原碼頭供停泊船隻使用的一列石礅。後來在大坪先後建立起調景嶺營辦事處、救委會駐營辦公室、調景嶺中學附小學暨幼稚園、圖書閱覽室、郵政局和消防局等等，位置相當於今彩明苑彩松閣。當年倫尼磨麵粉廠遺存的大坪造福難民：「前人種樹，後人乘涼。」可以說，這是一位加拿大悲劇企業家為中華兒女留下的餘蔭。於此，人們不可「以成敗論英雄」。[7]

遙想當年，滿懷壯志的倫尼為麵粉廠舉行開幕典禮時，特地邀請香港署理總督（後為第十三任香港總督）彌敦（Matthew Nathan）擔任主禮嘉賓。[8] 倫尼斥巨資創立的麵粉廠，後以非其可控制的因素如世界性金融危機，導致磨麵粉廠成為一處時空錯配的地方，往後成為了調景嶺難民營，歷史彷彿和倫尼開了一個悲劇性的玩笑。聖經教導我們「生有時，死有時」。人生聚散無定，雖然每個人的命運際遇各有不同，但生命軌跡的體驗中——包括生離死別、生老病死——本來就是一致的。

歷史往往極其幽默。當年倫尼磨麵粉廠雖已隨他名字遁入歷史，廠房亦崩壞無存；人們以訛傳名字「吊頸嶺」諧音，爾後改名為調景嶺，難民多年苦心建造的所有房屋，最終隨著社區清拆而化為烏有，灰飛煙滅。嶺上村民無奈只好又再一次遷徙。這看來似乎是最壞的時機，卻也是最好的時機 —— 正是「山窮水盡疑無路，柳暗花明又一村」。調景嶺人再次得到重生，他們勇於面對現實，再遷到將軍澳新市鎮，從而融入香港主流大社會。一代之去，靜默無聲，嶺上居民的子孫後代如今在香港以至世界各地，都以其所長貢獻社會。他們再不必像父祖輩般顛沛流離，大家過著一種安穩生活。

難民當初從摩星嶺遷到調景嶺，在這片自由荒嶺上守護著人性尊嚴，莊敬自重自愛、自力更生，一手一腳把荒原建設成宜居樂園。港府社會局起初承擔起營內各項救援工作，深感那是難以脫卸的沉重包袱；最終難民的福祉乃由教會和救總雙雙扛起來。

難民沒有辜負教會與救總的熱忱，成功走出自力更生的路，往前進發。當初他們依靠接濟才能生存，隨後自食其力，部分難民甚至跨越山頭，走到鯉魚門建立嶺南新村，村口牌坊兩旁對聯「嶺上難胞辛苦耕耘皆自力、南中壯士忍辱偷生皆從權」，反映其百折不撓的堅毅精神。他們能屈能伸、堅韌不拔，憑著求生存的強大意志開創人生新里程。

夜幕低垂，日光高升，如此循環，週而復始。這些人離鄉別井，無奈返鄉無望，紛紛成立同鄉會以及各種社團，彷彿「自成一國」。雖然這些社團後來被迫解散，居民和左鄰右里仍然保持密切聯繫，彼此守望相助。1961 年 6 月，港府決定將難民營改為平房區，更名為調景嶺村；同時在山頂建立警署，在大坪建立郵政局和消防局，還制定一系列供水措施，以確保全村居民有足夠食水供應，同時也開始供應電力。

戰後香港百廢待興，港府囿於資源所限，公共開支難免左支右絀。政治與社會改革一般都提不上議事日程，社會經濟不公現象普遍。然而，從 1950 年代開始，經過香港市民胼手胝足、辛勤工作，社會開始進入小康。調景嶺成為平房區多年，政府無意規劃社區發展或打造新市鎮；即使社區人口逐漸增長，港府亦無增添更多公共配套設施。整體而言，調景嶺村與整個香港城市發展脫軌，嶺上人心理上多少感到日常生活方面與香港主流社會之間彷彿隔著鴻溝。

昔日嶺上成績優異的高中畢業生獲學校保送赴台灣升讀大學，其他畢業生亦可通過參加台灣大專聯招考試赴台升學，同時也可報考香港中文大學。居民和學生每年都會參加「3.29 青年節」，「10.10 雙十紀念」和「10.31 蔣公誕辰」等活動，其時全村大街小巷掛滿了「青天白日滿地紅」旗幟，蔚為壯觀！當時第一代難民仍持有濃厚的政治意識和傾向，但在調景嶺出生的一代，對於上輩的恩怨情仇有點模糊不清，村內通用的國語（普通話）也逐漸改變成粵語。居民從日常生活、教育、語言和政治認同等，自然而然潛移默化，悄悄地與香港主流社會接軌。

隨著交通日趨發達，嶺上居民紛紛外出前往觀塘、筲箕灣和北角等鄰近地區從事各種工作；另有一些家庭把孩子送到港九英文書院就讀，以求下一代有更好的出路。1960 年代中，由於印尼發生排華事件，導致許多華僑返回中國定居。1970 年代後，這些華僑重返印尼，途經香港時，發現紹榮鋼鐵廠能為他們提供工作，而調景嶺村的租金特別低廉，就業和居住一下子都得到解決，在考慮到既省時又省錢，乃樂意在嶺上定居下來；他們於是成為調景嶺村後期的「新移民」。[9] 由於社區清拆，他們亦獲分配公屋。

調景嶺村最早的居民為首批摩星嶺難民，爾後有中期遷入的居民，包括從港九地區前來調景嶺求學的學生，無形促進村民融入香港社會。長期以來，嶺上人都存有經歷種種滄桑的親身體驗，雖因時空、環境、場景各有差異，但追求安定生活的目標還是一致的。俗語說，食必飽足，然後求美；居必求安，然後求樂。人們生活安

1995 年，調景嶺清拆前最後一次舉行「雙十紀念」慶祝活動，人們把握機會留影。

別了嶺中！對岸坑口填海闢地的工程，已急不及待延伸到調景嶺大坪。

定下來後，村民就頻繁地往返市區，使調景嶺不致於與外間大社會完全脫節。

香港在 1980 年代推行地區行政和諮議制度，全港劃分為十八區，各設區議會為該地區施政的重要諮議機構。調景嶺村屬於西貢區，村民有權選出區議會一席議員，代表嶺上人權益發聲，以及為西貢區包括將軍澳及調景嶺村事務建言獻策，無形中促進調景嶺與西貢以至全港的關係，社區不再孤處一隅。隨著時間推演和社會發展，調景嶺村居民開始融入主流社會，成為香港「大社會」一員。

想當年，難民初踏足香港時，不少西教士 —— 上帝奇妙安排的天使 —— 即伴隨左右。人們甫抵荒原，各教會繼續在摩星嶺時贈醫施藥等善功，建立耀漢、聖約瑟和大坪等診所，以及靈實肺病療養院、福音戒毒所、錫安堂接生院、養真苑和學校等機構，頓成難民生命的安慰和保障。難民對千里迢迢來到荒嶺服務的宣教士們心存感激，為在嶺上樂園能安居半個世紀而對上帝大愛和恩典永誌不忘。

聚散有時，神愛不變

山雨欲來風滿樓。1980 年代後期，隨著港府決定拓展將軍澳，調景嶺村清拆勢在必行，以延長將軍澳地鐵支線和建造新型公共高樓屋苑，成為將軍澳新市鎮一部分。官民就清拆和賠償經歷多次交涉後，清拆搬遷過程有序完成。其中二千多人移居將軍澳坑口厚德邨和明德邨等政府屋苑，另有二百多人遷往港島西灣河東熹苑。其他村民選擇移居香港其他地區的公屋或居屋。整個社區的拆遷順利完成，為 46 年調景嶺滄桑史畫上句號。

1996 年 8 月 28 日夜晚，天氣晴朗，星際滿天，正是社區居民逗留此地的最後一夜，赫見不少人不約而同通宵逗留，徘徊在照鏡灣海邊。昔日那些「開荒牛」以「愚公移山」大無畏精神，開天闢地，歷年來把這片荒山野嶺打造成一個樸素寧靜的社區，這已屬於「第一故鄉」的家園，卻要在翌日被摧毀，隱入煙滅灰飛的境況。

最後一夜，多少人心事重重，惆悵失落，俯首遙望夜空？剩下寥寥無幾、鄉音未改的上一代緬懷往昔種種，滄桑悲涼之感湧上心頭，欲哭無淚，不只帶有「難聚難散」的不捨，對如何融入香港大社會不無憂慮。一大批土生土長的第二代，或處於甜酸苦辣、五味雜陳的思維中，面對「九七」，該何去何從？第三代小輩或已融入主流社會，卻同樣難捨舊地，忐忑不安。此刻無聲勝有聲 —— 直至黎明，所有這一切，像是一道沒有答案的考題。

如上所述，「新」、「舊」調景嶺之間存在微妙而巧妙的歷史延續性。往日這批人以個人或家庭形式遷入調景嶺，境況悲涼；而這次居民集體式遷居將軍澳和西灣河，大家住在同一屋苑或同一大廈，生活居住條件大有改善，某種社會意識形態在一定程度上得以保留。他們在遷入將軍澳後，仍定期舉辦各種文娛聚會，以維繫及延續嶺上情誼。然而歲月無聲消逝，隨著古稀長者逐漸遁入歷史，第二代又各有自己生活圈子，原有親如家人的鄰里關係日漸生疏。此一時矣，彼一時矣，大家縱使並非老死不相往來，那份信任感、親切感卻無奈已隨年月消逝而褪色。

從前設立在大坪的駐營辦公室，遷到將軍澳新市鎮坑口區厚德邨，為嶺上原居民繼續提供醫療津貼等服務。多年來，各教會在荒原上默默耕耘，讓荒嶺發展成充滿朝氣和希望的社區。教會在調景嶺為香港幾代青少年提供了優質學校教育，嶺上中、小學和幼稚園林立，來自港九各地寄宿生人數不下十五萬人，先後赴台灣完成大學教育者達一萬人，培育了各類人才，包括牧師、教師、記者、醫生、工程師和藝人等等。

「港九各界救濟調景嶺難民委員會駐營服務處」隨著調景嶺清拆而光榮結束其任務

調景嶺從建營伊始，外界就賦予了它不同的褒貶名稱。例如港英當局一開始就稱居住於調景嶺營的人士為「營民」（inmates）；台灣當局則稱他們為「義胞」、「反共義士」；中外教會人士統稱他們「難民」；中共指他們為「國民黨殘匪」，把調景嶺稱作為「國民黨殘渣餘孽的統治區」。[10] 無論外間加以哪種稱謂，稱呼他們為「香港市民」才名實相副、恰如其分。

難民經歷長期飄泊後流徙香江，寄居調景嶺，不禁引發無限愁思，感慨萬千。他們懷觸萬端，無法捉摸前景，感覺上總認為這只是暫留之地。1950 年代的調景嶺，偶爾在這條大街上，人們可以在夜間聽到一些老兵輕哼著一些低沉悲壯的歌曲，令人不禁煥發出一種激昂的心志，勇敢面對命運的挑戰。老一輩始終抱有一種難民心態，他們思念遠方故鄉的心結，實在是一種辛酸、悲涼的寫照。當大時代變遷使香港社會朝著都市化迅速發展，相對閉塞疏離的調景嶺頓時顯得裹足不前、與外間社會和時代脫節。隨著歷史推演和歲月流逝，昔日不少老前輩業已逐漸凋零，尚存者亦耄耄垂老。嶺上第二代則自然而然隨著時代潮流，正在努力適應香港主流社會。

調景嶺信義中學首任校長、亦是嶺中最後一任校長張世傑曾在〈重返香江再任校長〉一文寫道：「我在 1952 年 9 月 1 日，在調景嶺信義中學豎起第一支旗杆，升起全區第一面『青天白日滿地紅』旗幟，並含淚主持這一升旗儀式。1996 年 7 月 26 日，在嶺中我又含淚降下調景嶺最後一面『青天白日滿地紅』旗幟時，真是感慨萬千。」[11] 隨著兩面相同的旗幟升起和降下，象徵著一個時代的開始和終結。曾有人形容調景嶺是「一處時空錯配的地方 —— 惦念著昨日，卻活在今天；心懷遠處，又身在此岸。是歷史開的玩笑，抑或歷史就是一個玩笑？一切都沒有解答。問將來如何，答案就在明天」。[12] 此語發人深省。

《聖經》教導我們：「凡事都有定期，天下萬物都有定時」，聚有時，散也有時。歷史時空在此凝固了將近 50 年，隨著香港社會急速變遷，調景嶺的清拆是必然的，幾乎不保留任何痕跡。生命可以有無盡的可能性，不存在開始與終結，土地更甚。如今遠眺調景嶺已面目皆非，山形地貌仍可辨認，惟平房區早已消失殆盡，在其舊址上映入眼簾盡是一幢幢現代化的高樓大廈。

昔日舊調景嶺警署，於 1962 年 1 月 1 日建成啟用，1992 年 1 月 1 日正式關閉 —— 見證社區的興替。爾後普賢佛院一度暫遷於警署。後來，在西貢區民政事務處和西貢區區議會攜手策劃下，舊警署活化成將軍澳風物汛資料館，地址是將軍澳寶琳南路 160 號。2022 年 12 月 24 日，將軍澳風物汛舉行了開幕典禮，館內陳列昔日調景嶺學校、教會、居民生活資料，以及司務道建立的靈實醫院等

張世傑校長見證大時代的發展和終結。他在信義中學豎起調景嶺的第一支旗幟（左），亦在調景嶺清拆前降下村中最後一面「青天白日滿地紅」旗幟（右）。

歷史照片，可供參觀者一睹往日社區的人文精神面貌。

歷史是一部內容豐富、複雜但必須辨別真偽的書籍，又是一場永不落幕、時悲時喜的連續劇，世上每一個人既是舞台主角，亦是一名台下觀眾。時光冉冉，歲月悠悠，世界格局正在經歷無法預料的劇變。事實上，當整個調景嶺清拆之時，亦正是嶺上村民全面融合到香港主流社會之日。今天，這些居民早已適應都市化的急速節奏、高效益的生活模式，完全融入了香港社會大家庭，長達 46 年歷史的調景嶺村，最終畫上了句號。

歷史研究最重要的依據是史料，而且必須要豐富而翔實；同時歷史還可以追尋倖存的記憶。從調景嶺的歷史，我們可以看出港台

調景嶺舊警署變身為將軍澳風物汛，是難得避過清拆的建築。

筆者計超在風物汛開幕日為參觀者述說調景嶺歷史

調景嶺營只能留存在人們記憶中，即使日漸消逝，大家亦緊記其美。

以及海峽兩岸關係的演變和趨勢。萬物盛衰榮枯，朝代興亡更替，令人反思人生的價值與生命的意義。悠悠萬物，短暫人生，迅即煙消雲散。生命誠可貴，自由價更高，若為真理故，兩者皆可拋。一個調景嶺消失了，另一個調景嶺誕生了。現在的調景嶺地區正以嶄新的面貌呈現在東方之珠的香港，並將繼續為香港社會、國家和人類發展作出應有的貢獻。嶄新的調景嶺亦將成為香港歷史新篇章其中一個段落。此時此際，我們只能濃墨一筆：別了，調景嶺！

香港在變，中華在變，世界也在變；唯有神的慈愛永恆不變。

願榮耀頌讚全歸聖父、聖子、聖靈三位一體真神。阿們！

註釋

1 筆者劉義章的一位同班同學，其父親在遊艇廠工作，而這位同學則在 1969 年暑假，隨在坑口拆船廠當燒焊員的鄰居、同鄉（客家人）、友好，一起到拆船廠當小雜工。

2 其他地區包括：寶林、坑口、翠林、百勝角、小赤沙、將軍澳市中心和大赤沙。其中，寶林、翠林、坑口、日出康城、將軍澳市中心和調景嶺基本上屬於住宅區，建有公屋、居屋、村屋和私人屋苑。私人屋苑基座設有不同的商場，方便居民購物。小赤沙現時設有港鐵將軍澳車廠及康城站，大赤沙北北部則設有將軍澳工業邨（今稱將軍澳創新園）。

3 丁新豹、汐爾、劉義章：《情繫調景嶺》，頁 9–10。今天，調景嶺站成為港鐵觀塘線終點站（起點站為黃埔站），市民乘搭該線列車或在月台候車時，經常會聽到廣播：「往調景嶺站列車即將到達。」以及列車內有關到站前的轉乘廣播提示：「下一站，調景嶺。」香港市民和訪港旅客出行，乘搭港鐵時都會聽到「調景嶺」這名字。

4 調景嶺原來有三家中學。港澳信義會慕德中學和天主教鳴遠中學在清拆前已遷往新市鎮坑口區；調景嶺中學雖然停辦，但它與景嶺教育文化基金會主辦的景嶺書院，事實上有先後傳承的關係和淵源。

5 根據 2023 年 3 月 31 日的最新統計，基督教靈實協會全職同工合共有 2,624 人，分佈如下：靈實醫院 1,091 人，恩光學校 100 人，基督教靈實協會 1,433 人。感謝基督教靈實協會司務道寧養院院長梁智達醫生於 2024 年 5 月 6 日幫忙查詢和提供相關資料。

6 港府署理華民政務司麥道軻在 1950 年 4 月 17 日致函署理布政司杜迪時指出，醫院的救濟工作無疑製造了「前國民黨士兵問題」（ex-Nationalist soldier problem）。這反映港府內部對蜂擁而至的難民感到困擾。例如當時港督葛量洪致英國外交和殖民地部大臣函（1950 年 6 月 28 日）中寫道：「據估計，在過去兩年內約有五十萬難民來到香港，現時本港人口已超過二百三十萬。⋯⋯由此引起嚴重的住屋短缺問題，並因此而催生了許多衛生條件欠佳的寮屋。此外，人口劇增已導致所有社會服務到了捉襟見肘的地步。」見 FO371/83516, The National Archive, United Kingdom。

7 日本文化蘊含一種尊敬失敗者的基因，稱之為失敗的尊貴（Nobility of Failure）。

8 鄭宏泰、周文港：《彌敦道上：金光舊夢換新顏》（香港：中華書局，2001），頁 4–11、252–259。英籍猶太裔的彌敦曾就讀英國皇家軍事工程學院，擔任港督期間建了 22 英里的九廣鐵路香港段工程和油麻地避風塘，又大力發展九龍半島，建造一條九龍交通大動脈，連貫著油尖旺等區。後來這馬路以其姓氏命名為「彌敦道」，現今為九龍最熱鬧的商業大道，天天車水馬龍，遊人如鯽，為本港市民和海內外遊客的打卡勝地。

9 1960 年代後期，筆者劉義章的鄰居是一戶印尼歸僑，定居調景嶺；屋主宋先生就業於紹榮鋼鐵廠。

10 "Over the years, various terminologies have emerged in various writings to describe Rennie's Mill and its people. Indeed, most writings have a hidden political agenda when using a specific term. A newspaper article [*South China Morning Post*, September 14, 1950] called the

inhabitants 'embarrassing guests' to describe the Nationalist soldiers in Rennie's Mill while a senior government official even rudely addressed them as 'parasites.'" 見 Lan, "Rennie's Mill," pp. 23–25。林芝諺：《「自由」的代價》，頁 49、81。

11 張世傑：〈重返香江再任校長：海隅散記之二〉，頁 68。

12 摘自玄萱著，黃鳳玲攝影：《香港印象》（香港：突破出版社，1990），頁 16。

後記

本書稿撰寫期間，蒙師友、老同學和家人惠助良多，提供珍貴資料和舊照片，幫忙聯繫我們在舊調景嶺生活、工作的（老）居民進行訪問。香港三聯書店出版經理梁偉基博士在書稿準備過程中，提供了寶貴意見。謹向每一位良師益友致以衷心謝忱！

《孤島扁舟》首版付梓後，我權充第三者仔細推敲和檢視欠缺周詳之處，同時更全面地搜集了以往調景嶺各種資料，期待再版時可以大幅度充實各項內容細節。

事隔九年，2022 年 6 月，我們獲悉三聯書店計劃發行《孤島扁舟》增訂版，不僅容許我們增加文字和相片，還希望書稿能以嶄新形態流傳坊間。萬物皆全，但獨欠東風，我們思量單靠兩人力量似乎無法勝任。

2019 年，三聯書店出版了《情繫調景嶺：二十個嶺上人的故事》。主編之一汐爾文筆流暢，先後將 20 篇素人文章整理得層次分明、井井有條，使出版社幾乎無需整理修繕；該書圖片編輯兼作者徐閏桓先生為天主教鳴遠中學資深實驗室技術員，精通電腦操作。我們冒昧邀請二人相助增訂《孤島扁舟》，他們基於懷著對社區深厚的感情，欣然答允。

其時，新冠肺炎疫情不靖，我們四人就以電話或網上會議聯絡。我們商議分工：本人擬定文字新內容，交由徐先生打字輸入電腦，再由劉義章先生增訂內容，然後由汐爾編輯文稿、徐先生編輯圖片。書稿一次又一次修訂、增刪、修改錯漏，尋找新照片等等；多次茶敘和互通電話，忙得不亦樂乎，截稿前甚至忙到深更半夜。皇天不負有心人，我們終於在 2024 年初同心合力完成增訂版。

將近半世紀以來，風風雨雨的調景嶺，早已隨著大時代的變遷而遁入歷史，昔日盛載多少驚心動人的故事，可概括於嶺上龍得時老師的詩詞中：「避亂紛紛聚海濱，自成村落自成鄰，相憐患難稱知己，勝過家人骨肉親」;「傍山建室密如星，共話鄰家隔紙屏，北調南腔無界限，相逢道故怨飄萍」。龍老師墨寶現在陳列於由調景嶺舊警署活化成的將軍澳風物汛資料館中。

昔日坎坷的生活，早已隨著時間被居民淡忘。海峽兩岸過去與調景嶺互動情勢亦已打上句號。從前社區所有民居、教會、學校、院舍、商舖以及種種景物的變遷，包括山腰「巨型鐵十字架」離奇地失蹤，「自由紀念塔」則長期躺平在歷史博物館 —— 似乎成為最佳歸宿。現在坊間除了少量調景嶺歷史書籍外，其他所有一切都隨著社區的清拆而灰飛煙沒，往日一切都蘊藏在高聳入雲的將軍澳高樓大廈中。

今天，當人們站在港鐵調景嶺站出口處遙望山頂，依稀可見矗立在遠方山上的茅湖仔碉堡，這座碉堡的歷史源於 1898 年。當年英國向滿清政府租借「新界」後，為了部署防衛香港戰略計劃，還在魔鬼山一帶修建另一座碉堡和兩座炮台等軍事防禦工事，與茅湖仔碉堡相互呼應。茅湖仔碉堡下的山腰處，仍屹立著調景嶺警署，它居高臨下，見證了這社區的興衰歷史。

值得欣慰的是，原調景嶺警署現已活化成「將軍澳風物汛」（TKO Heritage Post），為香港民政總署、西貢區議會和基督教靈實協會合作的一項「社區重點項目計劃」，並由靈實協會負責營運。經歷幾年修葺，已修復成小型博物館，於 2022 年 12 月 24 日正式開放，館內展示包括調景嶺在內的將軍澳各區歷史面貌。

此館開放一年多來，每天吸引不少港九市民前往參觀。最令我印象深刻的，是不惜千里從海外前來尋根的長者伉儷，自此獲得確切證據顯示其祖輩在嶺上大有作為，往後移民花旗國的軌跡，深感不負其行。

原警署員警宿舍也在活化計劃內，現命名為「靈風雅舍」，這一小型民居客房可供公眾人士或團體預訂客房，因此處幽雅清靜，使人頓覺遠離囂塵，心靈得到升華，實為度假勝地。

原英文名字為「Rennie's Mill」的調景嶺地區，存留許多鮮為人知的悲劇，而嶺上許多生命奮鬥的歷程，也為香港史添上濃厚的一筆。今日調景嶺的英文名稱按廣東話發音改為「Tiu Keng Leng」，仍留下片斷的痕跡。

如今當你走出調景嶺地鐵站，會不經意看到一座氣勢雄偉、名叫「建采樓」的鐘樓。它的四面顯示了日照、時間、風向和濕度的四種標誌，猶似中國古代的鐘樓。其外牆以不鏽鋼模似的鐵皮製成，象徵著調景嶺的藝術建築，暗喻昔日平房區不規則的鋅鐵皮屋和大小模型的簡陋窗戶。鐘樓正面左右方，各書林悅恆先生的一幅對聯，右聯「弓矢既調左右如一合力天南織美景」，左聯「嶺嶠已拔山河有序全心海角建桃源」。這一座甚具特色的建築物，實為紀念調景嶺獨特歷史的印記。

據說建造之初，頂部置有以計時器運作的大自鳴鐘，每當時針抵達某一時辰，大鐘就會準確無誤地發出美妙悅耳的音樂，不知何故，這鐘樓長期為鐵將軍守護，至今仍未開放。

我們再前行幾步，可以清楚看到一座莊重華麗的「水飾園」，其左方附有三座假山形狀的物體，右方附有三塊長方形石板和石薹。以「調景嶺今昔」五個大字為題材的水飾園，簡短敘述昔日調景嶺的歷史，並指出這些石躉，原置放在社區海邊，作拴船之用，社區清拆後置於此地，這也算是調景嶺的遺物之一。

在不遠處的嶺光路和景嶺路交界處，迎面可見一幅 11 米高、5 米寬的大型花崗石浮雕「景嶺春秋」。它共融入 55 塊濟南青石板，配以星宿圖象，這幅時空交錯的浮雕藝術品，反映了從前「照鏡環抱山彌白，草木繁茂細水長，屋宇鱗次雅風揚，扁舟搖曳粼波光，星羅棋佈樂其中」的景色。浮雕頂部展示諸如日月星辰、天文地理、天際五星與五行術數，令人目不暇給。圖案中部有密實重疊的石屋群組，零星小舢舨悠然停泊在寧靜海面。

現今物換星移，大千世界，佈局妙不可言，令人浮想聯翩，它作為一種獨特的歷史印記，使人憶及從前種種，現實中的虛幻，虛幻中的現實，耐人尋味，足以令人唏嘘不已。

慕德、鳴遠和嶺中三校遷往將軍澳地區後，以新作風繼續作育英才，造福社會。至今，每年總有三校舊生及教師參與春茗聯歡大會，大家拜年互賀。至於從一家醫務所起步、多年後茁壯成長的基督教靈實協會，仍持續為將軍澳以及港九市民提供優質醫療服務，發光發熱。看吧，調景嶺故事仍在延續。

本書得以出版，筆者要感謝　上帝的厚恩！願榮耀全歸於　祂！

計超敬識

主後 2024 年 1 月 8 日定稿

附錄一：調景嶺中學師生嶺上生活的回憶

曹港美同學

憶生於斯長於斯
調遷皆因山河變
景蔥水秀處一隅
嶺遍中華兒女情

昔日的調景嶺是我成長的地方，那裏山清水秀，鄰里情濃。我的父母祖籍湖南，1949 年逃難到香港，曾短暫棲身於摩星嶺，隨後遷居調景嶺，直至香港政府於 1996 年清拆調景嶺為止，我住在調景嶺約 46 年。父母曾受教育，但抵港後人生路不熟，言語不通，又無一技之長，只能做一些清潔的工作及教會的小手工，辛苦掙錢養活一家。

由於兒時家境清貧，我從小就學會分擔家務，如挑水、洗衣服及洗碗等，也學會做小手工幫補家計，像繡花、做娃娃等。艱苦的生活環境，養成我們負責任和堅忍不屈的生活態度。因為教會的關愛和幫助，讓我們學會感恩和奉獻。

小時候沒有什麼玩具。大自然的一切，皆可成為我們的玩具，如釣魚、拾蜆蚌、捉蜻蜓、摘野果等。我們很有創意，如自製燈籠、小布袋子（內盛沙子）和橡皮繩等。我的童年生活雖然物資匱乏，卻很快樂，可能是「知足常樂」吧！懷念一個地方，離不開地道食物。舌尖上的調景嶺，地道食物以北方小吃為主，如油條燒餅、生煎菜肉餃、上海粗炒和排骨麵等，久違了的美味食品，令我至今難忘。

今天的調景嶺屬於將軍澳區，高樓大廈林立，滄海桑田人事幾番新，再難找到昔日調景嶺的影子，舊日的人情事物，只能在夢裏追尋。最後，祝願調景嶺舊街坊好友，身體健康，生活愉快！

譚翠霞同學

還記得兒時的調景嶺，大部分房子都是以石頭、木材建成，我家也不例外。當年父親在港島工作，需要留宿，只有假期才能回家。每當颱風來臨，母親就非常緊張，找來木板把窗戶封好，惟恐房子被吹倒。當時通訊設備落後，要收聽風暴消息只可靠原子粒收音機。而調景嶺警署會發放風暴訊號，因應不同風速級別，在日間掛上相應風球來區分，夜間就以不同顏色燈號來識別。

1962 年，颱風「溫黛」正面襲港，碰巧父親休假在家，當時風力很強，我家屋子也不能倖免而被吹倒，幸好得到熱心鄰居招呼，父母帶同我們幾姐妹到其家中暫避。在十號風球時，風勢稍為緩和，我們竟然聽到叫賣聲，原來是賣油條及脆麻花的伯伯，手持竹籃盛著熱辣辣的油條沿路叫賣。當時調景嶺有很多房子被摧毀，這位伯伯無懼高掛的十號風球，而且按照原價出售食物給受風暴影響而未能煮食的居民，這是我吃過最好吃的油條。即使事隔六十餘年，仍然記憶猶新，當時鄰里守望相助的關係是現今社會很難再見的。

張詠琴同學

我是真正在調景嶺土生土長的。在調景嶺的童年生活實在是多姿多采，非金錢和物質能取代。記得在調景嶺的夏天，我們可以上山摘山稔（紫色的，酸酸甜甜的）、捉金絲貓（一種昆蟲）。沿山摘，繞山跑，一直走到鯉魚門炮台去，居高臨下，放眼遙望，海闊天空，世界彷似是屬於我的。

冬天呢？可以摸魚，每逢初一、十五海水退潮後，很多魚蝦被困在挖過沙的水坑裏，我和哥哥就帶著水桶去摸魚。每當哥哥抓到一條魚，我就會情不自禁的歡呼大喊，迅速用水桶湊上，合作無間，那種興奮的情景，至今仍然撥動著我心中的弦。

在調景嶺小學畢業後，不知道是甚麼原因，我被家人轉到要收學費的天主教鳴遠中學讀初中一。由於我身形嬌小，天生輕盈，再加上當年只有十一、二歲，還沒有發育，常被高頭大馬的同學取笑和戲弄，使我常常生氣和懊惱，情緒低落，無心向學，讀了兩年，終於要留級。

父母無法多付一年學費，於是又把我送回免學費的調景嶺中學讀書。在這裏，我遇到一班心地善良、性格樸實的同學。他們沒有亂給我取渾名，暱稱我「妹妹」，額外添個「仔」字，那就是「妹妹仔」，一直叫到大學，叫到現在。

高如春同學

小時候，父母因專注發展假髮事業，1966年9月，他們把我和弟弟送到澳門南灣的聖約瑟書院寄宿，每一兩星期來探望我們一次。幾個月後，澳門發生了「一二·三事件」，他們就把我倆接回香港，送到調景嶺中學寄宿了。

由於物資匱乏，這裏的生活與澳門有天淵之別。中一、二時，我住在學校宿舍，印象最深刻的是合作社老闆可以因為不喜歡你，而不賣你小吃。中三時搬離宿舍，我住在同學梁治國的家，梁媽媽則搬到二區去了。在這臨海小屋，放學後可以撲通一聲就跳進水裏嬉戲，我是在這裏學會游泳的。中五時，我搬進了廢置的宣道會小學二樓，最難忘的是冬天深夜蹲在街邊公共水龍頭（街喉）洗澡的情景（深夜時分街坊鄰里都不會來街喉取水）。通過一位基督徒同學林天恩的關係，我和同班同學包括天恩、李和群和另一位同學，得以住進宣道小學，合住一個學校課室，睡在兩張雙層（碌架）床上。我們還可以使用以前學校的禮堂作為玩耍之處。這五年，我學會了獨立，炊煙做飯，認識了一班知己同學；沒有他們，沒有調景嶺，我就不會到台灣升學，也不會有今天的我。

想當年，由於家庭環境遭逢劇變，我原本打算中六畢業後出外謀生，幸得同學的鼓勵和幫助，我有幸到台灣升學。弟弟余洲在嶺中附小讀至小六，小學畢業後就讀位於九龍尖沙咀威靈頓英文中學，讀至中六（Lower Six，即香港大學預科第一年，Upper Six則在一間夜校完成），他後來找到一份不錯的政府工作，解決了家裏的經濟問題。在臨近大學畢業時，我鼓勵弟弟也到台灣升學。他和他太太是大學同學，育有一對子女；受弟妹的影響，小孩當醫生了。當年弟弟工作幾年後繼續學業，媽媽的功勞最大！

黃明恩同學

調景嶺就是我的故鄉，但現在已是面目全非。故鄉、童年、初戀，卻永遠在我心坎裏！當年中國爆發內戰，父親是國軍的營長，帶領士兵馳騁沙場。結果國民黨大敗，要立即撤離，逃亡台灣。我的父母決定要接回三名滯留在鄉間的孩子，而放棄了隨軍搭船赴台的機會，最後帶著五個小孩從湖南一直逃到香港，住進了調景嶺。

我生於 1953 年的農曆五月初一日，家裏兄弟姐妹八人。當時父母是依靠教會的工藝品批發給別人加工謀生，養活一家十口。大概在我六歲時，父親才有能力請工人用石頭蓋了近千呎的房子，一家人才總算有個安定的居所。童年時，哥哥們常帶我往山上走，採野果吃；還去沙灣、元洲、大坪划船游泳，不知天高地厚。那段時光全在純潔的歡樂中度過。

我在信義小學就讀小一至小四，其後考入嶺中小學五年級直至中一，中二又轉讀慕德中學。記得每逢「雙十紀念」，學校樂隊都會領著中學同學浩浩蕩蕩、大鑼大鼓的去嶺中操場參加慶典。整條街道都是「青天白日滿地紅」旗，整個大坪也呈現旗正飄飄的模樣，別有一番景致。在嶺中讀書雖然只有短短三年的時間，但對同學的印象卻會永遠留在我心中！

朱春生同學

我是廣東合浦人，最初與家人一起住在灣仔。當年由於考小學升中試後未獲派學位，結果終日在街上打球，吊兒郎當。後來經同鄉介紹進入調景嶺，入讀嶺中小六下學期，住在大坪宿舍。當時，宿舍設施簡陋，也沒有門。晚上，我們睡在床上，可看到漁舟在海上釣墨魚的情景。

我與其他寄宿生常趁放學後那段空檔，跑到海邊採挖淡菜或蜆。在晚修前，把收穫裝在一桶清水中，藏在床下，隔天再拿到後山煮來吃。中一時與學兄們在村裏租屋同住；中二與國才、李國全（及其弟李國雄）、家雍合租慕德中學旁一個湖南人家中的三個房間。中四、五與張敏健租住近黃老師家的木房子。中學會考後，在珠海書院讀中六，然後升讀台灣師範大學體育系。師大是培訓中學老師的，我在那裏修讀許多學科，主修籃球和棒球。說到最重要一點，我能夠讀中學以至大學，全靠蔣公（即蔣介石）的僑教政策，感恩的心至今長存！

文義同學

我小學四年級時開始做苦力幫補家計，主要從事人力運輸，把從筲箕灣運來的糧米雜貨等背到嶺上的商店（如王家坡等）。由於弟妹眾多，我住在家旁搭蓋鋅鐵皮涼棚，每當颱風來臨之前，就將它拆卸，以免吹走。又因涼棚小屋通風，冬天寒風刺骨，生活雖然艱難，但是覺得很充實和開心。

中學四年級時，我報讀環球輪船公司開設的環球航海學校。畢業後行了「一水」（即行船一次，全程合約為期一年時間）。其後，由於我對無線電感興趣（之前曾在哥林比亞無線電學校學習，同學有嶺中同學凌潤強），於是報讀摩理臣山工業學院，讀了三年，然後才再行船。我在船上做電工，由最低層的「電仔」做起，逐步升為「細電」、「大電」。一次，我把船上一個已經報廢的繼電器修理好，上司雖責我自作聰明，但亦表示欣賞。最後，當船隻完成航行泊岸時，上司安排我接替被解僱的輪電機師的職位，一下子，月薪由二千幾元增至八千幾元！

蕭秉峰同學

我在澳門出生，作為家中老大，爸媽忙於工作，家務自然落在我身上。為節省開支，我自幼到西灣海邊垂釣；如果幸運之神沒空眷顧我，便要光顧街市攤檔了。接著回家進廚房準備晚餐，故我對烹調頗有一手。十多歲時我們全家移居香港，經爸爸的朋友推介住進了調景嶺的石屋，沒想到一住便是數十年！

調景嶺這個平房社區有很多特色，例如到處都看到「街喉」設置，成為婦女們舉行小型聚會的理想地點。在這邊有在洗衣服的，中間有在洗豬肺的，另一邊還有在洗菜的，各適其適。手在忙，嘴巴也忙，聊天或是互訴心中情，工作很快完成，明天再續。

我愛街喉，更愛街市，因為它極具特色，只經營到中午；各個季節賣各種不同的海鮮，現在寫著竟然垂涎起來，懷念極了！每逢週末，女友光臨寒舍，我必定買好大眼雞或剝皮鯊來煮番茄湯，再加進已煮得八分熟的白麵條，便是本人抱得老婆歸的殺手鐧了。

婚後一年，女兒出生，為了讓孩子能在無污染的環境中成長，加上得到母親答允協助帶小孩，便回歸調景嶺，享受了一年多的大自然生活。

假日早上的指定動作，就是去街市買時令海鮮，價廉物美。剝皮鯊可以清蒸、滾湯或切片油炸，均為佳品，相信區內長大的同學都難以忘懷吧！平價白鯧魚亦是我的至愛，味道鮮美，可謂人間極品！可惜現已屬貴價及稀有魚，一般人不常吃到。如今居於英國，當年的平價海鮮，這裏均欠奉。

年青閒暇時除了看書、拉小提琴外，暑假總愛跑到白石柱游泳。那裏訪客少，小灘與海灣頓時變成私人沙灘，多麼逍遙自在。海浪帶走一切憂慮，比神仙還快樂！怕冷的我，冬天時會穿著大衣、套上冷帽往山上遊蕩，常在嶺上發現不同種類的漂亮花朵，竟曾看過野百合！夏天時偶然放棄暢泳，為的是上山採摘山稔，不費分文，卻享受到大自然的美味。

河山變臉，無力阻擋，唯有接受變幻。但我仍覺非常幸福，因為曾經擁有，那價廉美味的海鮮及舒適寧靜的環境，永存心中！

陳寶貞老師

從小我就有一個夢想 —— 為人師表！由於我是家中長女，不敢奢望入師範學院，決定會考後就找工作，讓父母不再做粗重工作。上天待我不薄，幸運地在十月一日於調景嶺中學獲得教席，逃離只上了一個月、非常沉悶的銀行「班」。

我任教中一、二及小六英文。能天天在風景優美的海邊學校上課，簡直做了「人上人」。月薪比一般中學畢業生多五成，應該令人稱羨。倪主任及其他同事都對我這位新手愛護有加，至今仍難忘前輩們的照料及提點。入職不久便是雙十紀念，原來區上各學校師生的代表都齊集大坪參加慶祝會，非常熱鬧！往後數年，一些離校同事及學生都藉此回來相聚，互道近況，亦是人生快事也。

我漸漸發覺，區上食肆林立，尤以早餐的選擇特別多，饞嘴的我很是雀躍。每星期有一天早課不多，便會與同事們吃餃子，天南地北聊個飽；平日就託同事代購馮媽的牛腩麵，簡直可以說是幸福。午膳時間也長，吃完午飯就往校外小公園曬著太陽聊天，或替成績較差的學生補習英文 —— 既然是自己的學生，我有責任幫助他們改善英文程度。難得學生們有上進心，只要肯學，我一律來者不拒。

教而後知不足。晚間時進修英國文學，是我充實生活、力爭上游的工餘「消遣」；在大專夜校聯大書院修讀英國文學系（傍晚六至九時），用四年時間修畢學科和學分要求，獲台灣教育部門頒發文學士文憑。在聯大書院亦認識了一群老友，總愛帶他們攀山入調景嶺，讓他們認識這個世外桃園。

天下無不散之筵席。我難拒新建津貼中學空缺的吸引，毅然離開了七年教學相長的地方、相親相愛的同事與學生，開始新的學習及成長階段。七年後，我竟與 1971 至 1972 年英語會話課的學生在中環一酒家用膳時重遇，原來大家與各自友人赴同一演唱會。於是我們相約一同拜訪他的老師、我的舊同事羅玉儀老師。及後，發現各未嫁娶，便成眷屬。

女兒於 1987 年出生，為了讓她能在空氣清新的環境成長，我們就住進丈夫的茅屋，以便婆婆白天代為看顧。重回調景嶺，光是享受屋後的溪水潺潺、鳥語花草香及臨海的美麗景色，就完全不會計較天天攀山前往油塘、搭小巴到觀塘轉乘巴士往葵涌的艱辛旅程。現在想起在雨中上山、下山，在小巴內滴著雨水及汗水，不禁自問那無比的耐力從何而來呢？應是珍惜住在世外桃源的機遇。

盧志煌同學

記得小時候，我住在一條小村，那裏有山有水，沒有馬路；對外只有一家小輪公司每天派出「航安」和「白雲」號，來往小村與港島西灣河區。有一首歌這樣唱著：「調景嶺上月彎彎，白雲景色夢魂牽……」在那裏，有著每一個嶺上人的夢想。

村裏小孩沒有什麼娛樂，夏天男孩們在碼頭上脫光衣服就跳進水裏暢泳，或是在操場上打籃球、踢足球。傍晚時分，媽媽總是著我把大哥找回家吃飯，我跑到哥哥最愛到的信義會操場找人，大概都是男孩們的地盤，他一看到我就瞪眼嚷著：「回去！回去！妳不害羞嗎？」女孩們喜歡跳飛機房，那是用白粉筆在地上蓋的房子，用髮夾或斷掉的小鐵鍊子往地上扔，然後用跳來玩的遊戲。姊姊比我長兩歲，在學校裏，我倆認識彼此的同學，所以女孩們就是一群姐妹淘。

每年三月二十九日紀念黃花岡七十二烈士的大日子，全營學生都會去調景嶺中學的大操場參加紀念活動，風雨不改。當日，大會還會向每一間中小學所遴選出的模範青年和模範兒童頒獎，我獲選為第十七屆模範兒童。那天，媽媽幫我把頭髮編了兩條小辮子，換上白襯衣、深藍色校裙，好不精神。我站在台上領獎和拍照，記憶中，我得到一本很大很重的字典、一打中華牌鉛筆和一張獎狀。

我家住在第八區，記得慕德中學下方有個大水塘，當時我們年紀還小，媽媽僱用賣油條的張伯伯，每天給我們家挑水使用。真感激這位張伯伯。

位於村裏第十二區，有家露天的益智戲院，晚上會放映兩場電影。前座票價四毛錢，後座六毛；生意很好時站滿了人，這些站位也能賣的。母親是個很時髦的人，也喜歡看電影，我們這些小孩可以爬上戲台坐著看。哪會有造成近視眼的說法？

那年代的明星，有上海明星如周旋、周曼華、趙丹、李麗華、胡蝶，以至後來香港電懋與光藝公司捧紅的明星，像林翠、林黛、葛蘭、張揚、雷震、謝賢、嘉玲、江雪等等。那個時候，我可是天天跑去看電影；到後來電視重播舊電影時，熒光幕上主角說一句，我就能背出下一句。還有一些很經典的片子，如《馬路天使》、《四千金》、《星星月亮太陽》、《空中小姐》、《江山美人》、《曼波女郎》，還有《野玫瑰之戀》和《苦兒流浪記》。讀書沒有很好的成績，講電影與明星，卻如數家珍。

轉眼間，年少住在村裏的那些日子，已是六十多年前的舊時故事了，模範兒童的獎狀留給我無限回憶。有幸如今還會與一群小學同學聯繫，每年從紐約回港探親，總會安排茶聚，而每次相聚仍會有意想不到的話題，彼此關心，情如姊妹。

哈哈，快樂的童年，開心的少年！

附錄二：嶺上今昔——訪跡尋情*

步嶺尋情

調景嶺位於將軍澳照鏡環山、五桂山和茅湖山之間。三面環山、一面臨海，地理環境獨特。1996 年，政府清拆調景嶺，開山劈石，填海造地，平整土地以建造兩個主要大型平台，發展成今天的健明邨及彩明苑。周邊地域則陸續建成了今天的維景灣畔、城中駅、都會駅和善明邨等公共和私人屋苑，高樓密集。再加上多間中小幼學校、專上學院、聖方濟各大學、政府大樓、社福機構、醫療院舍、公園、交通網絡及港鐵站等公共設施，令調景嶺成為一個嶄新且截然不同的社區。然而「新」、「舊」調景嶺擁有顯著共同點——都是學府林立的教育重鎮，加上不斷完善的房屋、社區、康樂設施及交通網絡，成為一個居民可安居樂業的地區。

讀者可參閱地圖以訪尋調景嶺今昔景點，進一步認識調景嶺獨特的社區歷史文化。資料只作參考用，各景點或隨城市發展而演變。

地圖一　調景嶺地圖（約 1980 年代中後期）

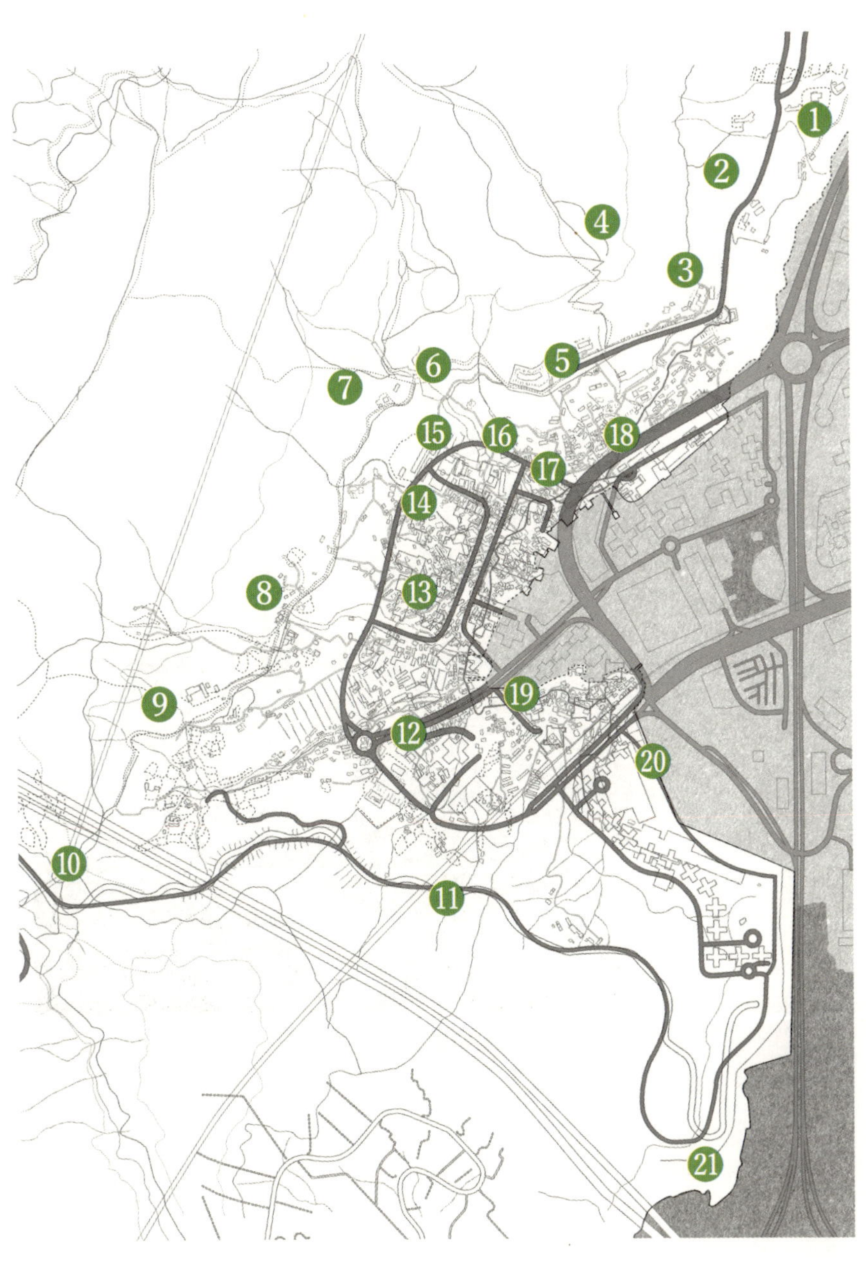

項號	景點	今昔說明
1	靈實醫院	1951 年宣教士麥瑪莉提籃施藥、以石塊作診桌服務調景嶺營難民，這卑微開端在大半個世紀內先後發展成基督教醫務所、肺病療養院以及專科復康醫院，提供老人科、復康科、胸肺科、紓緩治療和療養服務。 挪威籍宣教士司務道當年遇到困難時，常常與同工們俯伏在一塊石頭上祈禱，「祈禱石」之名由此而來，現安放在醫院主座花園內。設有歷史走廊，展示一些醫院文物，如手搖鈴、印台及坐地銅鐘等。隨著擴建的信望愛大樓於 2022 年 6 月落成，1950 年代起服務人群的療養病房亦完成歷史任務，拆卸及重置工程已於 2023 年竣工。 1961 年建成的小禮拜堂，旁邊有司教士和艾瑪麗醫生親手栽種的兩棵南洋杉，三層樓高的十字架每晚亮著燈，見證了將軍澳數十年來的變遷。南洋杉至今仍在，禮拜堂逢星期日等特定時間都會對外開放。  昔日元洲海邊的靈實醫院

<table>
<tr><th>項號</th><th>景點</th><th>今昔說明</th></tr>
<tr><td>2</td><td>寶琳南路</td><td>1956 年通車，公路連接調景嶺營、靈實醫院（位於元洲）和安達臣道經清水灣道通往九龍市區。修路工程由調景嶺基督教醫務所委辦會秘書兼司庫惠施霖牧師主持，當年醫務所負責人孫海倫教士建議以惠師母名字惠寶琳命名為寶琳路。在 1980 年代中，寶琳北路（通往將軍澳新市鎮）落成後，調景嶺段的寶琳路改稱寶琳南路。

碩果僅存一塊仍使用 Rennie's Mill（倫尼的磨坊，調景嶺英文原稱）的路牌保存迄今（寶琳路轉入寶琳南路，過茅湖仔村村口，繼續下坡轉彎處前方）。同處還有二塊字跡幾不可辨的路牌，一塊指向「將軍澳村」(該村因位於將軍澳海灣深處，不受遷建影響而可原地保留），另一塊是甚為殘破的「捷和神鋼 Chiaphua-Shinko Copper Alloy」路牌（指往昔日捷和在坑口開設的煉製黃銅合金廠房）。位於茅湖仔村村口的寶琳路紀律部隊宿舍於 2024 年年底落成，周邊亦有其他發展計劃，這一帶的路牌或會因而調整。希望這個獨特的路牌日後還能夠保存下來。

獅子會 — 青年會將軍澳青年營，是調景嶺青少年及居民的玩樂之地，營內設有營舍、康體場地及泳池，至今仍在服務中（近茅湖仔）。

今寶琳南路
狹窄且迂迴曲折</td></tr>
</table>

項號	景點	今昔說明
3	巴士站	1962 年九巴開辦 30 號路線往返調景嶺及九龍城碼頭，1967 年縮短至彩虹邨。1973 年改為 90 號；1989 年加開 290 號線，不經安達臣道，改行秀茂坪一帶。兩線一直服務調景嶺居民，至 1996 年調景嶺清拆為止。巴士站旁的山邊是往觀塘小巴的候車處，有「房屋署告示牌（請保持本村清潔）」及「慕德中學招生石」，至今仍依稀可見一絲痕跡。 九巴於 2015 年復辦 290 及 290A 號線，來往將軍澳彩明苑（當年的調景嶺碼頭及大坪舊址一帶）及荃灣西站。2022 年 10 月，第二代 90 號線復辦，[1] 來往將軍澳彩明苑及碩門邨。停辦分別 20 及 26 年的巴士二線重現，同樣為調景嶺居民提供服務，實在有趣。  彩明公共運輸交匯處，攝於 2024 年 6 月 14 日。第二代 90 號、290 號和 290A 號三線巴士在彩明苑巴士總站的停泊位置緊密相鄰。2024 年 6 月 17 日起，290A 號巴士總站遷往坑口（北），三線巴士同泊一處情景不再。

項號	景點	今昔說明
4	堡壘	茅湖山觀測台，估計為清朝佛堂洲海關（今將軍澳工業邨及海面一帶）的觀測台，作觀測佛堂門航道之用，為一級歷史建築。2013 年因破舊失修，部分火山石被拆下，為免對遊人安全帶來風險和保護古跡，政府於是對堡壘進行修葺。惟修葺後一直以鐵絲網圍封，由保安員把守，至今只可在外圍觀覽。  調景嶺堡壘，背景可見將軍澳的高樓林立。

項號	景點	今昔說明
5	調景嶺警署	1962 年 1 月 1 日建立，位於寶琳南路盡頭，可俯瞰整個調景嶺村，設有哨崗，早期曾在晚間使用探射燈，監察村內的動靜。警署於 1992 年 1 月 1 日關閉。 警署大閘旁邊曾有一水池，早年僅由粗糙石塊堆疊而成，飼養了小魚及水草，並供奉數個觀音塑像。後經修繕及加固，地下紙皮石砌有 RM 的字樣。 調景嶺清拆後，政府以一年「一元」的租金，將警署舊址三分之一的房舍租給普賢佛院，至 2015 年政府收回土地。舊警署後改建成將軍澳歷史風物資料館，命名為「將軍澳風物汛」，2022 年 12 月 24 日正式開幕，供市民免費參觀。至於旁邊的警察及公務員宿舍則改建成「靈風雅舍」旅館，設有 A 字棚裝飾的住房，遊客可付費住宿。項目活化後由基督教靈實協會營運管理。  普賢佛院租借調景嶺警署時期

項號	景點	今昔說明
6	村路	調景嶺清拆後，唯一原封不動保存下來的一段村內通道，是村民出入的主要通道之一，現存約 120 米。2011 年 5 月 1 日，曾在附近出土一把掩埋三十多年的「中正劍」。由於地段日久失修，部分斜坡、橋樑及欄杆老化，遊覽時請注意安全及愛護文物。  現時的村路
7	防治蟲鼠組職員宿舍	區域市政總署西貢區防治蟲鼠組職員宿舍。已荒廢四十多年，平時乃行山客作為休息及避雨之用，存有一些撿拾而來的棄置家具。早期可入內參觀，惟近年已被封閉。坊間時有穿鑿附會，傳說曾發生靈異事件。  今已荒廢的防治蟲鼠組職員宿舍

項號	景點	今昔說明
8	泰山石敢當	在路旁有一間已荒廢的村屋地基殘垣，有一塊「泰山石敢當」，碑上刻寫年份為民國四十八年（1959）。相傳石敢當有辟邪消災之效。原調景嶺高度綠化，村民種下不少果樹，沿路仍有少部分存留，每年開花結果。  泰山石敢當

<table>
<tr><th>項號</th><th>景點</th><th>今昔說明</th></tr>
<tr><td>9</td><td>建路碑誌</td><td>碑文內容如下：

調景嶺至油塘灣一段山路崎嶇不平行旅頗感不便本處於一九七四年及七五年發動區內熱心人士修築完成二千二百呎路面唯所餘一千二百呎尚付闕如一九七七年夏由民政署撥款伍千元並蒙南山分區名譽顧問王華生先生慨捐六千元北九龍獅子會捐助伍千元房屋署撥出建築材料觀塘青年服務團義工組工作營終砥於成計此路修築前後歷時四載三度施工從今南北兩地貫通行旅往來皆稱便利特泐石以誌之　觀塘民政處謹誌　一九七七年八月

村路上原有兩塊碑誌，其中一塊嚴重風化，字跡已不可辨，其中蘊含的歷史，無奈只能煙滅於歲月記憶之中。

建路碑誌及小路</td></tr>
</table>

項號	景點	今昔說明
⑩	獅子亭	因獅子會贊助建造費用而得名，採用孖亭（兩個方形）設計，為進出調景嶺及油塘必經之路，村民及晨運客用作休憩、玩樂、避雨及觀景。附近原有一電塔（連接高壓電纜經五桂山的另外幾個電塔，翻山越嶺地輸送電力），並沒有圍封，村民可近距離接觸電塔，甚或在基座休息。因地點位處山坳，當年行人遊客可無遮擋地遠眺將軍澳、鯉魚門以至維港景色。調景嶺清拆後，電塔已移除；孖亭約於 2012 年拆卸，改建為六角亭。  拆卸前的獅子亭

項號	景點	今昔說明
11	澳景路（接碧雲道）	紹榮鋼鐵廠在 1980 年代中期，在廠後山頭開通一條私家路（即今澳景路）直達油塘碧雲道，再轉入高超道，用以運送材料及貨物。相對於以往山路較為寬闊及平坦，縱然部分路段坡度頗大，但亦為居民帶來多一條對外通道，早晚均有不少居民使用。通道中段途經調景嶺地標「蔣總統萬歲山」。今為紹榮鋼鐵廠舊址建造而成私人屋苑（維景灣畔）「非專用通道」，不對外開放。  澳景路

項號	景點	今昔說明
⑫	鳴遠中學	原址在調景嶺村第十一區 198 號（今聖安德肋小學、翠嶺路與彩明街迴旋處和善明邨一帶），背靠照鏡環山（教會曾在山上豎立一個巨型十字架，故又名十字架山）。建築群包括聖母升天堂、幼稚園、小學、中學、學校員生宿舍和醫務所等。學校在 1993 年遷往厚德邨，易名為天主教鳴遠中學；新校舍入口大堂安放著當年在聖母升天堂內的木雕聖母像。  1980 年代鳴遠中學主教學樓

<table>
<tr><th>項號</th><th>景點</th><th>今昔說明</th></tr>
<tr><td rowspan="2">⑬</td><td>水飾園</td><td>位於健明邨明宇樓、明宙樓之間。園區有二組鋼質牌匾，刻示「調景嶺今昔」五個大字，以及一段文字簡述調景嶺的由來和發展，[2] 惟牌匾多年來沒被維護，文字已難以辨認。藝術建築設計為一艘揚帆的船靠在碼頭，可供居民及小童入內休憩或玩耍，旁邊四個碼頭石躉乃從大坪海濱走廊轉移過來。

健明邨水飾園</td></tr>
<tr><td>建采樓</td><td>一般人稱此為「鐘樓」，四面顯示日照、時間、風向及濕度。這是有關調景嶺的藝術建築，外貌模仿當年平房區不規則的撐窗及鋅鐵皮屋。牆上有林悅恆先生草書對聯：「弓矢既調左右如一合力天南織美景，嶺嶠已拔山河有序全心海角建桃源」，寫下了調景嶺的歷史變奏。鐘樓位處健明邨明宇樓和明宙樓之間，大約七至八層樓高，不住人，亦沒有商店及辦事處，不對外開放。</td></tr>
</table>

項號	景點	今昔說明
14	將軍澳女皇字畫	位於正覺中學門外的健明邨垃圾收集站，外牆有二組藝術裝置。以一凸一凹的浮雕字畫，描寫了調景嶺清拆前後的種種變化，字句詩意巧妙，值得細意玩味。 凸字：「將軍澳女皇　開拓新天地　樂土重現調景嶺　万万 萬崴万万　健明邨背山面水正環境」；凹字：「廣厦千萬間　寒士盡歡顏　上上下下日日月月左左右右建健明　前前後後分開二台」。[3]  將軍澳女皇字畫

項號	景點	今昔說明
15	慕德中學	原名信義中學，原址在調景嶺村第七區 8 至 9 號（今翠嶺路與勤學里交界、健明邨明星樓一帶），整個校區含教堂、幼稚園、小學、中學、學生及教職員宿舍等。學校在 1993 年遷往厚德邨，更名港澳信義會慕德中學。  昔日的慕德小學及港澳信義會復興堂
	港澳信義會復興堂	原位於調景嶺村第八區 335 號（今健明邨明月樓附近）。1996 年租用觀塘翠屏邨一樓宇作臨時聚會點，更名港澳信義會主恩佈道所。2005 年再遷厚德邨慕德中學，在坑口區和附近一帶繼續傳播福音。
	馬可紀念之家	為調景嶺學生輔助社（今香港學生輔助會）屬下專門服務貧困學生的宿舍。原位於調景嶺村第七區 11 號（今健明邨明月樓一帶）。1993 年遷至將軍澳景林邨景桃樓二樓，繼續服務港九新界有需要的青少年。

項號	景點	今昔說明
16	景嶺春秋	位於翠嶺路及嶺光街交界，毗鄰翠嶺峰。調景嶺石浮雕藝術建築，[4] 時空交錯，以水墨畫的手法，融入 55 塊濟南青石板中，高 11 米、闊 5 米，配以星宿圖像，呼應健明邨「日月星」主題，寓意物換星移、時代變遷，整體佈局自有其微妙之處。  景嶺春秋石浮雕

項號	景點	今昔說明
17	路德會聖約翰堂	原址為調景嶺村第七區 146 號（今翠嶺路、嶺光街及健明邨明日樓一帶）。1996 年遷往將軍澳裕明苑，2008 年再遷景林邨景林鄰里社區中心路德會景林幼兒園內，繼續福音工作。至今仍存留昔日聖壇。  昔日包美達教士在調景嶺的居所
	調景嶺錫安堂	原位於調景嶺村第四區 96 號（今翠嶺路和真道書院之間），於 1950 年代成立繡花工場及留產所等服務居民。調景嶺清拆後，教會在將軍澳翠林邨建立了將軍澳基督教錫安堂，並在同址設立錫安自修中心以服務該區青少年學生。
	宣道會調景嶺堂	原位於調景嶺村第三區 54 號（今翠嶺路和景嶺路交界位置）。調景嶺清拆前遷往將軍澳，1999 至 2000 年期間分為兩個堂會：宣道會嶺恩堂（位於坑口田下灣村）[5]和宣道會調景嶺新堂（位於坑口安寧花園），繼續踐行教會先賢傳福音的使命。
	養真苑	原址為調景嶺村第四區 114 號（今翠嶺路和景嶺路交界處），嶺上唯一專為長者提供院舍和療養服務、有升降機的建築物。1996 年遷往厚德邨德康樓及德志樓，繼續服務將軍澳新市鎮一帶長者。

項號	景點	今昔說明
18	大坪	位置在今明道小學、彩明苑彩富閣一帶。1950 年為社會局調景嶺營辦公處及膳食大棚所在。這片廣大平地上先後發展建成：調景嶺中小學暨幼稚園、港九各界救濟調景嶺營難民委員會（救委會）駐營服務處、基督教調景嶺營醫務所、消防局、郵政局、圖書閱覽室、小型遊樂場和海濱走廊等。 今天彩明苑內兒童遊樂場以三個近似「C」字及球體組成一個藝術雕塑，[6] 標記當年大坪曾呈現的學校和公共設施等建築物所在位置。  位於大坪的社會局調景嶺營辦公室

項號	景點	今昔說明
⑱	倫尼磨麵粉廠	加拿大籍退休公務員倫尼 1905 年在此處創立磨麵粉廠[7]（今明道小學、彩明苑彩榮閣一帶），後因經營失敗而投海自盡於鯉魚門外，今長眠港島香港墳場。坊間訛傳他自縊，由此而生「吊頸嶺」一名。港府設立難民營時正名「調景嶺」，取其調整景況（寓意當年難民艱苦景況）的山嶺之意，英文地名為 Rennie's Mill，沿用至調景嶺清拆。將軍澳發展成新市鎮後成為其中一個區，區名保留調景嶺，英文名字則改以粵語音譯為 Tiu Keng Leng。 香港磨麵粉廠仍存一地段界石。位於衛奕信徑第三段（油塘高超道至井欄樹），五桂山下馬游塘，W026 標距柱下行右方山邊，有一枚刻上「N.K.F.L.5」的界石，據報該石可能是被人移動至此，以用作山徑設施。[8] 經香港歷史愛好者及山友查證，被認為是香港磨麵粉廠地段其中一塊界石。[9]
	調景嶺中學	原位於麵粉廠舊址所在的大坪（今明道小學、彩明苑彩松閣一帶）。調景嶺中學校監余鑑明先生發起籌備成立景嶺教育文化基金會，由該校最後一任校長張世傑先生擔任基金會秘書，創辦景嶺書院，校址位於將軍澳半山上林盛路 1 號，毗鄰康盛花園。
	調景嶺碼頭	1956 年香港航安小輪公司開闢往返調景嶺至西灣河的航線，每半小時一班，為社區帶來交通及物流便利。碼頭附近亦是不少調景嶺青少年垂釣、跳水及嬉戲的地方。今彩明苑彩貴閣廣場內有一組藝術雕塑，以一些高樓大廈（象徵重建後的市鎮）、一些平房小屋（象徵昔日調景嶺）、山嶺和一個半圓球體組成。

項號	景點	今昔說明
19	益智戲院	原址在今彩明街（近城中駅第七座）。益智戲院是由調景嶺村居民集資在第十二區海邊建造的一家露天戲院，逢星期六或日晚上放映國語、粵語影片。戲院的露天設計讓部分居民可從高處免費觀看正在大銀幕上播放的電影。  益智戲院

項號	景點	今昔說明
20	紹榮鋼鐵廠	紹榮鋼鐵廠於 1958 年起在調景嶺開始運作，經營拆船及鋼鐵業，並聘用大量調景嶺居民。1993 年鋼鐵廠開始拆卸，1997 年遷往屯門踏石角新廠房。舊廠房出售後發展為大型住宅項目，即現今的維景灣畔。  昔日紹榮鋼鐵廠臨海廠房

項號	景點	今昔說明
21	白石柱	紹榮鋼鐵廠山坳後有一個沙灘，岩岸水邊豎立了一條石柱，附近漁民稱為白筆。該處是調景嶺居民，尤其是青少年游泳、捕捉海產、垂釣、玩樂及休閒之處。日佔時期，日軍曾徵用麵粉廠廢置廠址用作地區指揮部之地，相傳日軍在白石柱海邊執行死刑，直接將屍體拋入海中。[10] 將軍澳—藍田隧道及將軍澳跨灣連接路（跨海大橋）已於 2022 年 12 月通車，隧道的將軍澳出口正正毗鄰白石柱。可從調景嶺港鐵站出發，沿將軍澳墳場華永行人徑步行（三至六號觀景台沿途），可欣賞到石柱猶如「定海神針」般的獨特風貌。  白石柱沙灘

地圖二　現將軍澳地圖

23
29
28
寶琳
30
31
32
27
33
坑口
26
34
25
將軍澳
24
調景嶺
康城
堅尼地城
22
摩星嶺
將軍澳創新園

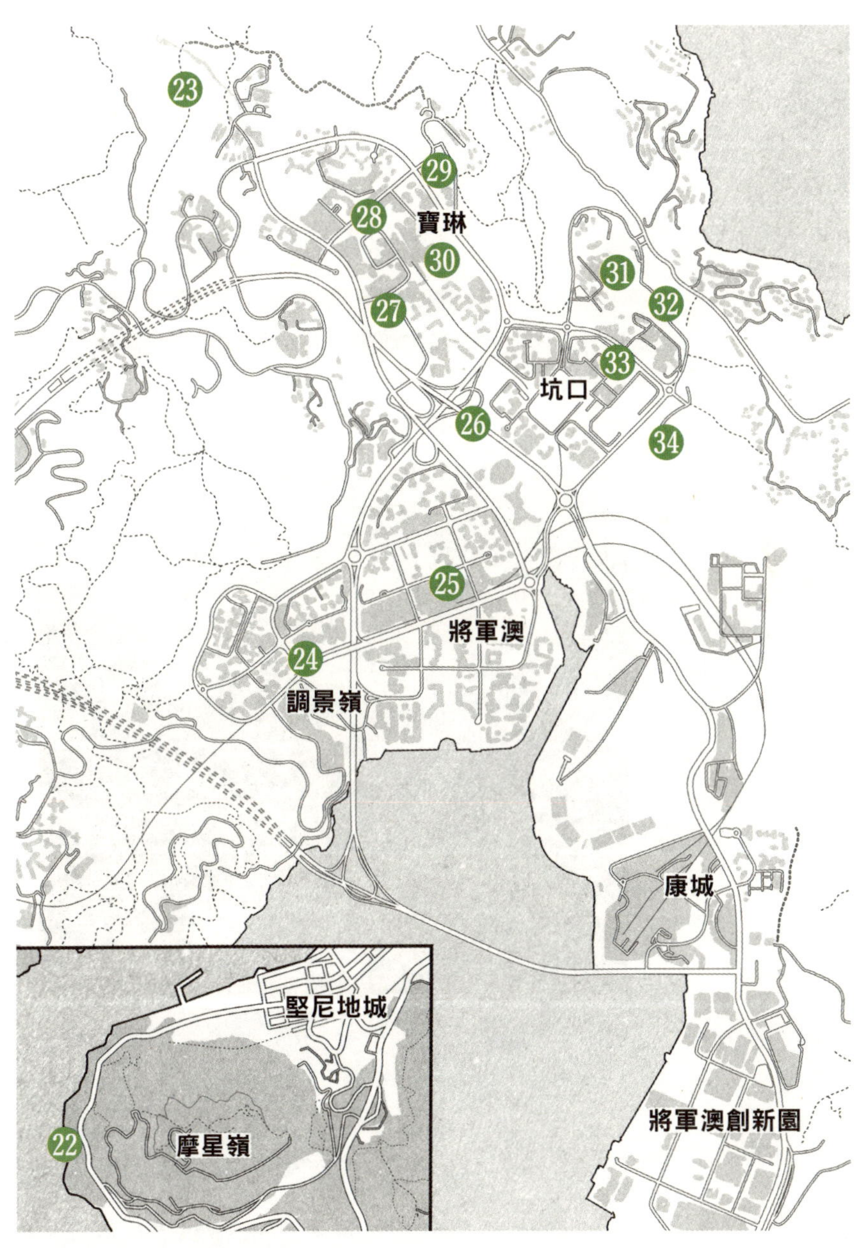

項號	景點	今昔說明
22	香港賽馬會芝加哥大學文物庭院及展示中心	地址為摩星嶺域多利道 168 號。1949 年 11 月底，難民在西環堅尼地城街頭、鐘聲泳棚[11]、一別亭[12]一帶棲身，或在上環東華醫院寄留。隨後因人數太多，東華接收不下，[13] 1950 年 3 月 28 日難民被轉往已荒廢的摩星嶺銀禧炮台，[14]於軍事建築遺址內及周邊架起帳篷露宿，容身處簡陋又稠密。[15]其時，英國皇家工兵團正計劃將銀禧炮台的建築物改造為軍官食堂和軍營，所以希望能盡快清拆炮台內的棚寮。後因秧歌舞事件（參閱本書第一章），港英政府將 5,900 人從摩星嶺遷至調景嶺。[16] 1961 年，該處改建為香港警務處政治部的域多利拘留所（白屋）。1997 年後一直被廢置，至 2013 年進行古跡活化，部分地方交由芝加哥大學改建為香港校區校舍，並設立文物展示中心。  活化後的摩星嶺銀禧炮台

項號	景點	今昔說明
23	小夏威夷徑	原為將軍澳至井欄樹古道。加拿大商人倫尼於照鏡環開設麵粉廠，在古道中段建了堤壩，使石澗匯聚成蓄水池，供廠房使用。麵粉廠倒閉多年後，水塘被改建成「小夏威夷游泳場」，甚受鄰近村民和遊人歡迎，可惜曾發生多次小童溺斃事件，隨後游泳場關閉，山徑又再荒廢多年。至 2002 年重新開發為「小夏威夷徑」，由於瀑布及堤壩遺跡等壯麗景觀，現已成為長幼咸宜的熱門遠足郊遊勝地。遊人可由寶林邨轉入將軍澳村，沿指示牌到達小徑入口。  小夏威夷徑水壩遺跡

項號	景點	今昔說明
24	港鐵調景嶺站	港鐵調景嶺站大堂內有一幅長約 40 米的壁畫——「蛻變中的建築」，展現了調景嶺地區不同時期建築。另在下層月台的「轉化歷程」，透過富有色彩及獨特設計的四組座椅，讓乘客可以親歷不同年代的調景嶺，進行互動。兩者皆為香港知專設計學院師生作品。  港鐵調景嶺站月台「轉化歷程」座椅

項號	景點	今昔說明
25	港鐵將軍澳站	港鐵推出「心繫香江——重溫往日情」計劃展覽。港鐵將軍澳站月台（幕門上方）展示將軍澳及調景嶺的懷舊照片，讓人重溫昔日景、地、人、情和事，回憶往日的生活點滴。[17]  港鐵將軍澳站月台展示多張懷舊照片

項號	景點	今昔說明
26	聖安德肋堂[18]	前身是調景嶺聖母升天堂（已於 1996 年結堂拆卸），位於將軍澳坑口常寧路 11 號，2006 年落成啟用。2008 年度獲「香港建築師學會社區建築項目——境內優異獎」。整個建築群包括一個可容納七百人的教堂、多用途室／禮堂、幼稚園及修院等。整個建築群的設計手法以幾何圖形的拼砌為基礎，把不同的建築物圍繞中央庭院而建。 聖母升天堂 1996 年結堂彌撒

項號	景點	今昔說明
27	寶康公園燈塔	在新市鎮將軍澳區運隆路 10 號寶康公園內（毗鄰將軍澳圖書館），有一座約 8 至 9 米高的燈塔（公園地圖標示為眺望塔）。惟燈塔長期上鎖，遊人未能入內參觀。公園所在地附近一帶為昔日將軍澳海灣西側填海地（西北側為拆船、轆鐵、造船和製鋼廠房等）。這燈塔可能是象徵以往海灣地貌，模擬為當年村落漁民及船隻導航。  寶康公園燈塔

項號	景點	今昔說明
28	港鐵寶琳站	港鐵寶琳站 A1 及 B2 出入口，共有 18 幅「樓樓起樓樓」噴沙玻璃壁畫，描繪了將軍澳由早期海灣漁村的草屋茅舍，逐漸發展到今天高樓林立的歷史變遷。[19]  港鐵寶琳站的噴沙玻璃壁畫，展示城鄉之間的日常生活。

項號	景點	今昔說明
29	將軍澳官立中學	學校在 1988 年於敬賢里 2 號建立，毗連昔日已遷拆之魷魚灣村（今將軍澳賽馬會普通科門診診所及聖公會將軍澳安老服務大樓一帶）。該校前身為堅尼地城官立中學，早期英文校名是 Junk Bay Government Secondary School，後來才將 Junk Bay [20] 改成 Tseung Kwan O。中學新舊校徽均有帆船及山海圖案，設計有傳承之意，或多或少寓意西區海灣及將軍澳漁港的風貌。學校一般不對外開放，讀者走訪景點時，請避免影響學校運作。 饒有意義的是，當年西區海旁、一別亭、鐘聲泳棚及銀禧炮台一帶，曾是難民棲身之所，經秩歌舞事件後，眾多難民包括在當時已創辦的「香港難童義務學校」（慕德中學前身），在 1950 年遷移至調景嶺。同一地域，不同時空，「堅官中」也遷移到將軍澳，1988 年落地昔日魷魚灣村旁邊，成為「將官中」，是將軍澳新市鎮開辦的第二所中學（第一所是 1987 年開辦的迦密主恩中學），服務調景嶺以至整個將軍澳新市鎮的莘莘學子。  魷魚灣村

項號	景點	今昔說明
30	景林邨石船及古井	景林邨內設有中式園林及小型人工湖，湖畔有景觀石船，可讓邨民在內休憩；石船對岸有一「水井」園景建築，映照昔日港灣漁村風貌。屋邨原址為 1960 年代將軍澳海灣東側填海地一帶。  景林邨石船水景

項號	景點	今昔說明
31	坑口村	多年前本是一條恬靜漁村，後來設有機器廠、造船廠、熚船廠[21]、雜貨店、灰窰廠、磨石墨廠、罟網、醬油廠、茶樓、商店及養豬等數十商家，逐漸形成一個繁盛的「坑口墟」鎮，後更發展成為西貢區的交通樞紐。[22] 1960年代，坑口列為拆船區，會德豐、捷和及香港氧氣公司等紛至設廠，拆船業成為世界之冠，至1970、1980年代逐漸式微。[23] 早期村民除了捕魚及農耕外，也會做生意，村內店舖眾多，甚至有賣金、賣棺材的，就好像現今的旺角那麼熱鬧。[24] 今村內有一張記茶餐廳，店內張貼有多張坑口及周邊地區的舊相片。[25] 坑口村原址在今將軍澳醫院一帶，1989年7月因將軍澳新市鎮第二期工程展開，搬至寓安里一帶。  張記茶餐廳展示多張坑口及調景嶺的舊照片

項號	景點	今昔說明
32	坑口聖雲先堂[26]	地址為九龍清水灣坑口道 352 地段 DD224。1969 年 12 月建成至今，曾開辦聖雲仙小學[27]、診所、幼稚園及兒童中心[28]等，中心部分房舍已荒廢，[29]球場內仍保留著昔日的「瀡滑梯」，[30]曾滿載兒童的歡聲笑語。至今每主日仍舉行英語彌撒，服務非華語人士。[31]祭台上雕刻了精緻的十字架連耶穌像，是來自 1996 年清拆的調景嶺聖母升天堂。  坑口聖雲先堂，十字架來自調景嶺聖母升天堂。

項號	景點	今昔說明
33	坑口社區會堂	會堂大堂有一組 50 幅、名為「理想居住地」的塑膠彩布本，描繪了包括調景嶺在內的西貢及將軍澳多處景點。藝術家朱卓慧從環境和地方歷史取得靈感，運用真實和幻想交織描繪手法，以地圖方式呈現其位置和地理環境。  「理想居住地」呈現西貢及將軍澳多處景點

項號	景點	今昔說明
34	坑口天后古廟	位於坑口田下灣村與佛堂洲村之間。由本地漁民於 1840 年所興建，用以供奉天后娘娘，祈求漁民遠離海難。廟宇現時的建築式樣乃同治九年（1870）重建而成，被評為三級歷史建築。至今仍有不少善信和社團前來祭祀。[32] 昔日坑口常有大小漁船停泊，靠岸作船體維修保養、購買稈草燂船，惟需繳費給天后廟，作為廟宇營運經費。[33]  1840 年建成的坑口天后古廟

照鏡環常在，嶺上人情永

草木繁茂細水長　扁舟搖曳粼波光
屋舍鱗次雅風揚　士人對景寄孤芳
港鐵入戶高樓立　照鏡環抱山彌白
更調將軍星河下　小島縷續嶺豐華

昔日調景嶺的歷史痕跡，在城市發展中早已無聲消逝，縱使物換星移，也可以借助「調景嶺今昔景點」，獨自或結伴訪尋古今，信步照鏡環，[34] 以至魔鬼山炮台 [35] 等。或許，讀者們可發現更多被遺忘的泥雪鴻跡，細味嶺上舊時的一鱗半爪。

註釋

* 此附錄由徐閏桓先生編寫，謹此致謝！

1 只於星期一至五（公眾假期除外）繁忙時間提供服務，分別於上午 7 時 30 分及下午 6 時於將軍澳（彩明）及碩門邨開出，來往彩明苑及碩門邨。路線資料可見九巴網頁，https://search.kmb.hk/KMBWebSite/?action=routesearch&route=90&lang=zh-hk，瀏覽日期：2024 年 5 月 28 日。

2 第一組文字：「調景嶺今昔——調景嶺位於將軍澳西南海旁，原是一個面向半圓形海灣的荒山，由於海灣規圓如鏡，故當年漁民稱之為「照鏡環」。二十世紀初，外籍商人倫尼（Albert Herbert Rennie）在此興建了一間麵粉廠及磨坊，相傳因麵粉廠倒閉後自殺，這海灣因此被稱為『吊頸嶺』。一九四九年代後期，許多國民黨軍人從國內南下至香港，先暫居摩星嶺一帶，其後遷移至『吊頸嶺』；而「吊頸嶺』一名亦以諧音『調景嶺』取代，帶有調整景況之意。一九九七年前後，為配合將軍澳新市鎮的發展，調景嶺進行大規模清拆及重建，發展為今日的彩明苑及健明邨。這水飾園內的石躉，原擺放於調景嶺碼頭，作拴船及街渡停泊之用。石躉於一九九九年碼頭拆卸後，遷移並保存於健明邨，以紀念調景嶺的發展歷史。」第二組文字：刻有三個將軍澳及四個調景嶺的英文名稱：「TSEUNG KWAN O, TIU KENG LENG」。

3 浮雕字畫頗多疊字，有橫書直書，繁中有簡。不同人可能有不同演繹，讀者可自行解讀當中詩意。

4 《景嶺春秋》由石藝大師陳肇山創作。「花了年多時間，由近四百多名工人雕成的「景嶺春秋」，高十三米，闊七米，共用了五十五塊從蘇州運抵香港的『濟南青』石壁雕砌而成，令浮雕呈現一片墨青色，甚有中國水墨畫的影子。陳肇山說，當中要在浮雕上展現調景嶺的古今風貌更具難度，陳經多番構思決定將當年國民黨退守調景嶺時的點滴風貌與近代高廈林立的調景嶺作一個強烈對比，並在浮雕的『留白』位置配上十二星座，象徵未來的調景嶺及香港。陳肇山表示，浮雕醉人之處在於橫豎看都有不同觀感，予人無盡想像空間『喺調景嶺長大嘅人一睇到呢幅石雕，一定勾起好多回憶。』」見〈「景嶺春秋」浮雕　道盡香江變遷〉，《東方日報》，2003 年 8 月 10 日。

5 嶺恩堂辦公室在坑口田下灣村 24 號地下，主日崇拜租借同區培成路 2 號保良局馮晴紀念小學禮堂舉行，小組／團契聚會則在同區裕明苑裕榮閣地下宣道幼稚園進行。

6 「C」字的意思有不同說法，例如代表彩明苑的英文字首「Choi Ming Court」、調景嶺難民營的「Rennie's Mill Refugees CAMP」、昔日大坪作為調景嶺的中心「Centre」、益智戲院「Cinema」、相機或攝錄機「Camera」（調景嶺有不少知名影視藝人及幕後製作人員，坑口影業路亦有一所清水灣電影製片廠）、新市鎮社區「Community」、新舊社區連結「Connection」等等；而「C」字的雕飾亦貌似一些電線、電纜或零部件，或映照昔日調景嶺及坑口的工業（拆造船、鋼鐵廠、鋁廠及金屬製品等工業）。讀者可自行理解，各自演繹。

7 「磨麵粉廠於 1907 年正式投產，設有麥倉、印縫布袋工場、製雪機，主要用水力發電。當時工廠每日生產麵粉八千包，港督彌敦亦曾前往參觀。磨麵粉廠同時設有豬欄，豬隻以麥皮飼養。1908 年工廠倒閉。」見鄭寶鴻：《香江半島：香港的早期九龍風光》（香港：香港大學美術博物館，2007），頁 220。

8 "NKFL 5 boundary marker," 26 November, 2017, Gwulo Old Hong Kong, https://gwulo.com/media/29215, accessed 14 February, 2025.

9 詳細可參 Historical Walk HK 的 Facebook 專頁。

10 胡春惠主訪，李谷城、陳慧麗記錄整理：《香港調景嶺營的誕生與消失》。

11 泳棚於 1932 年由鐘聲慈善社所建，是香港最早期有系統的游泳場所。1970 年代曾停辦，至 1988 年在約 500 米外的摩星嶺海邊再建泳棚，易名「泳廬」。見鐘聲慈善社：《百周年慈善晚宴特刊》（香港：鐘聲慈善社，2015），頁 26。

12 東華醫院於 1918 年在堅尼地城購置土地興建「一別亭」，作為辭靈送殯之用，並供死者親友及仵工稍作休息。因設有客廳，家屬可在此設齋宴或解穢酒。1958 年拆卸，後改建成今天的東華三院百年大樓。見盧淑櫻：《東華歷史散步》（香港：商務印書館，2019），頁 81、86。

13 〈東華三院主席周湛光：三院收容及遣送殘廢難民〉，《東華月刊》，第 3 卷第 3 期（1950 年 1 月），頁 1–2。

14 〈摩星嶺山麓設難民收容所〉，《東華月刊》，第 3 卷第 6 期（1950 年 5 月），頁 16。

15 〈皇家工兵團——重建戰後香港 1951–1961〉，香港賽馬會芝加哥大學文物庭院及展示中心，2013 年，https://heritage.uchicago.hk/exhibits/permanet-exhibits/royal-engineers-the-mess，瀏覽日期：2025 年 2 月 14 日。

16〈摩星嶺棚寮——短暫容身之所 1949–1950〉，香港賽馬會芝加哥大學文物庭院及展示中心，2013 年，https://heritage.uchicago.hk/exhibits/permanet-exhibits/refuge-the-matsheds，瀏覽日期：2025 年 2 月 14 日。

17 港鐵於 17 個車站月台擺放了社區懷舊相片，包括灣仔、上環、北角、佐敦、深水埗、青衣、東涌、將軍澳、九龍塘、彩虹、藍田、大圍、大埔墟、上水、荃灣西、天水圍及屯門站。見香港鐵路有限公司 Facebook 專頁，2010 年 1 月 19 日，https://www.facebook.com/media/set/?set=a.425744265150，瀏覽日期：2025 年 2 月 14 日。

18 因應調景嶺清拆，區內聖母升天堂需要結束運作，聖母聖心會在將軍澳發展新教堂。馬偉良神父被委派籌建新堂，某天，卻突然收到政府來函說要收回該地皮。馬神父駕車前往港督府，跟當時的港督彭定康見面，向他解釋建堂工作。一星期後，政府來函告知，聖母聖心會可以繼續用那塊地皮興建聖堂。新聖堂於 2002 年動工，2004 年啟用，2006 年祝聖。見〈聖安德肋堂二十周年〉，《公教報》，2013 年 11 月 15 日；〈【人物專訪】聖母聖心會馬偉良神父　越過山嶺傳揚主愛〉，《公教報》，2023 年 3 月 10 日。

19 詳情可參〈車站藝術建築：樓樓起樓樓（寶琳站）〉，港鐵網頁，https://www.mtr.com.hk/ch/customer/community/art_archi_city_of_towers.html，瀏覽日期：2025 年 2 月 14 日；香港鐵路有限公司：《港鐵・藝術之旅》（香港：香港鐵路有限公司，2012），頁 84。

20 有關將軍澳灣（Junk Bay）之名有以下的解說：「將軍澳灣，英名 Junk Bay，譯曰船灣，其名為土人所不識者，且大埔海之北亦有船灣，故今人皆稱之曰將軍澳灣，從其朔也。是灣長三英里半，廣由半英里至二英里，南寬而北狹，實為海股。其東南有佛堂洲、鑊洲及沙橋諸名勝，西南接鯉魚門海峽及柴灣，南對香島極東之歌連臣角 Cape Collinson。南部海面，風浪稍大，船舶往來至多，蓋鯉魚門為入港之要道，而遠望南海，茫無涯際也。」黃佩佳：《香港新界風土名勝大全》（香港：商務印書館，2016），頁 324–325。

21 燂船，即清理木船船身寄生物的工作。「坑口海灣，三面環山，形成一個天然的避風塘，集結許多大大小小漁船，每逢農曆初一、十五，漁船將捕得的漁穫，運往筲箕灣發售後，便將船駛返坑口。同時將船隻清洗，用燒著禾草將船底烘焙，俗稱『燂船』。」見西貢區議會：《西貢風貌》（香港：西貢區議會，1995），頁 32。

22 西貢區議會：《西貢風貌》，頁 32。

23〈缺乏場地　市道欠佳　港府收回將軍澳　拆船業前途渺茫〉，《新報人》，1983 年 4 月 22 日，頁 1。

24 邱逸、葉德平、羅子健：《坑口口述歷史》（香港：香港歷史文化研究會，2018），頁 43。

25 張記茶餐廳前身為張記士多，早年開設於往昔臨海的坑口村。1960、1970 年代，坑口村成為造船廠、鋁廠陣地，老闆張錫金遂轉營為茶餐廳，為附近工友提供膳食。1989 年坑口村拆遷，張記隨而遷往現址。見〈張記茶餐廳——村長的文物展〉，香港賽馬會「港文化・港創意」，2015 年，https://had18.huluhk.org/article-detail.php?id=158&lang=tc，瀏覽日期：2025 年 2 月 14 日。

26 2004 年因應教區要求統一聖雲仙的中文譯名改用為聖雲先堂。2008 年 1 月 1 日聖雲先堂與聖安德肋堂合併，統稱為聖安德肋堂區。〈坑口聖雲先小堂金禧彌撒　教徒感謝聖母聖心會服務〉，《公教報》，2019 年 12 月 27 日。

27 聖雲仙小學在 1955 年開辦。〈坑口聖雲先堂成立金禧　九・廿九獻彌撒，十月連串活動〉，《公教報》，2019 年 9 月 27 日。

28 1989 年坑口村部分房屋被拆卸，坑口的海面也成為將軍澳填海區的一部分，聖雲仙小學 7 月關閉（當時布袋澳南燊、坑口公立、大埔仔廣培、坑口聖雲仙和井欄樹龍騰五間鄉村學校，合併為敬賢里 1 號的坑口中心成杏芳紀念學校，這學校營辦至 2008 年結束）。1990 年堂區於小學原址設立了一所學童中心，名為「聖雲仙兒童中心」，中心的宗旨是為父母均要外出工作的小學學童，提供一個學習與遊戲的場所。中心不但為兒童提供午膳，也負責監管及避免他們流連街上。詳細可參坑口聖雲仙堂網頁資料，2007 年 11 月 18 日。

29 聖雲仙兒童中心曾荒廢多年，課室及相關房舍空置，空地草木叢生，幾乎覆蓋大半個球場。靠向將軍澳醫院（九龍東醫院聯網行政大樓）一方的房舍殘破，刻有「聖雲仙兒童中心」大字的外牆亦十分破舊。近年球場經過修整，已清理茂雜草木。此據筆者 2024 年 5 月 12 日的實地考察。

30 聖雲仙兒童中心的混凝土滑梯原分為三條滑道，昔日甚受學生及村內兒童喜愛，在這裏嬉戲玩樂。惟因建造材質關係，時有擦損手腳。滑梯曾因老化嚴重破損，至近年復修，滑道三合為一。此據筆者 2024 年 5 月 12 日的實地考察。

31 聖雲仙兒童中心部分舊課室現在主日開放，讓教友及小組團體在參與聖堂彌撒後，在這裏進行分享、聚會、練習（詩歌及宗教禮儀）、會議及聯誼等。此據筆者 2024 年 5 月 12 日的實地考察。

32〈1444 幢歷史建築物簡要：坑口天后古廟〉，古物古蹟辦事處，https://www.aab.gov.hk/filemanager/aab/common/historicbuilding/cn/1111_Appraisal_Chin.pdf，瀏覽日期：2025 年 2 月 14 日。

33 黃佩佳：《香港新界風土名勝大全》，頁 324。

34 讀者可沿將軍澳海濱長廊，漫步環迴，穿梭於康城海濱、南橋、北橋、灣畔徑、將軍澳海濱公園、將藍公路花園、調景嶺花園、將軍澳跨灣大橋等地。以上大部分路段平坦寬闊，並設有單車徑，如此美不勝收的臨海景色，適合親子及老少無障礙共遊。另外，亦可沿華永行人徑，登上照鏡環山，從高處飽覽將軍澳海灣、柴灣及藍塘海峽，眺望蔚藍天空掩映下的海天一色。行人徑由調景嶺通往將軍澳華人永遠墳場，不設單車徑，坡度最大為 1：10，路面廣闊；惟末段有梯級，不適宜輪椅通過。該處正興建新的靈灰閣大樓，待落成後，有需要人士或可經新大樓升降機，繞道越過梯級路段，繼續前行。

35 可參考上註，利用華永行人徑前往將軍澳墳場後，由墳場通道轉入衛奕信徑，到達魔鬼山（炮台山），遊覽昔日炮台等軍事防禦工事。另一選擇是從港鐵油塘站起步，經茶果嶺道、高超道，鯉魚門邨，到達墳場上山車路，中途轉入衛奕信徑路口，亦可到達炮台遺址。

附錄三：調景嶺大事年表

年份	事件
1949 年	• 包括大批前國民政府人員、官兵在內的難民逃港。東華三院向難民發出飯票 6,921 張，每天供應兩頓飯，安置部分難民入住該院一幢四層大樓。
1950 年上半年	• 港府安置難民在西環摩星嶺銀禧炮台一帶，及後香港行政局會議決定把摩星嶺難民安置到調景嶺。 • 台灣成立中國大陸災胞救濟總會（救總）援助滯港難民。 • 基督教信義會挪威籍顧永榮牧師在摩星嶺創辦難童義務學校。 • 左派人士與難民在摩星嶺山腳下發生嚴重肢體衝突，是為「秧歌舞事件」。港府把持有飯票的摩星嶺難民分成三批，乘坐渡輪前往調景嶺營。
1950 年下半年	• 曹立珊神父創辦調景嶺天主堂義務學校，為天主教鳴遠中學前身。 • 香港政府駐營辦公處在大坪開辦香港社會局調景嶺營兒童學校。 • 一部分調景嶺營民於鯉魚門建立嶺南新邨，意指調景嶺南面的新建村莊。
1951 年	• 在社會局籌劃下，調景嶺營民開始修整山地和營內道路。 • 美國基督教復初會麥瑪莉教士在調景嶺營大坪位置設立石塊診桌，為難民施醫贈藥。 • 羅馬教廷宣佈調景嶺教堂正式列為堂區，命名為聖母升天堂。
1952 年	• 挪威信義會豫鄂陝差會建立小型醫務所，由那教士主理；天主教會亦建立小型醫務所，由張斐理修士負責。

年份	事件
1953 年	• 香港航安小輪公司開通了往返西灣河和調景嶺航線，以「航安」號和「白雲」號兩艘渡輪交替航行，每半小時一班。 • 調景嶺居民二千多人前往馬鞍山礦場從事採礦工作。 • 司務道教士自挪威來到香港，開始參與調景嶺基督教醫務所事工；調景嶺基督教醫務所委辦會成立。 • 在社會局籌劃下，謝御群率領修建由調景嶺前往觀塘和鯉魚門的山路，俗稱「謝公路」。 • 台灣救總接手救援工作。 • 香港社會局調景嶺營兒童學校更名香港政府社會局調景嶺營中學。
1955 年	• 靈實肺病療養院開辦；靈實護士學校同年開辦。 • 九龍總商會繼中華總商會統籌有關調景嶺營救助工作。
1956 年	• 調景嶺建成區內唯一的大水塘。 • 挪威信義會豫鄂陝差會在調景嶺營設立全港首間福音戒毒所。 • 謝御群率領難民修建由將軍澳元洲到安達臣道約十公里的公路，以惠施霖牧師的太太的中文名字，命名為寶琳路。
1957 年	• 全營所有社團均需按政府規定註冊，除了要將社團章程全部譯成英文外，還需交納一筆註冊費用。 • 戴大衛牧師成立調景嶺學生輔助社。 • 調景嶺基督教醫務所委辦會改名為將軍澳區醫援會。 • 戴瑞蘭教士成立錫安堂留產所「基恩樓」。
1958 年	• 龐鼎元先生在調景嶺第五區沙灣創辦紹榮拆船和轆鐵廠。
1959 年	• 調景嶺營圖書閱覽室建成啟用。 • 調景嶺難民自治辦公室改名為香港港九各界救濟調景嶺難民委員會駐營服務處（簡稱調景嶺服務處）；難民自治隊改名為工作隊。
1960 年	• 港府開始策劃為調景嶺全營供應水電設施。

年份	事件
1961 年	• 益智戲院開幕。 • 政府把調景嶺改為徙置平房區，改調景嶺營為調景嶺村；調景嶺從原來五個區重新劃分成十二個區；全村開始供水供電。
1962 年	• 調景嶺警署建成啟用，隸屬觀塘警署管轄。 • 九龍巴士有限公司（九巴）開通 30 號路線往返九龍城碼頭和調景嶺村。 • 調景嶺居民的大陸親友獲准入住調景嶺。 • 颱風「溫黛」襲港，調景嶺房舍和學校受到嚴重損壞，村內滿目瘡痍。
1963 年	• 調景嶺中學興建新校舍。
1964 年	• 調景嶺服務處糾察隊解散。
1965 年	• 天主教聖母升天堂新聖堂建成啟用。 • 調景嶺鳴遠中學位於十字架山新校舍落成；原校舍重建後，成為鳴遠小學和幼稚園新校舍。
1966 年	• 調景嶺經秀茂坪到觀塘的新公路開通。
1967 年	• 九巴 30 號線把原來九龍城碼頭總站改設於彩虹邨。 • 九巴以暴動期間人手缺乏暫停 30 號線服務；小巴 11A 號開始行駛於觀塘裕民坊和調景嶺之間。 • 九龍一批左派學生企圖從觀塘闖入調景嶺，被及時發現制止。
1969 年	• 聖雲仙新聖堂於坑口建成。
1970 年	• 調景嶺街坊福利會成立。
1971 年	• 調景嶺基督教醫務所改名為調景嶺基督教醫療中心。 • 九巴 30 號線恢復服務。
1972 年	• 香港家庭服務中心轄下養真苑投入服務，為嶺上唯一專為照顧長者而設的院舍。

年份	事件
1973 年	• 靈實肺病療養院成為政府補助醫院，開始獲得港府資助經費。 • 九巴服務路線重整，30 號改為 90 號；行走路線和總站不變。
1975 年	• 將軍澳區醫援會開始為智障兒童提供復康、教育服務。
1976 年	• 靈實肺病療養院重新命名為靈實醫院。
1978 年	• 鳴遠中學成為香港政府津貼中學。
1980 年	• 港府推行地方行政制度，在全港十八區成立各區區議會；調景嶺位於西貢區，有一個區議會議席；自此逐漸融入香港城市。 • 慕德中學成為香港政府津貼中學；辦學機構由挪威信義會豫鄂陝差會改為港澳信義會。
1981 年	• 調景嶺學生輔助社改名為香港學生輔助會。
1982 年	• 調景嶺基督教醫療中心成立調景嶺老人中心，為區內長者提供服務；渣打銀行在調景嶺開設分行。 • 首屆西貢區區議會選舉，調景嶺民選議席由調景嶺營服務處主任王國儀先生當選，並連任三屆區議員。
1983 年	• 由西貢區議會資助，在第十二區海旁建造了休憩公園和兒童遊樂場。
1984 年	• 調景嶺建立首個電視轉播站，村民開始如香港其他地區市民觀看免費電視節目。
1987 年	• 中、英兩國政府達成清拆調景嶺的共識。 • 港府決定發展將軍澳地區成為新市鎮，同時提出重建調景嶺計劃。 • 中央政府宣佈不追究去台人員「罪責」，台灣當局也允許老兵返鄉。

年份	事件
1988 年	• 港府批准將軍澳第三期發展計劃，調景嶺作為六個重建地區之一。
1989 年	• 將軍澳新市鎮內首個公共屋邨（公屋）和居者有其屋（居屋）相繼落成。 • 九巴增設巴士 290 號路線服務，由調景嶺行經四順區（順利邨、順安邨、順天邨和順緻苑）及秀茂坪區至彩虹邨。
1990 年	• 將軍澳區醫援會重新命名為基督教靈實協會。
1992 年	• 服務 30 年的調景嶺警署關閉。 • 立法局議員質詢環境規劃地政司等官員時，證實港府計劃短期內清拆調景嶺。調景嶺全體居民反迫遷保權益委員會成立，調景嶺居民開始各種抗議行動。 • 港府正式公佈對調景嶺居民的賠償方案，即房屋每平方米獲港幣 3,450 元的特惠津貼；居民不滿方案，多次組織居民大會及抗議行動。
1993 年	• 西貢區議會成立調景嶺關注小組。調景嶺居民向港督提交請願信。 • 紹榮鋼鐵有限公司啟動搬遷廠房至屯門踏石角新址工程。 • 慕德中學遷往將軍澳坑口厚德邨第三期，改名港澳信義會慕德中學；鳴遠中學遷往同邨第一期，易名天主教鳴遠中學。
1994 年	• 港府開始清拆嶺南新村。 • 調景嶺全體居民反迫遷保權益委員會發表公開信，盼清拆事宜得以公平順利解決。港府公布以房屋每平方米獲港幣 5,037 元的第二套賠償方案。 • 調景嶺中學停辦後，原校監余鑑明先生籌劃成立的景嶺教育文化基金會創辦景嶺書院。

年份	事件
1995 年	• 港府再公佈第三套賠償方案，提出房屋每平方米獲港幣 7,000 元特惠津貼；同時承諾在將軍澳地區預留 1,500 套公屋給予受清拆影響的居民，他們還可優先購置居屋。 • 景嶺書院新校舍落成啟用，校舍臨寶琳北路，遙望茅湖山和靈實醫院。
1996 年	• 調景嶺紹榮鋼鐵廠正式停產，鋼鐵廠遷往新界屯門踏石角重新投產。 • 82 名調景嶺平房區居民向高等法院申請司法覆核，施偉文大法官作出判決，在 1961 年 6 月 5 日以前居於調景嶺平房區的居民，有權獲得賠償（根據時任徙置事務處處長莫理臣向居民承諾可無限期在調景嶺平房區居住以及書面證明）；其後政府未能與申請司法覆核的居民達成貼償額協議，雙方同意把事件交由法庭裁決。施偉文大法官在 1998 年 3 月 19 日就具體補償資格和數額作出判決；約 6,500 名調景嶺平房區居民獲安置入住公共屋邨和中轉房屋單位，或已獲安排優先購買居屋單位。 • 天主教聖母升天堂舉行結堂彌撒後正式結束，聖堂內的聖母像轉移至天主教鳴遠中學（位於坑口厚德邨），安放在學校大堂。 • 往返西灣河和調景嶺村小輪航線停辦。 • 8 月 29 日，政府清拆隊進村，全部居民遷離，長達 46 年歷史的調景嶺村乃畫上句號。

參考書目

書籍

Ha, Louis, and Patrick Taveirne, eds. *History of Catholic Religious Orders and Missionary Congregations in Hong Kong*, vol. 1. Hong Kong: Centre for Catholic Studies, The Chinese University of Hong Kong, 2009.

「在地研習室｜將軍澳，可以這麼說」共創團隊：《將軍澳，可以這麼說》。香港：字字研究所，2024。

124位作者：《香港百人童年》，上冊。香港：香港兒童文藝協會，2022。

丁新豹、汐爾、劉義章：《情繫調景嶺：二十個嶺上人的故事》。香港：三聯書店，2019。

丁新豹：《善與人同：與香港同步成長的東華三院（1870–1997）》。香港：三聯書店，2010。

小岵女士：《小難民自述》。南京：江蘇人民出版社，2015。

木木：《藏在地名裏的香港》。香港：中華書局，2021。

王國儀：《調景嶺滄桑五十年》。台北：中華救助總會，2008。

王裕凱博士指導，陳勃等著：《香港調景嶺難民營調查報告：為響應世界難民年作（1959–1960）》。香港：香港大專社會問題研究社，1960。

司務道口述，尚維瑞撰：《司務道信心行傳：〈陝西羚蹤〉、〈荒原上〉圖文典藏版》。香港：基督教靈實協會，2021。

司務道口述，尚維瑞撰：《荒原上：司務道自傳之二》。香港：靈實醫院靈實福音佈道團，1985。

司務道口述，尚維瑞撰：《陝西羚蹤：司務道自傳之一》。香港：靈實醫院靈實福音佈道團，1983。

司教士紀念冊編委會：《一粒麥子：司務道教士紀念冊》。香港：基督教靈實協會及靈實福音佈道團，1994。

自由太平洋月刊社：《雷鳴遠神父傳》。香港：越南自由太平洋協會，1963。

西貢區議會：《西貢風貌》。香港：西貢區議會，1995。

何世明：《基督教與中國命運》。香港：基督教文藝出版社，1991。

何明章：《宣道運動在香港：香港宣道會的發展歷史（1949–1999）》。香港：建道神學院，2021。

何修文：《百年孤獨：香港歷史漫步》。鄭州：海燕出版社，1997。

余震宇：《壹街一個故事：港島街道回憶與紀實》。香港：日閱堂出版社，2021。

余震宇：《壹街一個故事：新界東篇》。香港：日閱堂出版社，2021。

吳昊：《香江騎呢錄》。香港：次文化堂，2009。

吳昊：《香港老花鏡》。香港：一本堂，1977。

李永禎主編，陳國權編：《主的侍女白樂雲教士：白樂雲教士紀念集》（*Lorraine Behling Sonnenberg, Handmaid of the Lord: Deaconess Lorraine Behling Sonnenberg Commemorative Book*）。香港：香港路德會社會服務處，2012。

李定一：《中國近代史》。台北：正中書局，1953。

李金強、吳梓明、邢福增主編：《自西徂東：基督教來華二百年論集》。香港：基督教文藝出版社，2009。

李金強、湯紹源、梁家麟主編：《中華本色：近代中國教會史論》。香港：建道神學院，2007。

李金強、劉義章主編：《烈火中的洗禮：抗日戰爭時期的中國教會（1937–1945）》。香港：建道神學院，2011。

邢福增：《香港基督教史研究導論》。香港：建道神學院，2004。

亞洲電視有限公司：《香港風華》。香港：青桐社文化事業，2006。

周維屏等：《春風四十年》。台北：鳴遠校友祝壽籌備會，1992。

招璞君（Patricia Chiu）、艾思滔（Edward Stokes）：《流光迅影香港情》（*Lee Fook Chee's Hong Kong*）。香港：商務印書館，2015。

林治平：《基督教入華百七十年紀念集》。台北：宇宙光出版社，1977。

林芝諺：《「自由」的代價：中華民國與香港調景嶺難民營（1950–1961）》。台北：國史館，2011。

林榮鈞、張小蘭、劉慶廣：《默默無聞的服務：香港天主教診所歷史》。香港：香港中文大學天主教研究中心，2024。

林蔭：《日落調景嶺》。香港：天地圖書，2007。

林蔭：《硝煙歲月：日落調景嶺前傳》。香港：天地圖書，2009。

邱逸、葉德平、羅子健：《坑口口述歷史》。香港：香港歷史文化研究會，2018。

勇先：《消失的記憶：101 個即將遺忘的香港故事（修訂版）》。香港：好年華出版社，2023。

施其樂著，宋鴻耀譯：《歷史的覺醒：香港社會史論》。香港：香港教育圖書，1999。

胡春惠主訪，李谷城、陳慧麗記錄整理：《香港調景嶺營的誕生與消失：張寒松等先生訪談錄》。台北：國史館，1997。

胡欽：《安徽小子：胡欽生命之旅》。香港：宣道出版社，2011。

計超：《荒原上的遺民：調景嶺的滄桑歲月與愛的軌迹》。香港：印象文字，2013。

香港中文大學香港文學研究中心：《疊印：漫步香港文學地景（二）》。香港：商務印書館，2016。

香港古事記：《古事尋源：殖民地以外你要知道的事》。香港：明窗出版社，2021。

香港史學會：《香港史地》，第 6 卷。香港：香港史學會，2018。

香港電台電視部策劃，陳天權撰寫：《香港歷史系列：穿梭今昔，重拾記憶》。香港：明報出版社，2010。

旅港耒陽同鄉仁壽讌同人彙輯：《龍得時先生七秩壽言集》。香港：旅港耒陽同鄉會，1975。

祖文銳：《出入是門》。香港：一棵樹文字分享編輯組，2012。

馬木池、張兆和、黃永豪、廖迪生、劉義章、蔡志祥：《西貢歷史與風物》。香港：西貢區議會，2011。

張春英：《海峽兩岸關係史》。福州：福建人民出版社，2004。

張雅文：《香港沉思錄》。香港：中華書局，2015。

曹立珊：《春風十年：雷鳴遠神父逝世五十週年紀念》。台中：聖化月刊社，1977。

梁炳華：《香港中西區地方掌故》。香港：中西區區議會，2003。

梁炳華：《觀塘風物志》。香港：觀塘區議會，2008。

梁家麟：《華人宣道會百年史》。香港：建道神學院，1998。

梁家麟：《福音與麵包：基督教在五十年代的調景嶺》。香港：建道神學院，2000。

梁廣福：《歲月無聲消逝：香港世紀末照相簿》。香港：明窗出版社，1999。

梁廣福：《點滴記憶：再會舊社區》。香港：中華書局，2015。

許家屯：《許家屯香港回憶錄》。香港：聯合報，1993。

陳天權：《時代見證：隱藏城鄉的歷史建築》。香港：中華書局，2017。

陳啟文：《港澳往事：繁華背後不得不說的秘密》。北京：當代中國出版社，2011。

陳智德：《地文誌：追憶香港地方與文學》。台北：聯經出版，2013。

陳黃燕霞主編：《仰望雲彩的笑顏——香港路德會的拓荒者：包美達教士紀念集》（*Serving the Lord with Joy—A Pioneer of The Lutheran Church-Hong Kong Synod: Deaconess Martha S. Boss Commemorative Book*）。香港：香港路德會社會服務處，2009。

陳寬強：《我們在調景嶺上》。台北：政大三期校友聯誼會，2006。

黃九：《黃少康：「沒有學歷，可以學識；不停學習，亦有成績」》。香港：私人刊印，2011。

黃佩佳：《香港新界風土名勝大全》。香港：商務印書館，2016。

黃耀忠：《從救濟到融合：香港政府的「中國難民政策」》。香港：三聯書店，2020。

董健：《歲月留聲》，上、中、下冊。西安：陝西人民出版社，2008。

嘉偉德（Wendell P. Karsen），蘇義有譯：《殖民地下的十架：香港劇變年代的宣教士回憶札記》。香港：基督教文藝出版社，2020。

廖建龍：《香港宿命與台灣》。台北：玉山出版，1997。

趙滋蕃：《半上流社會》。台北：大漢出版社，1978。

趙滋蕃：《半下流社會》。香港：亞洲出版社，1954。

趙滋蕃：《重生島》。台北：自由太平洋文化，1965。

劉民和、莫少珍：《永不放棄的愛：劉民和牧師的生命與事奉》。台北：啟示出版，2011。

劉民和、莫少珍：《堅持：劉民和牧師的生命與事奉（全新修訂版）》。台北：啟示出版，2021。

劉紹麟：《香港的殖民地幽靈：從殖民地經驗看今天的香港處境》。香港：守沖社，2005。

劉紹麟：《解碼香港基督教與社會脈絡：香港教會與社會的宏觀互動》。香港：基督教文藝出版社，2018。

劉智鵬：《善道同行：東華三院 150 周年史略》。香港：香港城市大學出版社，2021。

劉義章：《盼望之灣：靈實建基 50 年》。香港：商務印書館，2005。

劉義章主編：《荒原上的雲彩》。香港：基督教靈實協會，2003。

劉蜀永：《劉蜀永香港史文集》。香港：中華書局，2010。

劉潤和、王惠玲、高添強：《益善行道：東華三院 135 周年紀念專題文集》。香港：三聯書店，2006。

調景嶺全體居民反迫遷保權益委員會編：《調景嶺居民血淚滄桑史．反清拆資料合編》。香港：調景嶺全體居民反迫遷保權益委員會，1992。

鄧家宙：《香港地區報：18 區文藝地圖》。香港：中華書局，2017。

鄭宏泰、周文港：《彌敦道上：金光舊夢換新貌》。香港：中華書局，2001。

鄭義：《國共香江諜戰》。香港：文化藝術出版社，2009。

鄭寶鴻：《香江半島：香港的早期九龍風光》。香港：香港大學美術博物館，2007。

魯言：《香港掌故：調景嶺的變遷》。香港：廣角鏡，1977。

盧淑櫻：《東華歷史散步》。香港：商務印書館，2019。

蕭克諧：《認識信義宗教會》。香港：道聲出版社，1997。

賴蘭香：《傳媒中文寫作（全新修訂本）》。香港：中華書局，2012。

龍應台：《大江大海一九四九》。香港：天地圖書，2009。

戴瑞蘭口述，張祖鷺筆錄：《拓荒者：戴瑞蘭教士的故事》。香港：調景嶺錫安堂，缺年份。

鍾玲玲：《我的燦爛》。香港：素葉出版社，1979。

鍾玲玲：《玫瑰念珠》。香港：三人出版，1997。

聶錦勳：《神恩六記》。香港：Between Concept，2019。

魏外揚：《中國教會的使徒行傳：來華宣教士列傳》。台北：宇宙光出版社，2006。

羅金義、雷浩昌：《山河．家國．難民情：調景嶺小故事》。香港：匯智出版，2015。

文章／論文

Graham, Robert G. B."My Years in Hong Kong and Those Before." Manuscript, July 2003.

Lan, Kenneth On-wai. "Rennie's Mill: The Origin and Evolution of a Special Enclave in Hong Kong." Ph.D. Thesis, University of Hong Kong, 2006.

Simon, Henry. "A Galatians 2:20 missionary." In Janice Kerper Brauer, ed., ***One Cup of Water: Five True Stories of Missionary Women in China***, pp. 93–116. St. Louis, Missouri: International Lutheran Women's Missionary League, 1997.

江素惠：〈調景嶺的最後一個雙十節〉，《中央月刊》（1993 年 11 月）。

吳昊：〈拆船業在將軍澳〉，手稿，年份不詳。香港公共圖書館多媒體資訊系統藏。

李日誠：〈教會巡禮：香港路德會起源〉，《基督教週報》（2015 年 7 月 5 日）。

周繼殷：〈本校簡史〉，載香港調景嶺信義中學第六屆同學錄籌備委員會主編：《信義中學第六屆同學錄》。香港：信義中學高三班，1961。

金耀基：〈獅子山下的一則傳奇 —— 憶念蔣震博士的百歲人生〉，《明報月刊》，2002年第5期。

施黛娜、范約翰：〈一位信徒的見證：調景嶺福音工作之十一〉（上、下），《基督教週報》（1972年12月31日、1973年1月10日）。

范約翰：〈調景嶺史話：調景嶺福音工作之一〉，《基督教週報》（1970年7月5日）。

范約翰：〈入營以前（遷往摩星嶺）：調景嶺福音工作之三〉，《基督教週報》（1970年9月20日）。

范約翰：〈入營以前（收容於東華東院）：調景嶺福音工作之三〉，《基督報週報》（1970年9月6日）。

計超：〈信義會牧師在調景嶺的傳奇故事〉，《時代論壇》（2017年5月19日）。

計超：〈時空超越 —— 甲子記香港學生輔助會成立六十週年及戴大衛牧師生平〉，《時代論壇》（2017年12月22日）。

計超：〈從調景嶺開始的香港宣道會歷史〉，《時代論壇》（2017年4月21日）。

計超：〈街童之父在港宣教逾半世紀的麥查理牧師〉，《時代論壇》（2018年4月27日）。

計超：〈靈實之母司務道教士〉，《時代論壇》（2018年9月14日）。

常榮德：〈嗚遠二十年〉，載嗚遠中學：《嗚遠中學二十週年校慶特刊》。香港：嗚遠中學，1970。

張世傑：〈調景嶺上桃李春風：海隅散記之一〉，《中外雜誌》，第80卷第3期（2006年9月）。

張世傑：〈重返香江再任校長：海隅散記之二〉，《中外雜誌》，第80卷第4期（2006年10月）。

張世傑：〈香港中國文化協會功成身退：海隅散記之三〉，《中外雜誌》，第80卷第5期（2006年11月）。

張世傑：〈景嶺書院的孕育、誕生與成長：海隅散記之四〉，《中外雜誌》，第 80 卷第 6 期（2006 年 12 月）。

張世傑：〈避秦海隅苦待旦 · 隻手撐開艷陽天：調景嶺難民營一頁滄桑史（1950 年至 1996 年）〉，載政治大學十六、十七、十八期同學：《川西戰役 60 週年紀念特刊》。台北：政大三期校友聯誼會，2009。

張訓聰、李芬尼：〈社會調查報告〉，《聯合校刊》，第 1 期（1960 年 7 月）。

梁炳華：〈馬鞍山山城的故事〉，載沙田區議會編：《馬鞍山風物誌：鞍山歲月》。香港：沙田區議會，2003。

陳寬強：〈油布篷的故事〉，載政治大學十六、十七、十八期同學：《川西戰役 60 週年紀念特刊》。台灣：政大三期校友聯誼會，2009。

黃美娥：〈誰在調景嶺上吟詩？——戰後台、港古典詩歌關係起點及其相關問題〉，《政大中文學報》，第 36 期（2021 年 12 月）。

雷伯昌：〈發揚鳴中傳統的優良校風〉，載鳴遠中學：《鳴遠中學二十週年校慶特刊》。香港：鳴遠中學，1970。

盧永忠：〈香港鋼筋大王：紹榮鋼鐵——龐熙暢談克紹箕裘之道〉，《資本雜誌》（1994 年 7 月）。

戴顏華實：〈回憶中調景嶺事奉的日子〉，手稿，2001 年 4 月 21 日。

報章／雜誌

〈「景嶺春秋」浮雕　道盡香江變遷〉，《東方日報》，2003 年 8 月 10 日。

《公教報》，1973 年 4 月 6 日、2013 年 11 月 15 日、2019 年 9 月 27 日、2019 年 12 月 27 日、2023 年 3 月 10 日。

《成報》，1993 年 1 月 26 日、1995 年 2 月 14 日。

《東華月刊》，第 3 卷第 2 期（1949 年 12 月）。

《東華月刊》，第 3 卷第 3 期（1950 年 1 月）。

《東華月刊》，第 3 卷第 4 期（1950 年 2 月）。

《東華月刊》，第 3 卷第 6 期（1950 年 5 月）。

《東華月刊》，第 3 卷第 8 期（1950 年 8 月）。

《星島日報》，1950 年 6 月 19 日。

〈缺乏場地　市道欠佳　港府收回將軍澳　拆船業前途渺茫〉，《新報人》，1983 年 4 月 22 日。

〈國軍在調景嶺的日子〉，《蘋果日報》，2009 年 9 月 20 日。

〈培養二十一世紀可做之才　丘日謙談慕德中學教師赴穗之行體會〉，《文匯報》，1996 年 1 月 15 日。

《華僑日報》，1972 年 11 月 30 日。

戴學文：〈調景嶺居民四十餘年血淚滄桑史〉，《快報》，1992 年 6 月 4–12 日。

報告／特刊

"Merit Award of Hong Kong: Community Building, St. Andrew's Church & Kindergarten." In *Special Supplement of HKIA Annual Awards 2008*. Hong Kong: Hong Kong Institute of Architects, 2009.

Rennie's Mill Camp Church Clinic Committee. *Come Wind Come Weather: Report for the Year 1954*. Hong Kong: Rennie's Mill Camp Church Clinic Committee, 1954.

天主教鳴遠中學：《天主教鳴遠中學 70 週年校慶特刊》。香港：天主教鳴遠中學，2022。

天主教鳴遠中學：《天主教鳴遠中學金禧校慶特刊》。香港：天主教鳴遠中學，2000。

西貢區議會：《2012–2015 年度報告》。香港：西貢區議會，2015。

宣道會嶺恩堂：《奇異恩典：基督教宣道會調景嶺新堂 60 週年堂慶紀念特刊》。香港：宣道會嶺恩堂，2010。

《香港年鑑 1962 年》。香港：華僑日報出版部，1962。

《香港年鑑 1965 年》。香港：華僑日報出版部，1965。

香港社會局調景嶺營營報社編：《營報》，創刊號。香港：社會局調景嶺營辦公室，1950。

香港路德會救恩堂：《香港路德會救恩堂建堂銀禧紀念特刊》。香港：香港路德會救恩堂，1978。

香港調景嶺中學校刊編輯委員會：《嶺中三十五年》。香港：香港調景嶺中學，1985。

香港調景嶺中學編：《嶺中十年》。香港：香港調景嶺中學，1960。

香港調景嶺營出版委員會編：《五年來之調景嶺營》。香港：香港調景嶺營出版委員會，1955。

香港調景嶺營廣東省同鄉會編：《香港調景嶺營廣東省同鄉會改建會所紀念特刊》。香港：香港調景嶺廣東省同鄉會，1959。

香港學生輔助會：《一切為孩子：香港學生輔助會五十週年圖文集》。香港：香港學生輔助會，2007。

香港學生輔助會：《足跡：香港學生輔助會 60 週年紀念特刊》。香港：香港學生輔助會，2017。

香港歷史博物館：《香江有情：東華三院與華人社會》。香港：香港歷史博物館，2010。

香港鐵路有限公司：《港鐵．藝術之旅》。香港：香港鐵路有限公司，2012。

基督教靈實協會：《基督教靈實協會 2022/2023 年度報告》。香港：基督教靈實協會，2024。

將軍澳基督教錫安堂暨安臨中心：《安臨中心開幕禮感恩特刊》。香港：將軍澳基督教錫安堂，2013。

將軍澳基督教錫安堂暨安臨中心：《65 感恩特刊：飛躍未來》。香港：將軍澳基督教錫安堂，2015。

將軍澳基督教錫安堂暨錫安自修中心：《愛心飛揚（1950–2005）——將軍澳基督教錫安堂 55 週年》。香港：將軍澳基督教錫安堂，2005。

將軍澳區醫援會：《將軍澳區醫援會年報 1978/79》（*Junk Bay Medical Relief Council Annual Bulletin, 1978/79*）。香港：將軍澳區醫援會，1979。

紹榮鋼鐵有限公司：《紹榮鋼鐵有限公司簡介》。香港：紹榮鋼鐵有限公司，2004。

就係媒體策劃編輯：《盼望創造未來：由調景嶺至將軍澳 —— 基督教靈實協會七十周年》。香港：基督教靈實協會，2023。

景嶺書院：《景嶺書院十週年校慶紀念特刊》。香港：景嶺書院，2004。

港九各界救濟調景嶺難民委員會：《香港調景嶺營難民概況》。香港：港九各界救濟調景嶺難民委員會，1956。

港澳信義會慕德中學：《港澳信義會慕德中學 65 週年校刊 2000–2015》。香港：港澳信義會慕德中學，2015。

聖安德肋堂：《堂區快訊：傳道員李燕屏女士榮休、聖安德肋堂區聖雲先小堂 50 週年慶》。香港：聖安德肋堂，2019。

聖安德肋堂：《堂區快訊：聖母升天堂簡史》。香港：聖安德肋堂，2018。

聖安德肋堂：《堂區快訊：聖雲先堂及聖母升天堂》。香港：聖安德肋堂，2018。

聖安德肋堂：《聖安德肋堂：建堂廿五週年特刊》。香港：聖安德肋堂，2018。

慕德中學：《香港慕德中學大學預科第一屆畢業紀念刊》。香港：慕德中學，1968。

調景嶺基督教錫安堂：《香港調景嶺基督教錫安堂四十週年紀念特刊》。香港：調景嶺基督教錫安堂，1990。

鐘聲慈善社：《百周年慈善晚宴特刊》。香港：鐘聲慈善社，2015。

鐘聲慈善社：《善聲丕著 —— 鐘聲慈善社百年（1915–2015）歷史記要》。香港：鐘聲慈善社，2015。

口述資料

元洲村村民李好女士訪問記錄，訪問於 1999 年 12 月 20 日李女士家進行。

天主教鳴遠中學鄧永生校長訪問記錄，訪問於 1998 年 3 月進行。

王國儀先生訪問記錄，訪問於 2014 年 4 月 26 日以電話進行。

李紹鴻醫生訪問記錄，訪問於 2000 年 5 月 2 日香港中文大學李卓敏基本醫學大樓李醫生辦公室進行。

曹龍元老師、丘日謙校長訪問記錄，訪問於 1998 年 3 月 17 日慕德中學校長室進行。

黃卓華醫生訪問記錄，訪問於 2024 年 2 月 7 日、3 月 9 日香港沙田圓洲角公園進行。

調景嶺信義小學陳國英老師訪問記錄，訪問於 2013 年 3 月 22 日進行。

養真苑前職員陳福志先生和顏世誠先生訪問記錄，訪問於 2022 年 9 月 22 日九龍太子道紅寶石西餐廳進行。

戴顏華實女士訪問記錄，訪問於 2000 年 2 月 21 日戴女士家進行。

龐創先生訪問記錄，訪問於 2013 年 6 月 10 日、2023 年 12 月 28 日香港上環南豐中心 1501 紹榮鋼鐵公司會客室進行。

靈光醫務所侯美恩姑娘訪問記錄，訪問於 2002 年 6 月 29 日九龍城盛德街靈光醫務所進行。

檔案

FO371/83516, The National Archive, United Kingdom.

H.K.R.S. No.156: D&S, No. 1/2876, BL1/4801/50: Refugee Camp For The Nationalist Soldiers At Rennie's Mill, Hang Hau, Junk Bay, New Territories.

網頁資料及其他

"Eighteenth Award of the Florence Nightingale Medal," The International Committee of the Red Cross, 1961, https://international-review.icrc.org/sites/default/files/S0020860400015710a.pdf.

〈1444 幢歷史建築物簡要：坑口天后古廟〉，古物古蹟辦事處，https://www.aab.gov.hk/filemanager/aab/common/historicbuilding/cn/1111_Appraisal_Chin.pdf。

〈天主教鳴遠中學：從難民營到徙置區 —— 調景嶺中國移民發展史1950–1962〉，香港歷史博物館 2002–2003 年度校際香港歷史文化考察報告比賽「移民與香港歷史的發展（1841–1979）」，文字報告／高級組作品。

每週主日崇拜刊物，香港基督教宣道會北角堂。

〈沙田循道衛理中學：鋼鐵家族與香港共同歷「煉」的日子〉，香港歷史博物館 2013–2014 年度校際香港歷史文化專題研習比賽「凝聚與承傳：香港的氏族、宗族及家族」，文字報告／高級組季軍。

〈拔萃女書院：昔日的調景嶺〉，香港歷史博物館 2011–2012 年度校際香港歷史文化專題研習比賽「香港城市空間的歷史印記」，文字報告／高級組冠軍。

〈政府當局就西貢區的社區重點項目提供的文件〉，立法會CB(2)1228/15-16(05) 號文件，2016 年 4 月 12 日，https://www.legco.gov.hk/yr15-16/chinese/panels/ha/papers/ha20160412cb2-1228-5-c.pdf。

〈皇家工兵團 —— 重建戰後香港 1951–1961〉，香港賽馬會芝加哥大學文物庭院及展示中心，2013 年，https://heritage.uchicago.hk/exhibits/permanet-exhibits/royal-engineers-the-mess。

香港文物地理資訊系統網站，https://gish.amo.gov.hk/。

香港科技大學華南研究中心：〈海灣故事地圖：將軍澳與坑口〉，地圖。香港：香港科技大學華南研究中心，2022。

香港浸會大學圖書館「華人剪報資料庫」，https://digital.lib.hkbu.edu.hk/newsclipping/。

將軍澳官立中學校史廊，香港，2024 年 4 月。

〈張記茶餐廳 —— 村長的文物展〉，香港賽馬會「港文化・港創意」，2015 年，https://had18.huluhk.org/article-detail.php?id=158&lang=tc。

〈景嶺書院：調景嶺中學・景嶺書院與我們的社會發展〉，香港歷史博物館 2016–2017 年度校際香港歷史文化專題研習比賽「學教承傳 —— 學校與香港社會發展」，文字報告高級組 / 冠軍。

〈搜索城市中被遺忘的瑰寶　解構銀禧炮台之謎〉，香港大學傳訊及公共事務處，2021 年 4 月 25 日，https://www.hku.hk/press/press-releases/detail/c_22700.html。

〈摩星嶺棚寮 —— 短暫容身之所 1949–1950〉，香港賽馬會芝加哥大學文物庭院及展示中心，2013 年，https://heritage.uchicago.hk/exhibits/permanet-exhibits/refuge-the-matsheds。

策劃編輯　梁偉基

責任編輯　朱卓詠

書籍設計　吳冠曼　陳朗思

書籍排版　陳美連

書　　名　孤島扁舟：見證大時代的調景嶺（增訂版）

著　　者　劉義章　計超

編　　者　汐爾　徐閩桓

出　　版　三聯書店（香港）有限公司

香港北角英皇道四九九號北角工業大廈二十樓

香港發行　香港聯合書刊物流有限公司

香港新界荃灣德士古道二二〇至二四八號十六樓

印　　刷　美雅印刷製本有限公司

香港九龍觀塘榮業街六號四樓A室

版　　次　二〇一五年九月香港第一版第一次印刷

二〇二五年五月香港增訂版第一次印刷

規　　格　十六開（168 × 230 mm）四〇四面

國際書號　ISBN 978-962-04-5624-4

Published & Printed in Hong Kong, China.